U0146907

政治哲学
名著译丛

Königliche Völker
Zu Kants kosmopolitischer Rechts-und Friedenstheorie

国王般的人民

康德的世界主义法权-和平理论

〔德〕奥特弗利德·赫费　著

石福祁　译

商务印书馆
The Commercial Press

Otfried Höffe

„KÖNIGLICHE VÖLKER":

Zu Kants kosmopolitischer Rechts-und Friedenstheorie

© Suhrkamp Verlag，Frankfurt am Main 2001

本书根据德国舒尔坎普出版社 2001 年版译出

《政治哲学名著译丛》
总　　序

政治一直以来都与人自身的存在息息相关。在古典时代，无论是西方还是中国，在人们对于人类生活的原初体验中，政治都占据着核心位置。政治生活被看成是一种最高的生活或是作为一个真正的人最该去追求的生活。政治与个人的正当生活（古希腊）或人自身的修养（中国）是贯通的。在政治生活中，人们逐渐明白在由诸多人构成的共同生活中如何正确地对待自身和对待他人。

在过往这十多年内，国人一直在谈论"政治成熟"。这在某种意义上根源于对过去几十年内人们抱持的基本政治理想的省思。但是，一个民族的政治成熟在根本意义上不在于它在力量上的强大甚或对现实处境的敏锐意识，而在于它可以给整个世界提供一种好的生活方式。只有在人们不仅认识到残酷的人类现实，而且认识到我们可以根据一种正当的、好的方式来处理这种现实的时候，我们才开始在"政治上"变得"成熟"。

这一克服和摆脱野蛮状态的过程在某种意义上就是一个"启蒙"的过程。在此过程中，人们开始逐渐运用他自身的理智去辨识什么是一个人或一个国家该去追求的生活。在此意义上，一种政治启蒙的态度就尤为重要，无论是古典路向的政治哲学，还是以自由民主制国家为典范的现代政治思想都必须首先予以检讨。这在某种意义上也正是此套丛书的基本旨趣之所在。希望通过译介一些基本的政治和法律著作而使国人能够在一个更为开阔和更为基本的视域内思考我们自身的生存和发展环境。

吴 彦

2014 年寒冬

目　　录

第一部分　道德

引 用 方 式

　　本书采用科学院版《康德全集》，但是以现代书写方式引用，例如：VIII 22,8 就相当于 Bd. VIII, S. 22, Z. 8（第 VIII 卷，第 22 页，第 8 行）。对于《纯粹理性批判》一书，正文中多以《批判》（*Kritik*）这一方式出现，并给出第一版（A 版）或第二版（B 版）的页码，如 A 413 就相当于第一版第 413 页。相应的康德著作将以缩写来显示，但在涉及《法权论》（*Rechtslehre*, Bd. VI）时通常不包含这些缩写，对第九章中的"世界公民观点之下的普遍历史观念"一文也是如此。对其他文献，通常会指出著作者姓名和出版年份。

著作缩写表

康德本人的著作

1. *Anfang*,《开端》

Mutmaßlicher Anfang der Menschengeschichte（VIII 107—123），
《人类史的臆测开端》

2. *Anthropologie*,《人类学》

Anthropologie in pragmatischer Hinsicht（VII 117—334），
《实用人类学》

3. *Briefe*,《书信集》

Kants Briefwechsel（X—XIII），《康德书信集》

4. *Frieden*,《和平》

Zum ewigen Frieden（VIII 341—386），《永久和平论》

5. *Gemeinspruch*,"谚语"

*Über den Gemeinspruch：Das mag in der Theorie richtig
sein，taugt aber nicht für die Praxis*（VIII 273—313），"论谚语：
'理论正确，实践无方'"

6. *GMS*,《奠基》

Grundlegung zur Metaphysik der Sitten（IV 385—464），《道
德形而上学的奠基》

7. *Idee*, "观念"

Idee zu einer allgemeinen Geschichte in weltbürglicher Absicht (VIII 15—31), "世界公民观点之下的普遍历史观念"

8. *KpV*, 《实践理性批判》

Kritik der praktischen Vernunft (V 1—163), 《实践理性批判》

9. *KrV*, 《纯粹理性批判》

Kritik der reinen Vernunft (A: IV 1—252; B: III 1—552), 《纯粹理性批判》

10. *KU*, 《判断力批判》

Kritik der Urteilskraft (V 165—485), 《判断力批判》

11. *Logik*, 《逻辑学》

Logik, herausgegeben von Gottlob Benjamin Jäsche (IX 1—150), 《逻辑学讲义》

12. *MAN*, 《始基》

Metaphysische Anfangsgründe der Naturwissenschaft (IV 465—565), 《自然科学的形而上学始基》

13. *Prolegomena*, 《导论》

Prolegomena zu einer jeden zukünftigen Metaphysik, die als Wissenschaft wird auftreten können (IV 253—384), 《未来形而上学导论》

14. *Religion*, 《宗教》

Die Religion innerhalb der Grenzen der bloßen Vernunft (VI 1—202), 《单纯理性界限内的宗教》

15. *RL*, 《法权论》

Die Metaphysik der Sitten, I. Teil: Metaphysische Anfangsgründe der Rechtslehre（VI 203—372），《法权论的形而上学始基》

16. *Streit*，《学科之争》

Der Streit der Fakultäten（VII 1—116），《学科之争》

17. *TL*，《德性论》

Die Metaphysik der Sitten，*II. Teil*：*Metaphysische Anfangsgründe der Tugendlehre*（VI 373—492），《德性论的形而上学始基》

18. *Vermeintes Recht*，"权利"

Über ein vermeintes Recht aus Menschenliebe zu lügen（VIII 423—430），"论所谓以博爱为理由而说谎的权利"

19. *Was ist Aufklärung?*，"启蒙"

Beantwortung der Frage：*Was ist Aufklärung?*（VIII 33—42），"什么是启蒙?"

未被收入科学院版《康德全集》的著作

20. *Eine Vorlesung über Ethik*，hrsg. von G. Gerhardt，Frankfurt/M.，1990，《伦理学讲义》

21. *Vorlesung über philosophische Enzyklopädie*，hrsg. von G. Lehmann，Berlin 1961，《哲学百科学讲义》

其他著作

22. *EN*，《尼各马可伦理学》

Aristoteles，*Ethica Nicomachea/Nikomachische Ethik*，《尼各马可伦理学》

23. *CS*，《社会契约论》

J. J. Rousseau，*Contrat social/Vom Gesellschaftsvertrag*，《社会契约论》

前　　言

　　教养之士所认识的康德是一门理性批判的作者，这一批判摧毁了传统形而上学，又在其灰烬上重建了一门新的形而上学。他们熟知其道德哲学，也许还有美学理论，但是对其法权—国家哲学一无所知。尽管有一些价值判断，康德的《法权论》本身在法权—国家理论的专业人士那里，也无法获得像柏拉图的《理想国》、亚里士多德的《政治学》、奥古斯丁的《上帝之城》、马基雅维利的《君主论》、霍布斯的《利维坦》、洛克的《再论政府》、卢梭的《社会契约论》、黑格尔的《法权哲学》等所获得的那种最狭隘的经典地位。尽管康德的《和平》一文在最近关于和平的论战中扮演了一个突出的角色，但人们还是没有看到，康德实际上已经提出了一门宽泛的法权—国家哲学的梗概，并把它与某种政治智慧学说和历史哲学相提并论，因而带来了至少四个迄今为止仍不失其时效的革新之处：(1)康德是第一个、也是迄今为止唯一将和平纳入哲学基本概念之框架的伟大思想家；(2)他把和平与当时的政治变革、也即负有人权之职责的共和国联系了起来；(3)他在世界主义视角下对和平做了扩展，使之扩展成了一个国际法权与世界公民法权的概念；(4)最后，他借助国王般的人民这一概念对柏拉图的哲学王思想做了一个共和主义的倒转，也即：应该成为国王的，不是哲学家这类特殊精英,而是人民自己——只要他们按照"平等法则"统治自己的话。

与其将康德微弱的影响归咎于客观的原因,还不如归咎于偶然原因:他的革新很快便受到了如日中天的黑格尔法权哲学的排挤。与此相反,我的这一研究就是要以例证的方式表明,在欧洲启蒙运动之理智顶点上产生出来的康德法权—国家哲学,在原创性上并不逊色于马基雅维利、霍布斯、卢梭或黑格尔。虽然其思想中掺杂着一些在哲学和政治学上均不足为信的观点,如财产在国家奠基中的过大比重、对男性的推重、对不能自食其力者的歧视、对作为刑罚的阉割的辩护,但是从方法上看,这些思想至少达到了按照康德本人的说法已经可以倚重的那些原则之水准。因此,如果我们聚焦于主要诉求,聚焦于从先天概念出发对法权与国家所做的奠基,那么康德终究还是要被纳入关于法权—国家理论的经典大师们组成的小圈子。由于上面提到的革新,他的理论甚至比大多数备选理论更胜任未来。这是因为,在一个充斥着对全人类造成威胁的武器的时代,一门关于和平的法权哲学乃是不可或缺的。也是因为在全球化时代,人不能自缚于民族国家的界限之中,而且,如果一个世界范围内的和平秩序不包含对国际法权予以完善的世界公民法权,这一秩序也是不可设想的。

不过,并不能因为"和平"一词被包含在一个重要文本的标题中,也不能因为它处理的事情至今还有时效,就认为它已经是一个基本哲学概念了。这一概念必须对某个广泛的讨论域是重要的,甚至是核心的。和平在康德那里至关重要,但是并非只适用于法权,因为后者自身也给出了一个重要的道德领域:康德的法权—国家—和平哲学同时也是法权—国家—和平伦理学。因此之故，在对康德的和平哲学予以阐释之前，必须先对其基础，即道德性法权概念，对作为法权概念之基础的道德概念本身，予以澄清。因此，在对康德的现时性与挑战予以引导性提示之后（第一章），本书便着手对道德予以考察（第一部分），其后是对道德性法权概念的思考（第二部分），最后是对法权道德与和平之关系的论述（第三部分）。

在哲学解释中存在着一种习以为常的模式，即按照北美洲刑事程序的模子，把经典文本推到被告席上去，以便证明其概念是含混的，论点是不确定的，主题是自相矛盾的，甚至其基本观点也是误导性的。在揪出种种不一致性这一目标之下，尽可能追求最终解释这一基本任务常常退而却步。但是如果对文本予以更精湛的读解，对这一情形的扭转则是不可抑止的。当我们出自对康德的敬重、而不是出自从最近的"清楚原则"这一口号中流露出的某种慈悲来考虑问题的话，那么应该坐在被告席上的，恐怕是上述轻佻的批评。而我的研究只有当能给康德思想赢取一个在理性上无可辩驳的意义时，才能令人略感欣慰。只有与这一意义联系起来，才能谈得上对康德思想的批评。在康德和平伦理学中的两个要素，即共和主义者声称的和平意愿，以及在考虑到"民族联邦还是世界共和国"这一选择时的优柔寡断之中，尤为如此。如果说康德世界主义的基本方向是令人信服的话，那么这里涉及的却是一个"与康德的小心争辩"。

这一研究追求的不仅是解释上的利益，而且是系统性的利益。因此，对道德、法权和和平这三个论题的讨论，不会像康德本人所做的那么广泛。从关于和平的持续争论可以通过康德而得到更有意义的启发这一命题出发,本研究会选择某些相应的视角。(至于体系性的方案,参见《全球化时代的民主》,慕尼黑1999。)

　　第一部分讨论的问题是古代与近代的时代差异,它为下面的问题起到了准备作用:西方伦理学的两个范式,即亚里士多德的幸福原则(强调德性)和康德的自律原则(强调原则),是不是真的能提供一种选择,以便今天的人们可以毫无困难地即便不是一名康德主义者,也可以是一名亚里士多德主义者?对此问题的肯定回答将会微妙地弱化康德的说服力。在某种选择伦理学的名义下,他的法权—和平伦理学将会被相对化。然而,一个精确的审视首先将会淡化这一所谓的差别,继而赋予亚里士多德伦理学以完全的合法性,但是在根本层面上则认为康德伦理学略胜一筹(第二章:"用亚里士多德代替康德?")。即便对那些多数情况下只尊崇亚里士多德的人来说,康德在法权—国家伦理学上也从来不缺乏必需的判断力。这一伦理学甚至被康德扩展到了一个根本上全新的维度。如果说亚里士多德只知道道德—实践判断力的话,那么康德除此之外还引入了一个真正的道德判断力。道德—实践判断力的永恒含义,以及在一个真正的道德维度上对它的完善,这两点都在康德对哲学王这一命题的新解中得到了初步讨论(第三章:"普遍主义伦理学与判断力")。此外我们还赢得了一个论题,亚里士多德曾将它阐释为不同层次的 *kakia*("坏"),康德则深化了对它的问题意识。值得注意的是,这个论题在当代康德主义者如阿佩尔和哈贝马斯的伦理学中难觅其踪,然而却在康德的法权-和平理论中举足轻重——这个论题就是"恶"(第四章:"论恶")。

　　在第二部分中,我们将以例证的方式说明,为什么一个基础性道德哲学不可以忽略法权，而一个基础性法权理论反过来也不能无视道德。对于二者的整体关系，既不能在法权与道德之关联中去思索（第五章："康德成熟的问题意识"），也不能在"道德性法权概念"（第六章）中，或者在其原则、在"乌尔庇安的绝对法权命令"中被忽略掉（第七章）。

按照第三部分的观点，道德法权在公共法权理论中达到了顶点，而后者又在全球化法权—和平秩序中达到了顶点。正因为如此，和平才在康德那里成了基本哲学概念（第八章），而历史哲学则要从全球化视野下的法权—和平伦理学中发展出来（第九章）。然而有两个因素促使我们提出批判性的问题："共和主义者是爱好和平的吗？"（第十章），以及在"民族联邦亦或世界共和国"这一选择中，哪一个选项更可信（第十一章）。最后要指出的是一个对《纯粹理性批判》的全新政治学解读，即：世界主义和平概念适用于康德的全部哲学，自然对其迄今为止最负盛名的第一批判具有重要意义。与自说自话者的随意批评相反，康德的理论哲学也具有共和主义的、世界公民式的特征。在一定意义上，这里已经涉及康德对柏拉图哲学王命题的新解，涉及他的国王般的人民思想（第十二章）。

有几个章节是为本文集重新撰写的。其他一些章节虽然可以回溯到已经发表的文章，但是在经过了彻底的加工之后，原作常常也已所剩无几了。在此我感谢我的学生和同事们，尤其感谢品赞尼（A. Pinzani）博士和布吕曼（P. Brüllmann）给予我的鼓励和帮助。

图宾根

2000 年 7 月

第一章　康德的现时性与挑战

第一节　更彻底的理论

对法权—国家哲学而言，康德的意义不只体现在"前言"中提及的四重动机之中，而是始于一个无论如何都对这些动机担负着同样责任的三维彻底性之中：相比大多数理论选择，康德的法权—国家思考在主题和内容上更为丰富，在概念性上更为细致入微，而在论证上更为小心谨慎。

究其原因之一，还在于康德在工作中的"气韵悠长"。这位哲学家在其年轻时就已经致力于法权研究了：1740 年代初期，他聆听了沃尔夫的学生马丁·克努岑（1713—1751）讲授的《自然法权》；1760 年代后，他开始研读法权科学和法哲学著作；1767 年暑期学期之后，他开始自己讲授《自然法权》课程。但是一直到《奠基》这部实践哲学的导论和《实践理性批判》之后，康德才觉得自己关于法权—国家哲学的思想得以充分展开，可以发表了。这是因为，他在道德中看到了上述思想的基础，因此当他在某种程度上对自己的道德论证胸有成竹时，才带着这些思想公开亮相。

（1）我们从论题的丰富性开始讨论。人们不断批评康德的道德哲学,认为其充其量不过是"单一原理伦理学"(Ein—Satz—Ethik)(马克瓦德[①] 1987,111),是空乏的形式主义(舍勒[7] 2000),屈服于应然之无力(黑格尔,《全集》II 444,460f.,460;III 448;VII 252f.)。但是,如果我们对康德的体系性道德哲学著作《道德形而上学》加以研究的话,上述批评就被证明并没有击中要害,难以获得广泛认同。事实上在该书第一部分,即《法权论》中,康德首先做的就是一般性地去澄清实践哲学的基本概念,如自由与任意、人格、归责、罪责与犯罪(见于该书"道德形而上学导论")。其次,康德个别性地介绍了法权哲学的基本概念,如:法权、自然法权和实证法、强制力权威、私人法权与公共法权,最后还有公道和紧急法权等特殊现象(见于该书"法权论导论")。而这些丰富的论题,也只是展示出了对更宏伟的任务、对关于核心法权制度的理论的一个导论,即:一个本源性的、每个人都可以凭借其人性而承认的法权;包括着各种基本类型的财产权;分权、国家形式、刑法以及终究会被驳回的反抗权。

在近代的法权—国家哲学家当中,没有一个人像康德这样把公共法权细分为三个可以独立思考的领域,即国家法权、国际法权和世界公民法权。国际法权包括着战争与和平的法权,而前者又可以分为发动战争的法权、战争中的法权与战后的法权。此外,在公共法权中得到探讨的还有一些如此具体的问题,例如公共税收(契税、关税)、诉讼时效、赦免、移居权等等,以及著作权(对图书出

---

　　① 马克瓦德(Odo Marquard,1928—　　),德国哲学家,代表作有《告别原则》《对偶然性的辩护》等。——译注

版的法权)、国家对军队和育婴室担负的责任,还有国家与教会的关系。最后,我们还读出了他对殖民主义的强烈批评。

这些观察为康德的现时性、同时也为其挑战提供了第一条根据:不论是相比于霍布斯、洛克和卢梭等伟大的先驱,还是相比于包括黑格尔在内的许多后来者,尤其是当代的法权—国家哲学家们,康德都决定性地具有更丰富的内涵。通过把绝对命令"运用"于法权、国家及其相近的使命,康德就赢得了一门法权—国家伦理学,而后者则把强制力权威看作法权之不可或缺的要素,提出了人权原则,并为财产权和刑法等根本制度提供了论证。关键是,这一伦理学克服了迄今为止大行其道的、对法权—国家哲学的"民族式的"狭隘限制,把全球化的、世界主义的视角与后者对个别共同体的情有独钟对立了起来。此外,在康德更为宏大的论题域中,还存在两个动机:把法权—国家伦理学扩展为一门和平伦理学,并且扩展为一种使柏拉图的哲学王命题能在其中实现某种民主的全新表达的理论—实践之争。

(2)在所有这些主题上,康德都是在很高的概念精确性上来论证的,这对于一个与柏拉图相当的哲学家而言乃是不言自明的。在这里我们只是引导性地提出一个例子:康德并没有停留在那些奇谈妙论上,而是通过契约来指出,后者存在于个人与个人的关系之中,而非存在于个人与物的关系之中,而且,与物的关系也是以个人关系为中介的:"通过契约,我获得的是他人的承诺(而非被承诺之物),尽管确实有某物被附加在了我外在的占有物上。"(VI 274)

不过,我们的例证式的讨论(第五章)并不会对这一例子亦步亦趋,因为遗憾的是,这一例子已经从哲学跑到一个只具有法学意义的法权理论中去了。我们的讨论仅限于被哲学家们阐释过的法权与道德之关系,不过在这一关系当中,罕有人能达到康德在细分化和问题意识上所达到的程度:(a)从法权出发来看,康德区分了以实证方式行之有效的法权("什么是合乎法律的?")和在道德上有效的法权("什么是正义的?",也即自然法权);(b)在道德之内,康德又区分了两类义务:相互亏欠的、具有强制力的义务,以及那些非强制的、比亏欠有过之而无不及的德性义务——对后者而言,不论是法权还是国家都概不负责;(c)至少存在两种与法权义务的关系:其一是与义务的单纯一致,也就是合律法性;其二是对出自义务自身之故的承认,出自义务的行动,也就是道德性。借助最后这两个区分,康德就避免了两种形式的道德化:既避免了一个意欲对某种诸如仁慈一般的德性义务做出强制的博爱主义法权,也避免了一个自身在真正的法权义务中还难以满足于合律法性,而是额外要求某种内在承认的意向法权。

可想而知,合律法性与道德性之选择不仅对于法权义务,而且对于德性义务也都是适用的。《奠基》证实了这一假设,因为它把"合乎义务的"和"出于义务的"的这一区分示范性地贯穿于四个类型的义务之中(完全义务和不完全义务,针对自己和针对他人的义务),而这四个类型覆盖了道德义务的全部范围。当《奠基》在诸如仁慈这样的毋庸置疑的德性义务里同时将其他动机,例如"对荣誉的爱好"纳入其中的时候(IV 398),"道德形而上学导论"则把不同于司法性立法的、使"义务同时成为动机"的立法称为伦理性的(VI 219)。这样也就产生了一个问题,即:如果伦理性的立法要符合德性义务,那么其义务也就同时放弃了与道德性相对应的、从一开始(*ab ovo*)就把合律法性排除在外的那些动机。只有细致的文本解释才能表明,康德在这里是否违背了他在《奠基》一书中提出的标准,即"关于义务的普通理念"(IV 389)。因为显而易见的是,仁慈并不总只是出自义务——它也可以从爱好中,同样从上面所说的对荣誉的兴趣中产生出来。

　　(3)相比主题的丰富性和概念的精确性,在哲学上更为重要的是设问的根本性及其阐释的彻底性。就此而言,还存在着有关现实性和挑战性的第二条根据:在无统治的自由这一思想于批判理论之影响下长期占据着主导地位之后——当然更多的是在德语的、而非英语的争论中——,社会哲学再一次自我展开为法权—国家理论。同时,它致力于对正义和自由主义民主的规范性思考。但是,人为什么从根本上讲应该以法律形式,也就是以强制的方式自我组织?这一先行问题始终没有得到完全的认知。由于康德面临着这一问题,因此他就被证明是一个在合法化上更彻底、更根本的思想家(第六章)。带着某种毅然决然的姿态,当今的许多理论在某种关于西方民主的解释学中自我满足着。但是它们因此而错失的,是一个在全球化和不断增长着的自我意识的时代中面临着非西方文化时的合法化任务,即:对每一文化中的人们有效的社会性自我组织形式予以合法化。康德的现时性和挑战性的第三条根据存在于这一康德式的洞见之中,即:不论是出于哲学的理由,还是出于政治的理由,对这一合法化任务的忽视都是不可辩护的。

　　对自己时常提出的更根本的问题,康德也经常给予更根本的回答。叔本华这位一贯的康德的仰慕者在《法权论》中看到的,是只有从"康德的老迈"出发才能得以解释的"相互纠缠的一团莫名其妙的错误"(《作为意志与表象的世界》,第四卷,§62)。他对康德的外在习得之普遍原则批评尤甚。而事实上,与其更早的文本相比,康德的《法权论》一般而言更条分缕析、更具问题意识,因而可能出现的错误也不是能拿年迈来解释的。此外,与某个更为细致的再三考虑针锋相对的,是一个经过充分反思的、在一个宽泛的范围内具有说服力的论证。例如在第 15 段(VI 265)和第 17 段(268f.)中,就包含着针对由洛克所代表的、被叔本华推陈出新的关于财产权的构造和劳动理论的至关重要的反论。在其对三个(准)乌尔庇安法权原则——即 *honeste vive*(要真诚地去生活)、*neminem laede*(不对任何人做非法之事)和 *suum cuique tribue*(给予每个人在法权上属于他的东西)——的重新解释中(236f.),康德这一更为根本的处理方式表现得尤为明显。康德远远返回到了通常的理解之后,因而遭遇到了一个非同寻常的、也许甚至是矛盾性的义务。康德的第四个挑战无疑存在于这一问题之中,即:在对法权的奠基中,是否并不需要一个一般而言似乎拒斥着法权哲学,并以特定方式从法权概念中挣脱出来的义务:一个针对着自己,然而具有法权义务之意味的内在义务?(第七章)

第二节　自然法权与形而上学

按照今天的理解,康德代表的是某种认知主义法权—和平伦理学。它处理的虽然不是事态("是":"是/不是这一情形,即 p"),却是责任("应该":"a 应该被做/被允许某事,这是对的/错的")。但是,它在这些义务中涉及的并不是在随机的赞成或不赞成这一意义上的主观态度或信念,而是严格的客观性。在认知主义(法权—)伦理学这一大家族内,康德断然拒斥着最近声名鹊起的元伦理学派自然主义者们(例如布林克 1989、沙博尔 1997)。也就是说,他并不是在一个经验论的——或更一般地说,在一个描述性的——意义上理解道德命题的可真性的。按照康德的观点,道德原则不能被回溯到只关乎世界的命题上去:既非关于外在世界的命题,也非关于"内在世界"的命题——关于需求、利益及其最佳实现之总合(也即幸福),或者关于它们的最小化实现之总合(也即自我保存)的命题。同样,关于外在世界对内在世界之作用的命题,或者这三种描述性命题的某种组合,都是不够的。

因此而论,所谓的"反自然主义的认知主义"就已经是可疑的了,因为按照实然—应然之错误(Sein—Sollen—Fehler)所包含的辩护理论要素,道德性的应然是不能从一个空洞的实然中推论出来的。在今天看来,康德的反自然主义的确造就了两个导致太高代价的前提:他把法权伦理学结合到了形而上学和自然法权之上。但是对于今天的判断而言,其基础恐怕存在于如此狭隘、同时如此高要求的概念之中,因此对后者的拒斥几乎是难以避免的。无论如何,在确实温和得多的概念之中,康德的形而上学自然法权必定不能被看作是"已经先天注定要失败的"。

在 17、18 世纪,人们在"自然法权"这一概念之下理解的是与经验性的国家科学相对的那个非经验性的对应物。因此要废除的第一个质疑就是:通过自然法权,法权就与宗教或神学的假说联系在了一起,而一个世俗的、此外也是多元主义的社会并不认同这些假说。启蒙时期的自然法权是一个独立于天启的、只以理性为基础的学科。作为实践哲学之分支,同时作为实证法权科学之导论,它属于法学和哲学这两个学派。它的代表人物也属于两个不同学派,既有接受了哲学教育的法学家,如格劳秀斯、普芬道夫、托马修斯、阿亨瓦尔、胡佛兰,还有精通法学的哲学家们,如霍布斯、洛克和卢梭。此外,自然法权中的"理智导向"与康德一道、并在康德之后经历了一个世代的从法权科学到哲学的变迁:紧随康德在其《世界公民观点之下的普遍历史观念》和《论谚语:"理论正确,实践无方"》中已经包含着的自然法权的法权哲学而出现的,是费希特的《自然法权的基础》(1796)、康德于次年出版的《法权论》、黑格尔在19世纪初发表的《论对自然法权的科学探讨方式》(1802)。黑格尔的后期著作《法哲学原理》(1821)也还保留着《自然法和国家学之纲要》这一副标题。但在黑格尔之后,自然法权与法权奠基中哲学的"观点导向"很快就告终结了。在受到康德的《纯粹理性批判》启发、但先于康德的《法权论》而在1789年出版的《作为一门实证法哲学的自然法权之教程》中,胡果甚至已经多处提出了时至今日还被认同的观点,即:不存在一门不同于实证法的自然法权。一个世代之后,萨维尼所率领的历史法学学派在19世纪20年代击败了哲学法学学派。在1840年前后,"子虚乌有的自然法权"这一说法已经在德国成了陈词滥调。用一门作为理性法权的自然法权去反驳迄今为止仍然大行其道的陈词滥调,乃是本书研究的旨趣之一。

在康德之前,无论是法学家们、还是哲学家们提出的自然法权虽然都以理性为基础,但是并没有仅奠基于纯粹理性之上。在纯粹理性这里,康德带来的是方法上的决定性进步。这一进步归功于批判性转折,因此第二个质疑,即认为康德的法权—和平伦理学属于某种前批判的自然法权,也就站不住脚了。与这一看法相反的实情是,康德很早就致力于对自然法权的研究了,但是直到对哲学的批判—先验性全新奠基大功告成之前,他在发表上甚为谨慎。作为《道德形而上学》的一个部分,《法权论》这一系统性的法权—和平伦理学虽然不再是实践理性批判,但是事实上却为后者的洞见设定了前提。就内容而言,康德从他的先驱那里继承了两个洞见:其一是"霍布斯的这一理想,即从自然状态中走出去,乃至创造一个具有法权与国家形式的状态都不是任意的"(XIX 99;参见《法权论》,§44);其二是从卢梭那里得来的评判这一状态的标准,即"国家法权之理想"(XIX 99)。在对这些观点以及其他理论部分予以方法上的规定时,康德思想运动的基准相反则是其全新的批判性道德奠基,以这种方式,他就克服了那种前批判的、独断论的自然法权。

这一新的批判性自然法权主要表现在两个方面:首先,它反驳了经常混杂在一起的各种不同观点,例如《圣经》之理据与理性之理据、经验性理据与历史性理据的混杂。其次,它用《奠基》"前言"中提出的原理来取代这一混杂,"不论何时都小心翼翼地把经验的部分从理性的部分中"分割出来(IV 389),把法权—和平伦理学限制在纯粹部分之内。这一伦理学的主导概念,即"法权",只是作为"纯粹概念"(VI 205)而在纯粹理性中有其位置。但是这样一来,一个诸如此类的概念也就获得了一个形而上学特征,而这正是第五个挑战之所在:康德给同时代的哲学打上了问号,要为一门根本性的法权伦理学主张特定程度的自然法权与形而上学。

康德的主要观点听上去也绝非不足为信："为每个人"颁布命令的道德责任"不能从对他自己和他之内的动物性的观察中"被创造出来，也"不能从对世界进程的知觉中……，从正在发生的事情中和如何被对待的方式中"被创造出来（VI 216）。相反，康德的结论是，由于作为最终根据的经验消失了，因此只有经验的彼岸，也即超—物理学（Meta—Physik，即形而上学）才得以留存下来。此外，康德的自然法权和形而上学也就以一种轻松而适度的方式解体了。

康德虽然为一切实证的立法树立了最高的规范性、批判性标准，但是与那个一定要从理性基础上引申出实证法权的好高骛远的理性主义相反，他把哲学限定在"始基"这一标题所指出的狭小局部之内，也就是限定在对概念的规定尚且先行于其上的那些原则之内。同时被排除的是一个更进一步的质疑，即：作为不依赖于经验的科学，自然法权既不能取代立法者，也不能取代法官或法权学者。但是，后者却是依赖于对法权原则的奠基的——因为只有在这些原则之中，宪法和法律才能被证明是理性的，是正当的。

作为纯粹实践理性的要素，这些原则虽然具有形而上学特征，但是当事情取决于实践的方面、而非理论的方面时，这一特征也就直接消失了。这是因为，如果最后说了算的不是人的自然推动力，不是爱好甚至不是对幸福的追求，而是对它们的克服，那么存在的就是一个字面意义上的超—自然的，同样也是超—物理的（meta—physisches，即形而上学的）的要素，也就是一个实践理性的要素。当然，这一素朴的形而上学以争议性的方式影响卓著。它没有在某个奠基性的法权概念中自满自足，相反，按照康德的观点，它在诸如关于外在的"我的"与"你的"的根本制度中也是不可或缺的。事实上,在这里具有决定性的制度,也即财产权,只能被理解为不依赖于物理性的法权主张:偷来的东西不属于事实上的占有者,即盗贼,而属于法定权利的占有者。因此按照康德的观点,法律上的占有不具有物理本质,而是具有理智本质——它存在于某个非感性的、本体性的,同样也是形而上学的关系之中。一切契约式法权的道德基础,即恪守承诺的义务,也都是与"一切感性的空间与时间条件"无关的,并在此意义上是形而上学的。同理,国家的合法性也源于某个本源性的契约,也就是某个纯理性式的、与洛克和休谟相反的非经验的要素。

按照康德的观点,法权及其根本制度(财产权、国家和刑法)是不能从人对自身和世界的经验中引申出来的。因为经验不仅善变,而且更是莫衷一是。如果有人一意要从经验中引申出道德原理,"他就有陷入最粗鄙、最腐坏的错误之中这一危险"(VI 215)。这一遭遇具有双重含义,它既是理论上的("最粗鄙的错误"),同时也是道德上的("最腐坏的错误")。如果有人像休谟一样在法权中看到的只是有用性和习惯的诸规则,那么其理论缺陷就在于,他难以理解这些规则之中的责任要求;其道德上的问题则在于,他将热衷于使自己免受这些规则的束缚。

另一方面,康德的形而上学自然法权则满足于法权的根本制度。例如,它并不包含任何详尽的财产权条例,更谈不上一个完备的私人法权体系。相反,这些根本制度及其原则始终是对个体性的、文化性的差异开放的,也正因为如此而诉诸对计划的判断力,并给立法者、因此也给不同文化开创了广阔的游戏空间:存在于对根本制度和原则的专注研究之中的哲学之自我限制不仅仅是哲学的，而且从跨文化的角度看，本身也是恰如其分的。

第三节　错误的评价

对康德法权伦理学予以审慎的评价，当然不能忽视若干重要的错误评价。我们在这里将要提及的，就是其中三条：

1. 反抗权。即便康德的形而上学要素"原则上"具有说服力，这也并不必然适用于每个个别情形。特别是在对《法权论》的"总附释"中，在其对反抗权的详尽解释中（A 节），存在于形而上学的（本体的）领域和经验的（现象的）领域之间的界限是否被划定在了刚好正确的位置上，这是值得怀疑的。也就是说，这不再涉及理性理念本身，而是涉及它的拟人化，而后者则深入到了现象领域之内。在《法权论》第51节中，康德自己区分了"一个关于国家首脑的理念"和"一个身体性的个人"，而"后者表象了最高的国家暴力，并为这一理念创造出对大众意志的作用力"（VI 388）。如果这一个人的行为与这一委托相冲突，与这一理念相矛盾，而不是促成其实现，那么他的道德合法化的一部分也就不成立了。这一合法化绝不存在于某个全权委托之中，而是被加之于一个规范性的标准之上，而诸如此类的这样一个标准自身携带着限制性的力量：康德在道德上的不可侵犯性这一名义下曾经拒斥反抗权，而前者首先只适用于本体的（形而上学的）国家首脑，而不是现象的（经验的）国家首脑。因而，一个滥用其暴力的身体性个人必须不是无条件地合法的，以至于每一抵抗就其自身而言（eo ipso）都是非法的。

我们也可以把这一点表述为一个问题：一个暴君为了能成为消灭了任何一种抵抗的最高权威，为了强制大众"承受本身难以承受，但被强加的对最高暴力的滥用"（Ⅵ 320），可以暴戾到什么程度？毫无疑问，康德的反论必须得到重视。一方面，谁要挺身而出主张反抗权、为自己的利益之故而充当法官，谁就违背了公共法权的基本要求，与公正的冲突平息手段相冲突。另一方面，与他相悖的规定将会属于最高暴力的概念，而难以成为最高的规定，也即依赖于相关大众的判断。这两个观点虽然使人们注意到某个关于反抗权的理论必须加以克服的不断加重的困难，但是却难以减弱这一暗示，即：对理性理念的经验性拟人化，本身并不具备与诸如理性理念同等的道德地位。

按照康德自己对法权的理解，不论是国家还是其首脑都不具备目的本身这一地位。他们仅仅服务于私人法权的现实性：服务于关于内在与外在的"我的"与"你的"的私人法权，否则，私人法权就难以成为完全意义上的法权，而停留在临时性的地步。只要各个要求都还依赖于私人性的解释和私人性的执行力，那么它们也就缺乏现实性，这一点只有通过不再是私人性的，而是公共性的暴力才能消除掉。尽管如此，与私人法权相对的、作为公共性暴力之总合的国家还是一个第二性的、辅助性的制度，如果这一制度变本加厉地持续侵害其使命，其合法性就会消失殆尽。不论如何，国家是按照哲学式的社会契约与相关者的同意联系在一起的，虽然这一同意不是事实性的同意，而是同意之值得性，在大规模的、持续进展着的法权侵害中，这一同意之值得性毫无疑问是付之阙如的。

2. 复数性的人权。康德法权思考肇始于普鲁士腓特烈大帝二世(1740—1786)的时代。这位位高权重的开明专制主义的代表继承了他的先驱、士兵国王腓特烈·威廉一世(1713—1740)已经开创的方向,即发展一个威权国家式的福利国家,这一国家虽然保留了一个强硬的主宰,但是也致力于重商主义的经济政策,而且在严格的税务体系和在当时具有示范性的法律体系之基础上引入了现代官僚制度。得益于大刀阔斧的法律体系改革,包括对刑罚措施的改革(例如在 1754 年废除酷刑),以及司法教育,普鲁士转变成了一个具有清晰的分权制度的法权国家,成了那个时代最现代的共同体之一。属于这一共同体的还有一个先进的对外政策:普鲁士是与美国缔结和约、从而承认其刚刚获得的独立地位的第一个欧洲国家。自选帝侯腓特烈·威廉大帝以来的很长时间之内,普鲁士就已经保护着信仰宽容,对来自法国的胡格诺派教徒①(1685 年)、来自波西米亚和摩拉维亚(1623 年以来)或者来自萨尔茨堡的路德派教徒(1732 年)表示欢迎。即便是犹太人,出于宽容也没有被拒之门外。1794 年颁布的《普鲁士国家普通邦法》明显早于 1804 年的法国《民法典》(也即《拿破仑法典》),自此以后,还没有人因为其宗教观点而寝食难安,需要做出辩解,受到嘲讽,甚至遭到迫害(第 II 部,第 XI 条款,§§1—6,这里参见§4)。当然,凭借这些法律规定所达到的宗教自由程度又在腓特烈·威廉二世的治下通过宗教诏书而得到了限制。

　　康德深知普鲁士相对而言的进步性,特别赞赏腓特烈二世的

---

　　①　胡格诺派教徒(Hugenotten),自 1560 年以来指的是法国大革命之前的法国新教徒,他们的信仰受到加尔文主义的强烈影响。——译注

宽容("启蒙",VIII 40)。但是,他不仅批评贵族特权(VI 329,以及36f.),也批评针对农民的农奴制度(283),而且也反对由国家规定的教会信仰(368,参见 XXIII 133)。在更为一般的、并非仅限于普鲁士的国际层面上,他强烈谴责战争、军备竞赛和征服政策(VI 364ff.),谴责殖民主义(§§ 15,58)和蓄奴制(283,参见 348)。他主张把公开批评的权利当作保护不可剥夺的人权的盾牌,主张借助"笔尖上的自由"("谚语",VIII 304)逼迫执政者以正义的名义进行改革。

按照今天的理解,上述视角中至少有一个部分是具有人权地位的。但是在《法权论》中,人权只是单数的,它被规定为"独一无二的、本源的、每个人都可以凭借其人性而有权得到的"对"自由(对一个具有必要任意的他者的独立性)的权利,只要这一自由能按照某个普遍法则与任意一个他者的自由共存"(VI 237)。这样一来,虽然康德为一切人权树立了一个标准,但是并没有对可能的人权之复数性思想予以探讨(这显得与《和平》有所不同,参见第十章第一节)。

康德满怀热情地赞同美国独立运动和法国大革命。我们难以确知,他是否知晓第一份人权宣言,也即《弗吉尼亚人权法案》(1776),但是他对法国的人权与基本法权宣言应该是了然于胸的。尽管如此,他既没有列出一个人权的目录,也没有提供否认其可能性或可行性的观点。另一方面,就他不只在"法权论导论"(VI 237)中就已经提到了某个天赋法权,乃至其合法化基础"凭借其人性"这一点而言,他又在事实上(*de facto*)承认了某个特定的复数性。相应的表述出现在"私人法权"这一部分中,其四个位置中,至少有两个指向人权——此外，在"国际法权"中也有一个位置是这样的（参见第六章第五节）：

（1）在§11中，"在其自己的人格之中的人性"这一观点反对的就是这样一个看法，即认为人是"对自己的拥有者"。不过，当康德在这里涉及的只是针对自己的义务时，属于人权概念的则是一个针对他人的主观诉求。

（2）按照§24的说法，对性器官的"非自然使用"虽然是"或者用于同一个性别的另一个人，或者用于一个不同于人类的动物"，但都是"对我们自己的人格的损害"（277）。这里存在的同样不是针对他人的主观诉求，而是针对自己的义务。

（3）只有在"自然的许可法则"中，才出现了主观诉求。这一诉求产生于"我们自己的人格之中的人性的权利"（276），存在于对房屋的权利之中，更进一步地存在于婚姻法权、父母法权和房东法权之中。凭借着主观意义上的婚姻法权，凭借着准许走入婚姻这一诉求，康德就把那个独一无二的天赋权利具体化为一个特殊的情景类型，从而进入了那个更为具体的、展开着复数性的人权并使天赋权利的唯一性得以限制的层面。更准确地说，康德恐怕不得不说，存在于单数之中只是那个标准，而那些在他看来满足自足的法权都是以复数出现的。这一精确化的重要结果在于，不仅要在"法权论导论"这一导论中，而且要在法权论本身之中——部分地在私人法权之中，部分地在公共法权之中——对人权予以阐释。

（4）毫无疑问，至今仍具有现实意义的是，孩子们"通过父母的照顾、直到有能力养活自己"的权利，对康德而言，也是一个"本源而天赋的、而非世袭而来的权利"（280）。这一权利因此属于人权目录，并支持了人权的可复数性。

（5）在国际法权范围之内，还呈现出另外一种人权。康德是这样谈论"人，主要是作为国家公民的人"的，即：他"在国家中必须永远被看作共同立法着的一个环节"；他也用绝对命令的人类—目的公式来阐发这一要求："不仅作为工具，而且也同时作为目的本身。"（Ⅵ 345）参与立法的权利因而就具有某种道德地位，并因此具有某种人权性的特征。不过，这一权利通过康德在主动的国家公民和被动的国家公民之间所做的区分而相对化了（Ⅵ 314）。在早于两年出版的"论谚语：'理论正确，实践无方'"中，共同体之中那些无法独立自主的成员甚至不成其为公民，而只是"享受保护的人"（Ⅷ 294）。

3. 身体权与生命权。值得注意的是，《法权论》对身体权和生命权这样一个根本的法权根本没有直接的讨论。在他关于刑法的思考中，康德虽然把谋杀看作一种只有通过死刑才能抵偿的死罪（Ⅵ 333），但是却不动声色地把生命认定为法权对象，也许甚至认定为人权。更令人吃惊的是，即便如此，他在其法权体系中也没有为生命保留任何位置。而对身体与生命的权利——几乎是——不言自明的这一点，并不能成为这么做的理由。这一法权缺失的原因也许在于，它并不能轻松地被纳入两列主题中的任何一个之中：它既非内在的"我的"与"你的"，也非一般的外在的"我的"与"你的"。不论如何，康德没有讨论这一情形，即：这些具有争议的自由存在是身体与生命存在，因而只有当这些存在保存着他们的生命时，一切外在的法权才可能成为实在的。

第四节　世界主义主旋律

近代从不缺乏法权—国家理论,尽管如此,它还是饱受一个令人吃惊的缺陷的危害:从霍布斯、经过洛克和卢梭,直到黑格尔(在一定的方式上也包括马克思在内),在 20 世纪从凯尔森[①],经过哈特[②]到罗尔斯、德沃金和哈贝马斯,几乎所有的核心文本都无一例外地只对某一单个国家的法权秩序感兴趣。康德之现时性、同时也是挑战性的第六条根据在于这一实情,即他为国际化的、甚至全球化的视角保留了一个特殊的位置。在公共法权这一框架之内,总共三节之中的两节都是留给这一视角的:即国际法和世界公民法权,二者共同呈现了康德的世界公民式的以及世界主义的视角。

世界公民性和世界主义的理想在欧洲具有一个悠久的、但通常很少是政治性的传统。在早于柏拉图的一个世代之前,德谟克利特就已经先行提出了被理解为某个共同世界之意识的全球化,即:"对有智慧的人而言,整个地球始终都是开放的;宇宙是善的灵魂的祖国"(参见蒂尔斯/克朗茨:《前苏格拉底断章集》,59B8)。世界主义本身出现较晚,不过也不是在柏拉图和亚里士多德这两位举足轻重的古代政治哲学家那里出现的　　尽管按照西塞罗的说法,*kosmou politēs*,即"世界公民"这个词,可以被追溯到苏格拉底

---

① 凯尔森(Hans Kelsen,1881—1973),20 世纪著名奥地利裔犹太人法学家,法律实证主义的代表人物。——译注

② 哈特(H. L. A. Hart,1907—1992),著名英国法哲学家,法学实证主义的理论代表之一。——译注

（《图斯库卢姆辩论集》，V8）。不论如何，这一点对他的学生、犬儒派的第欧根尼而言则毫无疑问是可信的（第欧根尼：《著名哲学家的生平与学说》，VI 63）。当那位遭到家乡放逐的哲学家把自己刻画为一位"世界公民"时，他就用世界公民性取代了"民族公民性"的位置——第欧根尼的世界主义具有更为排他性的、而非补充性的性质。此外，他的重点是世界（Kosmos），而非城邦（Polis），因为他谈论的既不是全球化的制度，也不是一切人类共同的法权意识。但是在斯多亚学派第一位奠基人、季蒂昂人芝诺那里，则是另一番样子。对他而言，所有人都是共同公民，他们不仅共同缔结了一个彼此接近的群落，而且也分享了一个共同之法（《早期斯多亚学派断章集》，阿尼姆主编，I 54,60f.,133 及 262）。

但是在斯多亚学派的第二位奠基人克里希普那里，这一政治性的世界主义又再次退化成了一个普遍的非政治形式。这是因为，世界虽然是所有人的共同城邦，但却不是一个依法治理的共同体的总合，而是一个在政治上不能再进一步限制的生活空间。即便是在法权—国家思想的更新者西塞罗那里，也不存在政治性的世界主义，而只存在一个近乎含混的知识论意义上的世界主义（西塞罗谈论的是一个共同的知识世界和理性），以及一个道德性的世界主义（因为他谈论的是一个共同的道德世界）。直到马可·奥勒留那里，一个具有等级化国家性这一意蕴的政治性世界秩序，也就是一个补充性的世界主义才重新展示了出来。根据所有人共同具有的理性（努斯），也就是根据一个知识论意义上的世界主义，马可·奥勒留提出了一个超越一切国家与民族界限的人类整体的理想。在这一全球化的城邦之内，哲学家在国王的御座上使平常的城邦"几乎成为他们的家园"(《沉思录》3，II，2)。

不过，这里不是对世界主义进行更详尽的概念史展示的地方（至于一个扼要的概述，则可以参见布什/霍斯特曼 1976；赫费 1999，第 8 章）。但是，这些为数不多的提示就已经可以允许我们通过三个视点勾勒出康德的世界主义特征了：首先，将从一个副旋律中提炼出一个哲学的主旋律来；其次，这一提炼将是彻底的，有差异的；第三，康德做了一个几乎就是普遍化的论题扩展，因为他对全部哲学有一个世界公民式的理解。就连《纯粹理性批判》都已经包含着一个世界主义的视角，此外还有他的《教育学》（"必须以世界主义的方式为教育计划准备基础"，IX 448）和道德哲学，尤其是，对后者而言的那个严格的普遍主义理论契机就已经必须被解释为世界主义的（参见第二章第二节）。目的王国强化了道德世界主义（正好参见赫尔曼 1997），但是不能忽视的是，后者却始终是非政治的，因为它是独立于法权和国家的。更具有政治性的，是《纯粹理性批判》中的世界主义（第十二章）。但是，更狭隘、也更严格意义上的政治世界主义只是在包括历史部分在内的法权—和平伦理学中才出现的（第八至十一章）。

康德为这些世界主义提供的不仅仅只是这一外在根据，即存在着国家间的和超国家的使命。在诸国家的范围之内，在它们之间，最后，在不同国家的私人（个体，企业，等等）之间，如果私人性的暴力已经让位于公共的法权，康德看到的才是法权的主导性使命——通过法律及其与道德原则的联系来克服私人的任意——的实现。基于这一点，康德之现时性的第六个根据必须得到精确化——至少有五个分论支持着他的世界秩序理论。第一个分论要

提醒的是,一个不论是全面的("全球化的")和平,还是一个持久的
("永久的")和平虽然属于人类最为古老的梦想,但是在康德之前
毕竟从未成为一个基本的哲学概念。更为常见的,甚至是对战争
的四处赞美。第二个分论是,康德毫无保留地把和平、把"永久和
平"与政治现代性的原则联结在了一起,与对人权和分权制度承担
重任的民主联结在了一起,而后者按照当时的语言使用习惯就意
味着"共和",康德也在对柏拉图的探讨中把民主带入了国王般的
人民这一图像之中。但是,是否就像康德以及接续着他的那些当
代政治学家们假设的那样,共和政体或国王般的人民就是如此爱
好和平的,这还有待检验。

　　如果世界法权秩序服膺于某一个别国家的理想,服膺于这一
共和国,并同时作为在国家性上具有同质性的世界共和国而得以
建立,那么就难免若干重要质疑。康德探讨过这些质疑,因而预先
处理了今天的争议中相当可观的一部分——在这一情形中,存在
着关于其现时性的第三个分论。当然,康德的建议可能与他自己
在国家理论上的基本命题很难协调一致,因为强制性法权中普遍
有效的要素,也即公共暴力和主权暴力,在全球层面上未必是必需
的。不论是在"世界公民观点之下的普遍历史观念"还是在《和平》
中,康德都满足于一个只是最小化的世界国家之下的制度,也就是
一个民族联邦。由于他把这一联邦理解为一个不靠任何主权暴力
来维持、"任何时候都能被解除的"协作体,因此被危及的不论如何
都将是这一目的,即那个全球化的法权统治——就像《法权论》说
的,在这一统治之中,各个民族"以文明的方式,正如通过某个程
序,而不是以野蛮的方式(按野蛮人的方式),也就是通过战争"来
裁断"他们的争端"(§61:VI 351)。但至少而言,"从来自至高无

上的、以道德方式立法着的暴力这一御座的理性以降，对作为法权程序的战争予以绝对谴责"这一要素（《和平》VIII 356），在今天这个全球化的时代，仍然具有时效性。为了通过手段而直达目的，人们总还能够与康德一道，超越康德。当然，人们绝不会从哲学那里期待被拼读出来的世界法权秩序，既不会期待一个宪法，更谈不上期待某一个别国家的，以及某个全球秩序的法典。

关于某个全球秩序的政治学方案在这一秩序中看到的，是各个国家越来越失去了重要性。极端一点地说，一个社会世界已经取代了迄今为止的国家世界之位置。这里存在着某种简化，它是伴随着康德把后国家法权一分为二为国际法权与世界公民法权的做法而出现的。同时，对康德的世界法权秩序的现时性而言，还要指出的是第四个分论：它把存在于国家世界和社会世界之间的"非此即彼"转变成了"既是也是"。因为，康德的国际法权代表的是以法权方式构造出来的国家世界，而他的世界公民法权却与其他法权一道代表的是一个同样合法的社会世界。

康德世界法权—世界和平伦理学之现时性的第五个分论的出发点是：很多启蒙时代的欧洲人把自己设想为"文明民族"的成员，例如，他们可以带着轻蔑居高临下地看待美洲原住民这些"野蛮人"，因为后者"没有一刻不在争斗之中"（VIII 354,17）。康德既驳斥了正面的自我评价，又驳斥了对他者的负面评价（参见第十一章第四节）。由于他是带着根深蒂固的公正性来拒斥每一种自以为是的欧洲中心主义的，因此不仅仅在根本意图上，而且在相对具体化的评判中，他都被证明是一个坚定的世界公民。不仅如此：在所有那些伟大的哲学家当中，康德是迄今为止唯一一个不仅仅在政治上，而且在哲学上都是世界主义者的人。

第一部分　道德

　　康德提出的法权—和平哲学并非一个东倒西歪的板块，相反，它构成了他全部思考中一个整合性的部分，并作为一门法权—和平伦理学而建立在他的普遍伦理学基础之上。当然，它的说服力将会因为对伦理学的再亚里士多德化尝试而被削弱。如果在一个宽广的面向上来讨论，这些尝试就会突显出这一问题，即：在面对体系性上至关重要的竞争者、也即亚里士多德的伦理学时，康德的伦理学能够继续成立吗？当然，这一问题预先假定了，康德和亚里士多德的伦理学在绝大多数方面都构成了一个非此即彼的关系，以至于人们不得不在二者之间进行选择。但事实上存在的却是大量的共同性。而在剩下的那些差异中，康德的道德观被证明更为根本一些（第二章）。

　　即便有人对亚里士多德的伦理学并不是一般地予以偏爱，相反，他把康德的意志概念看作优于亚里士多德的欲求概念，把康德的自由原则看作优于后者的幸福原则，他还是会在某一个使命之中对亚里士多德情有独钟。而且对法权—和平伦理学而言，并非无足轻重的是通过判断力来沟通普遍与特殊。不过，一个对康德伦理学不含成见的观点却可以重新发现这两点，即它与亚里士多德的共同性，以及对向判断力提出的使命的彻底化，与此同时，一个新的形态,一个纯粹的、实践性的判断力也就在这里出现了(第三章)。

　　值得注意的是,在当代伦理学中,康德主义者也排斥那个按照康德的说法对伦理学而言不可或缺的概念,即"恶"。即便是那些重要的对康德的新解释,也在忽视这一概念。相应的情形也适用于再亚里士多德化之尝试,因为后者的注意力不在"kakia"(坏)这一概念之上。由于"恶"这一概念在康德的和平伦理学中也扮演着某种角色,因此值得考虑的是,这一伦理学——不论是普遍伦理学,还是法权—和平伦理学——是否应该重获这一概念(第四章)。

第二章 用亚里士多德代替康德？[①]

最近的道德哲学热衷于顺着亚里士多德和康德这两位主要人物来推进其根本性的争论，并且在可以追溯到 1932 年由莫尔海德提出的目的论伦理学与义务论伦理学这一选择的基础上对争论予以归类。如果说，一方面，人们从根本上认为亚里士多德目的论的、更进一步说幸福主义的伦理学是不可信的话，也就是说，把它看作已经被康德的现代之路（*via moderna*），也就是自律伦理学直接超越了的古代之路（*via antiqua*）的话，那么另一方面，人们则在亚里士多德那里看到了迄今仍然有效的选择。对伦理学的再亚里士多德化之尝试当然不是通过某个共同核心，而是通过家族相似性呈现出来的：

就第一个群体，也即社群主义者援引亚里士多德而言，这一群体和其他群体一起涉及对现代性工程的批评，涉及对启蒙和自由主义的质疑（观点较强的是 A. 麦金太尔[2]1985/1987/1988，较弱的是 M. 华尔兹尔 1983/1992）。他们怀疑普遍的、独立于历史和文化的道德奠基之可能性，赞成与共同体相匹配的生活形式，并因此

---

① 　之前的版本见于赫费主编：《亚里士多德：〈尼可马各伦理学〉》（《经典解读》，第 2 卷），柏林 1995，第 277—304 页。

把亚里士多德当作他们的先驱,因为他们认为后者重视教育,重视公民之间的友谊,也因为后者赞成城邦的共同善,并且把德性看作对在传统中发现的东西的一个表达。马克瓦德(1986,122ff.)借助另一些论点,主要是借助作为背景的黑格尔关于实体性道德性的思想(参见查尔斯·泰勒1989),针对法兰克福学派对传统的遗忘提出了对保存下来的传统和习性的一个辩护,这一辩护事实上牵涉到 W. 克鲁克森对道德—伦理学(Ethos—Ethik)(1974)的辩护。再亚里士多德化的第三个形式,也就是德性伦理学(例如特雷亚诺斯基1990,贝尔纳1992),突出强调的是某个被固化的特征的重要性(参见查普曼/格拉斯顿1992,赫费/拉普1999)。最后,也有人致力于反对康德式的义务伦理学,主张某种关于好生活或生活艺术的理论(参见克里斯普/斯洛特1997,U. 沃尔夫1999,里珀/沙博尔1999)。

　　谁要是亲自阅读亚里士多德,谁就会难以接受这许许多多的旋律。亚里士多德既不是一个社群主义者,也不是一个道德—伦理学家,更不是一个子虚乌有的(avant la lettre)反康德者。对启蒙的重要标志,比如对神学式的道德奠基的摒弃,亚里士多德不言而喻是完全认可的。更进一步说,他限制了自己的社会中的传统——他从来没有为未事先经过普遍责任检验的习性提供过辩护。此外,人们也可以在他那里找到义务论的要素。反过来说,康德也主张善的生活,可靠的态度和德性在他这里同样扮演着重要角色。即便是后果考虑这一义务论要素,也没有被排除在外。

　　要么是亚里士多德,要么是康德——是我们告别这一对随意的反题的时候了(至于最早的尝试,参见英斯特罗姆/维丁1996,

舍曼1997,以另外的方式做出尝试的还有奥尼尔1996)。就康德
从亚里士多德那里吸取了许多重要的洞见而言,他称得上是一个
亚里士多德主义者(第一节)。另一方面,我们需要反对新亚里士
多德主义的理论简化,从而维护亚里士多德,尤其要指出的是,他
的伦理学已经是普遍主义的了(第二节)。即使在德性伦理学中,
也可以在亚里士多德和康德之间找到明显的共同性(第三节)。在
一些关键差别中,亚里士多德表明自己并非相对康德的一成不变
的选项,而是一个通过康德的更为彻底的思考而得到限定的思想
家(第四、五节)。

第一节　作为亚里士多德主义者的康德

　　首先,康德是通过一系列共同之处证明自己是一个名副其实
的亚里士多德主义者的:第一,他是以含蓄的方式对亚里士多德的
实践哲学思想予以认同的(参见赫费[2]1996,第Ⅰ部分)。

　　按照埃斯库罗斯在《阿伽门农》(Ⅴ 628)预演过、被柏拉图在洞
穴比喻中摆在一个中心位置上加以讨论(《理想国》Ⅶ 519c)、又
被亚里士多德凭借其伦理学加以勾画的某种形象,人正如一个弓
箭手,而伦理学正是要帮助他射中目标(《尼各马可伦理学》Ⅰ 1,
1094a22—24)。如果我们从这一形象转向哲学的媒介,转向概念,
那么"*to telos estin ou gnôsis alla praxis*"(1095a5f.)("目标不是
知识,而是实践")这一名言说的就是德语中的实践哲学。不论是
在《奠基》还是在《实践理性批判》中,亦或在《道德形而上学》和"论
谚语:‘理论正确,实践无方’",以及《和平》等论文中,康德从未把

道德理论看作目的本身,因为它寻求的只是"对道德性之可能的条件予以纯粹理论的澄清"(毕恩 1981,70)。

他在《奠基》之"前言"中明确地说,他之所以要致力于某种"纯粹道德哲学",是因为道德本身已经腐败堕落了(IV 390)。凭借其对真正的道德原则与经验性因素之混淆的批评,康德旨在实现两点:"确定性"与"清晰性"(《德性论》VI 376,12f.)。一方面,产生的不应该仅仅是"非常偶然的"合义务性;另一方面,"道德法则"应该"在其纯粹性和真诚性中"产生出来(《奠基》IV 390)——纯粹道德哲学在前者之中服务于合律法性,在后者之中服务于道德性。在这两种情形之中,一门"完全孤立的道德形而上学"不仅适用于"关于义务的一切理论性[……]知识之不可剥夺的基底",而且也"同时"适用于"从最高的重要性到对其规定的现实完成之间的空缺"(IV 410)。

这一道德性—实践性的特征,清楚不过地体现在绝对命令之中。也就是说,后者并非道德中立的道德标准,对于行动者而言,并非他不论是否满足道德条件都可得以豁免的"道德标尺"。相反的是,绝对命令要求的是相应的行为。此外在关于理性事实的思想中,也显示出了道德性—实践性的兴趣。如果我们认为自己在"立即执行死刑"这一"威胁"之下有可能拒绝"对某个真诚的人不利的虚假证言"(《实践理性批判》,§6"注释":V30),那么通过此举,我们就可以把"求生之爱"解释为可以克服的,并且同时反对下面这一观点,即认为纯粹实践理性,也即道德性,是一个与生命相排斥的应然。

这一道德性—实践性的兴趣也表现在,康德虽然认为把法权哲学看作在这里负有责任的科学性的最高形式，但是也批评它缺乏法权经验和法权明智（参见第六章第二节）。最后，这一道德性—实践性的兴趣不仅出现在《德性论》的"诡辩论问题"之中，也出现在《和平》之中——后者的起点是针对和平秩序的道德原则，终点是关于政治如何能与这些原则取得一致的一个证明。

第二，正如亚里士多德一样，康德也是在两个尽管具有共同的基本概念，但彼此保持相对独立的学科中讨论实践哲学问题的：这在亚里士多德那里是伦理学和政治学，在康德这里是德性论和法权论。第三，康德在撰述这两个部分时实践的乃是亚里士多德关于 $typ\hat{o}(i)$——也就是关于基础知识（Grundriss—Wissen）的知识论思想（参见赫费²1996，第 II 部分）。也就是说，他只是提出了规范性原则，但是对其具体充实则没有回答。

第四，对某些神学家们主张的神律论的，也就是被神设定的道德的拒绝，并非始于康德，相反，亚里士多德对它的拒斥就已经完全是不言而喻的了——他甚至根本就没有考虑过这一道德。第五，两位哲学家的交点，是把道德简化为对同侪的关系。对针对自己的义务，以及亚里士多德说的诸如处之泰然一样的自我关涉的德性，康德无不了然于胸。

第二节　亚里士多德的伦理学是普遍主义的

亚里士多德的伦理学是否已经是普遍主义的？对于这一问题，要分为两个阶段来回答：一个是道德论（moraltheoretisch）的普遍主义，另一个是道德主义的（moralistisch）普遍主义。按照康德的说法,为了道德的纯粹性之故,必须把道德从一切人类学中完全净化出来(《奠基》,"前言")。康德在这里提出的是一个基于道德论的"跨人类的普遍主义"。正如按照今天的存在论,某些基本命题"在一切可能世界中都是真的"一样,道德也应该超出我们人类的界限而适用于一切理性世界中的一切理性存在。存在着若干值得注意的观点,支持着这一普遍主义,这一道德性的,而非政治性的真正的世界—城邦主义(Kosmo—Politismus)。《奠基》之"前言"尝言:"'你不应该撒谎'这一命令不仅仅适用于人类,而且其他理性存在都不应在这一点上弄错",这不无道理。因为,撒谎禁令的合法化诉诸的不是人的特殊性,而是"行动概念本身"(《奠基》IV 402)。这一论证大致如此:"向某人说话"并不只是意味着主张了什么,也意味着一并主张这一点,即:被主张的人也表达着自己的信念。如果说第一个因素现在涉及的是命题性真理"我主张 P"的话,那么在只对撒谎禁令而言具有决定作用的第二个因素中,涉及的则是语用学的真理,是被一并主张着的诚实性,即:"我主张着我个人所相信的 P。"这样一来,一个撒谎的人将向他的信念说明着完全不是他的信念的什么东西。这样一个与自己的共同主张的矛盾在个别情形中完全是可能的,否则撒谎禁令也许就是多余的了。但是,如果一个世界是如此这般被构建的,以至于共同主张根本上是错误的,那么这一世界也就抛弃了这一共同主张:凡是在对一个信念的宣称总是与这一信念相违背的地方,这一信念将根本得不到任何宣称。对语用学真理、对诚实性的主张将根本不会被提出,而一个人们在其中毫无诚实可言的世界则根本无法想象。

尽管对撒谎禁令所做的进一步奠基始终争议重重(关于其重

构建议,参见赫费[3]1999,206—233),但有一点是毫无争议的:如果这一奠基要令人信服,它就要凭借"撒谎"这一概念,而非我们的生活空间中的特殊性,亦非我们在生物学属种上的独特性——它可能是语言天赋,而这可能也表现在其他存在之上。即使存在着其他具有语言天赋的生物,它们也不会因其可能的不同生物构造和不同自然环境而不遵守撒谎禁令这同一个义务。

当亚里士多德援引一个 *ergon（tou）anthrôpou*,也即一个对人类而言的典型的劳作能力时,他同样主张一个跨人类的有效性(《尼各马可伦理学》I 6,1097b24ff.)。进一步说,这一能力只存在于对道德能力而言不可或缺的因素之中,存在于遵循着逻各斯、理性和语言的灵魂能力之中。亚里士多德对作为绝对最高的目标的幸福的形式性规定,以及他关于作为过度和不足之中道的德性的规范性概念——如果这一概念令人信服的话——,同样具有跨人类的有效性。即便是个别德性的运用条件,例如对勇敢而言的危险,就不仅仅适用于人类,而且也适用于其他星球的逻各斯生物。

由于与其他理性存在或纯粹精神("天使")有交道的只是极少数人,因此今天的伦理学只把作为"具有理性和意志之本质"(《奠基》IV 395)的人纳入考虑之中。结果是,它止步于某种"特殊属种的普遍主义",按照这一普遍主义,道德不能和文化、传统和共同体捆绑在一起,而且不能在任何一种政治的、宗教的和语言的共同体之界限前抽身退步。按照某种固执的偏见,这一普遍主义既不与某种朝向特定共同体的明确归属性、也不与某一道德中的特殊文化因素相通约。但是,康德这位伦理学普遍主义的典范人物,却致力于某种国际法权共同体,并没有因此主张去解体个别国家(参见

第十、十一章,系统性的讨论参见赫费1999)。第二个所谓的不可通约性只适用于普遍主义被要求运用于相对具体的规则的地方。不过,康德反对这种极端的普遍主义,他提出的只是具有更温和形式的原则普遍主义。由于后者允许形形色色的运用,因此它不仅对传统是开放的,而且对语境也是开放的。

在亚里士多德这里,可以发现的是以下两点:一个原则普遍主义的类比物,以及它对不同传统和语境的开放性。根本而言,普遍有效的是幸福这一主导原则,以及把它作为完备的、自足的目标的形式性规定。如果这一目标根本上适用于任何文化和时代中的任何人,那么典型的人类行为就是一个被指向目标的活动。只有存在着一个"我们中的这个人或那个人都以自身之故而对它有所欲求"的目标时(《尼各马可伦理学》I 1,1094a18f.),也就是存在着幸福时,这一活动才显得不是"空洞而无意义的"。

对幸福的质料性规定也是普遍主义的。尽管人们对一个在规范上具有丰富内涵的人性观念、对一个"人类学的"或"人文主义的"本质主义抱有拳拳之心,但是现代的多元主义社会对它们已经不再保留任何位置。然而,亚里士多德的这一规定不仅仅是以非常温和的方式而告终的。即便人们依据理性(kata logon)来理解灵魂的活动,或者即便不把它理解为"跨人类的普遍主义"(《尼各马可伦理学》I 6),而是仅仅理解为"特殊属种的普遍主义",它也与现代的多元主义毫无抵牾之处。与这一普遍主义的解读相悖的尽管有这样的实情,即亚里士多德并没有把包括女人、奴隶和野蛮人在内的所有人看作平等的,但是这一实情其实并没有触及其伦理学的根本要素,相反"只是"触及在经验性补充假设之前提下对它的运用。但是如果亚里士多德的前提——即奴隶们表现出的是根本性的理性缺陷——是中肯的话,那么《政治学》(《政治学》,第 I 卷)中提出的经济从属地位就不是根本错误的了。不过,这些缺陷是以既非如此经常、也非如此根本的方式被给定的,关键是,经济从属地位并没有给自己带来法权从属地位,这始终是需要反驳的。亚里士多德在这里并没有从他的普遍主义出发点中得到可普遍化的结论,这当然是错误的。

在社群主义的反普遍主义伦理学中,"生活形式"概念扮演着某种特殊的角色(麦金太尔 1984/1993,91;查尔斯·泰勒 1989,29;华尔兹尔 1983/1992,65)。在这里,生活形式是因文化而异的,是与共同体结合在一起的——比如,存在着古代的和现代的生活方式,在后者之中,又存在着某种北美形式。与之相反的是,亚里士多德的对应概念——即"生命"(*bios*)——在根本上是与人的基本给定性整体相关的,因而人们不仅可以在古代雅典人那里,也可以在千差万别的社会和形形色色的时代中找到相应的生活形式(《尼各马可伦理学》I 2)。亚里士多德用以反对两种生活形式——即享乐生活(*bios apolaustikos*)和以财富为目标的生活(*bios chrêmatistês*)——的观点,同样具有独立于文化的有效性。同样的观点也适用于对第三种生活形式,也就是政治生活的批评——只要人们不是从德性(*aretê*),而仅仅是从荣誉(*timê*)出发来定义它的话。亚里士多德这一非特殊化的观点,不仅适用于与幸福相称的那些正在延续着的生活形式,适用于政治生活——只要它尊重德性,因而也就是道德—政治生活,而且也适用于理论生活。

第三节　一个亚里士多德—康德德性 伦理学纲要

"德性"概念对康德的法权—和平伦理学虽然并非至关重要，但是却成全了对亚里士多德和康德的比较。重要的是，它预先铺陈了对某些要素的规定，使得亚里士多德和康德各自的普遍主义能在其中真正相互区分开来。

亚里士多德正是以学院派的方式，通过属和种差对这里起决定作用的伦理德性或品格德性（aretê ethikê）加以定义的（至于补充性的理性伦理或理智德性，即明智，参见第三章）。按照属来说，品格德性是一个态度（hexis），按照种来说，它是对我们而言的中心（meson pros hêmas）。一个支配了态度的人，他的行为不是出自偶然或幸运的情态，而是归根于其人格的稳定构成，也因此归根于一切可靠性。按照亚里士多德的观点，始终存在着一个朝向相应的态度的自然条件（《尼各马可伦理学》VI 13，1141b1ff.），而真正的德性则归因于对某个非理论性的本质的学习。针对相应的误解，亚里士多德不知疲倦地去强调，人们不是通过哲学沉思，而是通过实践而变得有德的：通过正当的行为而变得正当，通过审慎的行为而变得审慎（《尼各马可伦理学》II 3，1105b9 及其他地方）。

毫无疑问，康德承认一个可靠的态度的重要性（对亚里士多德和康德德性观的一个临时性的比较，参见舍曼 1997.）正如亚里士多德一样，他把德性定义为"一个审慎而确定的决心"（《德性论》VI 409）。他想批评的只是这样一个并非源于亚里士多德的观点，即：

德性可以是一个单纯的技艺或习惯，因为这样一来它就具有某种自在的机械式的东西(《人类学》VII 147)，充其量产生合乎义务的行为，但是产生不了出自义务的行动(《宗教》VI 14)。康德尽管显得略有保留，因为，由于被爱好所感染的人之本性之故，德性永远不能"使自己平静下来"(《德性论》VI 409)，但是，这一保留只触及完全的可实现性。康德并不怀疑德性的价值，也不怀疑就道德性而言，对个人的评价值得优先于对行为的评价。但是，至于一个行为是否出自义务这一问题，起决定作用的是准则，而后者反过来表现在一个个人的品格之中，表现在道德准则之中的德性之中，并被规定为"准则的道德强度"(《德性论》§ 22)。对自我完善性的义务甚至要求把他的意志培育为"最纯粹的德性意向"(《德性论》VI 387)。然而，由于人之本性的脆弱性，这一义务就是一个"就其程度而言迂远而不完全的义务"；只有对完善性的"欲求、而非实现"才是义务(《德性论》，§ 22)。因为，只有一个"存在论"意义上的，而非简单的实践意义上的神圣存在才能支配这一可能性，即把德性固定为这样一种稳定的态度，从而使人们不再受制于不断冲突着的爱好；作为感性存在，人永远不能成为这样一个纯粹的理性存在。因此，德性是一个"处于斗争中的道德意向，而不是对一个意愿之意向的完全纯粹性的所谓占有之中存在着的神圣性"(《实践理性批判》V 84)。

　　为了勾勒出这一立场，康德在《单纯理性界限内的宗教》中区分了两个概念。一方面，就其经验特征而言的德性，也即"现象德性"("*virtus phaenomenon*")"通过对其行为的缓慢变革"可以被"一点一点地获得"(《宗教》VI 47)；另一方面，就其理智特征而言的德性，也即"本体德性"（"*virtus noumenon*"），单独可以成就为"把某物识认为义务"，并且"除了对义务本身的表象就不需要任何其他的动机"的东西。康德正确地看到，这种德性是不能一步一步地获得的。它将"通过人类意向之中的一场革命"，通过一次一劳永逸的"决心"而产生——从这一决心中，几乎将会产生出一个全新的，也就是与全部爱好拉开了距离的人类（VI 48；此外，这个思想使人想起柏拉图的洞穴比喻，按照这一比喻，人们只有在一次"灵魂的转向"之后才能获得对理念和关于善的理念的洞见：参见《理想国》VII 515c）。但就这个"革命性"的人而言，他就是"自由的、健全的、富足的，是一个国王"（《德性论》VI 406；参见本书第八章第二节）。

因而，康德能够比亚里士多德更准确地触及道德现实。因为，虽然苏格拉底亲身示范了如何在一个不公正的死刑之前依旧忠实于他的信念，但是康德则通过他对理性之事实的阐发而确认了这一点（《实践理性批判》，§7，对 V32 之推论的注释）。但是这始终是一个如此少见的例外结论，即：康德不得不同意的是，一个有德行的人也受到他的恶之倾向的威胁（参见第四章）。这一倾向只有在那个智性德性中才能被扬弃，然而，没有一个现象性的人能确信可以做到这一点。

康德虽然拒绝亚里士多德在为品格德性概念、为"对我们而言的中道"这一概念提出的第二个定义因素，但是他在这里却难免某种误解，认为这里指的是一个"中道"，是"介于两个恶行之间"的某种妥协（《德性论》，"导论"，第 XIII 节）。而事实上对亚里士多德而言，德性和恶行并非仅仅在程度上有所区别，因为中道对他和古代人一样,在根本上并不单单具有某种数学意义,而且也刻画了某种完善的东西。亚里士多德用来规定德性的两个最高级——即"最好的"(《尼各马可伦理学》II 3,1104b28)和"最高的"(《尼各马可伦理学》II 6,1107a7)——清楚地指出,他在这里依靠的不是一个程度上的区别,而是一个质性上的区别,是一个在人类生存这一最高形式之意义上的中间之物。亚里士多德关心的是强调意义上的人性,是一个完善的人之在。因而,他用以限定"好"和"坏"的不是比较级的表达,而是一个在这里被加到最高级之上的、语法学上的形容词原级:谎言就在那里,不能被限定为值得唾弃的东西(*aischron*),真实或诚实在道德上就是善的(*kalon*:美丽的)和值得赞许的:二者都是"自在的"(*kath ' hauto*:《尼各马可伦理学》IV 13,1127a 28ff.)。

　　除了正义这一例外,这一最高形式毕竟难以得到客观的规定。它依赖于个体的特殊性,此外还依赖于个体的每一个处境,即亚里士多德在与客观的 *meson pragmatos*(实践中道)之对比中作为 *meson pros hêmas*,也即对我们的中道,而规定下来的东西。他的观点也是中肯的,比方说,一个一心乐善好施的富足之士必须要比一个穷人施舍更多的东西。但是,亚里士多德并没有像他的康德式的翻译者耶尼什所主张的那样(1791,195,"注解"),"将道德和生活智慧"混为一谈。相反,他认为二者都是重要的——不过在方法上具有恰如其分的区别。

　　众所周知,道德性的德性是可以被工具化的。因为正如诚实可以带来信用一样(韦伯,1904—1904/[8]1986),人们并非总是出于它自身之故而追求它。为了实现完全的道德,因此需要那种康德本人曾凭借诚实而引入的升华(《奠基》,第Ⅰ节),即从外在的合义务性到内在的同意之升华。深陷于"不是亚里士多德,就是康德"这一选择的康德学者,习惯于只在康德那里才承认这一升华。而其对手,德性伦理学的代表者,则固执于"不是义务伦理学,就是德性伦理学"这一选择,相信只有他们才看到了在行动者及其品格之中进行道德评价的原始对象。但事实上,康德那里的道德性也依赖于态度和品格。从另一方面说,从合律法性到道德性的升华在亚里士多德那里就已经存在了,因为他曾主张,为其自身之故而追求品格德性,而不是只把它当作实现某个外在于道德的目的的工具而去追求它,因此他也正如康德一样承认"纯粹性和严格性"之中的品格德性。在前述的最高级中对此已有提示,而完全清晰的陈述则出现在关于正义的讨论的开头,在这里,亚里士多德赋予正义三个功能。他解释说,在一个美好的升华中,人们(a)通过正义而变得有能力做正义的事情;(b)以正义方式行事;(c)追求正义的事情(《尼各马可伦理学》V 1,1129a8f.,参见 V10—13)。

对亚里士多德而言,属于正义的不仅仅是与正义之事的协同一致。在单纯的"合律法性"之外,还需要某种自由的赞同,通过它,法权行动就可以成为法权意向或道德性。在非正义中也有类似的情形,即:人们在一个远非偶然的意义上以不正当的方式行动,而这则产生于相应的态度(《尼各马可伦理学》V 13,1137a22f.)。进一步说,仅凭某种特定的合规则性而正确地去行动,这还是不够的——人们必须也能出自自由的同意而做出正确的事情(《尼各马可伦理学》Ⅱ 2,1104b3ff.)。只有人们的行为不仅仅是有意而为的,而且也是以某个决断为基础的,也就是为事情自身之故的，他在自己的行为中才是可靠的、毫无动摇的（II 3，1105a 28—33；参见 VI 13，1144a 16ff.）。如果使武士突显为武士的只在于，勇武行事是道德的，而相反的情形在道德上是值得唾弃的（III 12，1117a17），因为他不是出于其他任何原因而勇武行事，那么他就不是为了某个外在的目的，而是为了善本身而做出道德上的善事，这样他就通过康德式的道德性而定义了自己。（*To kalon* 的字面意思是"美好的事物"，就它刻画的是那种忽略了每一种实用考虑的吸引力的东西而言，它对应的就是道德之善——*kalon* 就是那个"自在之善"。）

由于有德之人是按照自己的意愿实现善的，因而愉悦这一因素就在他那里扮演着某种角色。不过这一因素并不会像考斯嘉德设想的那样（1996a，245f.），会遭到康德的抵制。例如，当亚里士多德说，在一切合乎美德的行为中，那个合乎智慧的行为是最为愉悦的（《尼各马可伦理学》X7，1177a 23f.），那么这一说法其实并不会落入康德对作为规定根据的愉悦的批评之内。尽管康德的批评针对的不仅仅是感官愉悦，而且也是知性的愉悦（参见《实践理性批判》，定理 3，注释 1：V22f.），但亚里士多德主张的那个愉悦对合乎智慧的活动，也即对理论活动而言，有别于享乐那里的愉悦，难以构成其规定根据。按照第二篇对愉悦的讨论（《尼各马可伦理学》X 1—5），愉悦毋宁说是使活动得以完成的那个因素（X 4，1174b23；关于亚里士多德的愉悦论说，参见博斯托克 1988 及里肯 1995）。这里的愉悦刻画了这一内在同意，即人们是按照自己的意愿完成行为的，这一观点在康德那里同样也有。不同于很早就已经展开的对这一所谓的严格主义的批评（例如席勒《秀美与尊严》

1793,283f.),真正有美德的意向对康德而言是在愉快的心境中表现出来的,"如果没有这一心境,人们就永远不会确信自己已经爱上了善,也就是说,已经把善纳入了他的准则之中"(《宗教》VI 24)。

康德的"道德性"概念将会通过亚里士多德的"*spoudaios*"(杰出品格)概念得以实现。具有这一品格的人不仅同时拥有品格上的美德和补充性的明智,甚至他做出善举也只因为这一举动本身是善的。《尼各马可伦理学》最后一章中从合法性到道德性的提升也意味着,凡是那种"通过法律而达到美德",从而与合法性相对应的教育,都只是与美德的次好关系(《尼各马可伦理学》X 10,1179b4ff.;最近考斯嘉德1996a 也正确地指出,亚里士多德和康德在这里并无差别)。

在康德对义务的区分中可以发现另一个与亚里士多德的共同之处,这就是在人们有责任相互承认的法权义务和没有责任相互承认的、褒奖性的美德义务之间所做的区分。即便不知道这些表达,亚里士多德所言的事情也不是陌生的。在正义框架内,他谈到了 *allotrion agathon*(《尼各马可伦理学》V3,1130a3;参见 V10,1134b5),也即"陌生的善",它指的是一个拥有这一善的他者可以主张的那种善。因此,被正义所要求的东西似乎就是有责任的,而诸如慷慨这样的非责任性的美德是在超出正义之后才开始的。

至于这一问题,即亚里士多德的美德学说应被解读为普遍主义的还是特殊主义的,取决于三个分问题:(1)对每一种美德而言的那种典型性情境类型并不只依赖于古希腊的条件,而且依赖于普遍的人类条件,为了指明这一点,只需两个例子就够了:首先,我们需要勇气,因为在每一个文化中都会出现对身体、生命等等的威胁；其次，我们需要慷慨，因为到处都是交换手段和财富，而同时也存在着挥霍或一毛不拔的风险。就连古希腊哲学塑造出来的美德目录也不是只对特殊文化有效的，事实上在其他文化中也存在类似的目录。与其说它们是某个特殊传统的产物，还不如说是对几乎存在于一切传统中的特定情感类型或行为领域的图式化。

（2）至于勇气、慷慨及其他美德的具体形式，则是由各自的共同体及其习俗一起确定的。但是，基本形式则是不依赖于它们的，即：人们克服了天然的反应，克服了或怯懦或蛮勇、或挥霍或吝啬的倾向，而代之以深思熟虑的行动。这样一来，*kata logon zên*（依据理性生活）就取代了 *kata pathos zên*（依据情感生活）的位置。由于这一选项（《尼各马可伦理学》I 1,1095a8,a10）非常形式化，因此亚里士多德不同于麦克道威尔（1996,33）的地方就在这里，在所谓的形式主义这里，他并非单纯是康德的对手。相反，他是凭借着形式性的规定而作为跨文化伦理商谈的对话伙伴而出场的。

按照那位影响卓著的新亚里士多德主义者，但并非重要的亚里士多德注释者的麦金泰尔（1988）的观点，不存在什么普遍有效的正义原理。当亚里士多德以一种准数学的方式把正义定义为"实践中道"（*meson pragmatos*）的时候，他的观点就与麦金泰尔相抵牾了。此外，他还在城邦的法权（*to politikon dikaion*）之内区分了超实证的、"自然的"（*physikon*）部分和实证的（*nomikon*）部分，并且强调说，自然的部分"处处都有同样的权威，不依赖于人的意见"（《尼各马可伦理学》V 10,1134b18ff.）。进而言之，尽管他没有列出一个关于基本权利或人权的目录，但是凭借着对偷盗、抢劫、暗杀、谋杀、虐待、囚禁、侮辱的禁止（V 5,1131a6—9），他也间接地涉及了相应的权利,涉及了财产权、对身体和生命予以保护的权利、对好名声的权利。至于政治参与权,对他而言无论如何是不言自明的。另外,他还在《政治学》的一开始处(Ⅰ2,1252a26ff.)——也就是引入了男与女、主人与奴隶等社会关系的地方——援引了一个根本性的正义原则,即相互利好的原则(参见赫费²1994,第7章)。最后,"共同体的善"同样不具有反普遍主义的特征。亚里士多德关注的是共同福祉,是一个虽然模糊,但具有普遍主义特征的标准。他谴责暴君制,主张那种既是中度规模的,又是混合式的国家形式,也即一个完美的城邦(politeia),后者接近于某个具有权力分立的民主制法权国家。

亚里士多德在诸美德中强调了它们值得褒奖的品格,在诸恶行中强调了它们值得鞭挞的品格,人们可以认为这是一个支持社群主义和特殊主义解释的观点。不过,只有公共承认亦或公共抗拒的理由存在于某个特定社会中的特殊性时,上述说法才是正确的。一个社会褒奖的,恰是另一个社会鞭挞的,这样一种相对主义的解读对亚里士多德而言是陌生的。在对 bios politikos(政治生活)的第一个评价中,他甚至把公共承认当作过于浅薄的标准反驳了回去。对他而言,关键不在于(特殊的)名声,而在于(普遍主义的)美德(《尼各马可伦理学》Ⅰ3,1095b 22—31)。

(3)为了辩护其反普遍主义的尖刻观点,社群主义乐于诉诸这一情形,即:人们不是在一个抽象的世界社会中,而是在自己的共同体之内学会德性的。然而这一观察指出的只是某一具体共同体中的道德价值,并不意味着人们只适应自己的共同体的习性。具有个别性的不是道德本身,也不是其原理或基本德性,而只是对它们的习得。在与共同体结合在一起的、完全具有个别色彩的德性之习得和关于德性的普遍概念与内涵之间,社群主义者混为一谈了。亚里士多德关于人们只有在自己的共同体之内才能学会德性这一命题,还具有另外一个进攻方向。针对着人们从出生起就能以道德方式行事这一观点,亚里士多德的命题主张的则是,人们首先能够并且必须学会道德的行动。

亚里士多德德性论的所有三个要素无不建立在下列这些独立于传统的论点之上:(1)每一个(与危险、金钱及其他打交道的)挑战都产生于人类普遍的情感与生活领域之中;(2)对这一挑战的回答产生于每个人的主导目标,即幸福,也产生于每个人的独特性,即理性;(3)对这一回答的内在化和稳定化产生于更为深远的人类普遍性因素,即:人必须学会实践理性,必须在面临由情感而来的危险时使实践理性得以稳定(关于德性的非相对性特征,参见努斯鲍姆[2]1993)。① 同时,*pars pro toto*(部分代表整体)这一说法表明,对城邦而言的共同之善的核心至少并没有与一个城邦的个别性捆绑在一起。对亚里士多德而言,人们尽管可以反驳说,没有一个斯巴达人会费尽心思去考虑,斯基泰人是如何以最好的方式建设他们的国家的(《尼各马可伦理学》III 5,1112a28f.)。但是,只有当这一命题赋予斯巴达人和斯基泰人关于一个好的国家宪法的大相径庭的观点时,它才可能是对社群主义者有利的。不过亚里士多德借此要表达的则是不同的意思,即:斯基泰人的宪法并不属

---

① 努斯鲍姆(Martha C. Nussbaum,1947—　　),当代著名哲学家,芝加哥大学教授,研究领域包括古代哲学、伦理学、法学等,著有《欲望的治疗》(1994)、《思想的剧变》(2001)等著作。——译注

于斯巴达人的份内之事。需要区分的不是国家理想本身,而只是权责。

第四节　欲求伦理学,或者意志伦理学

亚里士多德和康德之间的共同性甚至可以扩展到道德概念上,因为不论康德的自律原则还是亚里士多德的幸福原则,都以同一个最高级为基础,这就是以 *via eminentiae*（卓绝之路）构造出来的"绝对善"的概念。

在其著名的《奠基》之"导论"中,康德可以说临时提出了一个语义学的标准:"道德上的善"意味着"无限的善"或"无条件的善"——它是自在地（本能地）善的,并具有目的本身之特征。此外他还提出了一条排他性的要求,即这一标准只能被善良意志所满足。亚里士多德也有关于幸福的类似主张。作为我们为其自身之故,而其余一切以它为原因而努力的目标（《尼各马可伦理学》I 1,1094a18f.）,作为一切实践性的、可实践的善之中最高的善（I 2,1095a16f.）,作为自足且本身值得期许,而不能增加其他任何东西的那个东西（I 4,1097b14ff.）,最重要的是,作为那个最具有目标特征的目标、绝对完善的目标（*telos teleiotaton*；I 5,1097a30）,幸福是通过一个可与康德相媲美的最高级特征而彰显出来的:它是使一切声称的善事实上为善,而非本身在某种方式上只是有条件地为善的条件（参见 I 5,1097a34ff.）。就此而言,它是首要意义上的,也就是无条件的和目的本身意义上的最高级。另外,只有幸福才拥有这一属性,因而这一排他性也是属于幸福的。

对这一最高目标还可以做出两种解读。它或者是单独性的，也就是同质性的、凌驾并支配着其他所有目标的那个目标（例如海纳曼 1988 的解读和凯尼 1992 的解读），或者自在地是多元性的、包括其他所有目标在内的那个综合性的目标（阿克力尔 1974/1995）。对亚里士多德的幸福概念而言，这两种规定都是合适的，但都是有局限的。就幸福相对于流俗的终极目标在逻辑上更为高阶而言，它具有某种支配性的、不同于流俗理解的特征。对亚里士多德而言，在流俗的终极目标这一范围之内，认知比荣誉更值得期许（"更有支配性"），而认知与荣誉的结合反过来又比单独的认知更值得期许。与之相反，幸福就是那个单数性的、不能通过添加诸如认知、荣誉和愉悦等而变得更值得期许的目标，因为它如其所是地就是绝对值得期许的（《尼各马可伦理学》I 5，1097b17；参见1172b31，以及《论题篇》III）。这一单数性的支配地位，源于幸福也具有某种包容性的特征。也就是说，它把流俗性"终极目标"的多个选择相互结合了起来。尤其是，作为实现要素的愉悦（Lust）始终是属于幸福的。在《尼各马可伦理学》的行文中，亚里士多德几乎纳入了所有那些他在《修辞学》中引用过的（I 5，1360b19—24）、流行于全希腊的幸福观念之要素。但是他并不是主张，只有当所有要素都集于一人之身时，这个人才是幸福的。相反，对于政治生活（bios politikos）这一次好的生活形式而言，有一些要素是可以剥离的；对于理论生活（bios theôrêtikos）这一最与幸福相匹配的生活而言，其中有许多要素是可以不要的。正因此，那个包容性的特征也只有带有限制时才是合宜的。

亚里士多德的幸福概念令人想起存在论的上帝概念。安瑟尔谟在《宣讲集》第二卷中联系着存在者(ens)说,上帝就是那个不能设想在他之上存在着更伟大者的所是(aliquid quo nihil maius cogitari possit),这一说法同样适用于这里所说的善及目标。作为 telos teleiotaton(完善的目标),幸福就是有目标性的东西在某种难以超越的最高意义上在其中自我实现的那个目标。由于这一目标尽管相对流俗目标而言处在一个更高的地位上,但是却只有在后者"之内"才能实现,因此它也具有某种先验特征。尽管亚里士多德没有像康德可能会要求的那样证明某个先天综合命题,然而他满足了这一要求,即指出某个"关于某物的根本性可能条件":幸福就是决定了一切目标之合目标性的那个条件——只有那些对 eudaimonie(幸福)这一意义上的幸福有贡献的目标,才是值得追求的。

按照今天被人们津津乐道的一个反论,亚里士多德代表的是一个以目标为导向的目的论伦理学,而康德反过来代表的是一个以义务为规定的义务论伦理学。但事实上,亚里士多德的伦理学并没有放弃义务和责任等要素。就拿人们经常提到的 to deon(义务)或 hôs 为例,亚里士多德借此表达的就不限于传统理解中的那个应该(das Geziemende)。只要人们在幸福概念中理解的是一个不可相对化的责任,那么它就包含着某个义务论的因素——因为亚里士多德拥有的不是一个主观概念,而是一个客观概念。此外亚里士多德对幸福原则做了限制,但只是在事实上是如此(de facto)。尽管如勇敢一样的德性偶尔会伤害自己的幸福,因为人们会因为勇敢而遭毁灭(《尼各马可伦理学》I 1,1094b18f.),但是亚里士多德还是不同意在幸福的名义上搁置勇敢。合乎德性的行为在任何情况下都完全是以绝对的方式被命令的。不过，在幸福之中不存在全面的引导原则，这一道德理论上的结论却不是亚里士多德得出来的。

另一方面，在康德这里也有一个目的论的要素经过绝对善的理念而进入到了伦理学之中。谁对实践予以评价，谁便抛出了一个只有在绝对的或至高无上的善之理念之中才能完成的问题，这一点，亚里士多德已经在从任一目标（telos）开始、经过纯粹目标（monon teleion）、直到（绝对）完善的目标（teleiotaton）的升华过程中指了出来（Ⅰ5,1097a25ff.）。通过这种方式，这一完善的目标就成了人类评价的终极目标。在康德这里也有类似的情形。康德证明，在理性基础上对行为的评价虽然始于技术理性或合理性的，但是从中彰显出来的首先是实用理性，最后才是不再可以逾越的绝对合理性，也就是实践理性。

现在，某个形而上学因素就通过目的论而进入了伦理学之中，不仅进入了亚里士多德的伦理学，也进入了康德的伦理学。不过，这一因素处理的是一个实践性的、同时也是素朴的形而上学（参见赫费1990第4章就已经做出的论述）。不论人们是追求（绝对）完善的目标，还是按照绝对理性来行事，在这两种情形中，人们追随的都不是诸如欲望、需求或情感等自然的（"物理的"）推动力，相反，人们超越了它们，并因此而获得了一个超—物理的规定根据。

因为"形而上学"这一表达刻画的往往是某种苛求的东西，因而可能也是某种过时的东西，所以人们宁愿要消灭掉它——伴随着它的危险在于：形而上学"被如此仓促地内在化了"，以至于"既不能被感知，也不能被思维"（波特曼2000,125）。然而不能被消灭的是亚里士多德和康德以全新的方式所分享的事实,即举足轻重的实践理性。正如康德针对着前理性和非理性的事物、针对愉悦和不愉悦的感受而突出了实践理性的三个阶段一样(《奠基》IV 413),亚里士多德也针对着愉悦和不愉悦的表象而突出了实践性逻各斯的几个阶段,即关于有用和有害(*to sympheron kai to blaberon*)的实用性表象,以及关于正当和不正当(*to dikaion kai to adikon*)的道德性表象(《政治学》I 2,1253a10ff.)。在《尼各马可伦理学》中,他更是把享乐的生活(*bios apolaustikos*)贬斥为奴隶式的生活(《尼各马可伦理学》I 3,1095b19—22)。因为,只从愉悦和不愉悦来规定自己的人,其实是他自己每一个欲望的奴隶。

只有在这些共同点之中,才能突显出他们真正的分歧。使康德在与亚里士多德的对比中突显出自己的,不单是实践理性,以及它朝向至高无上的阶段,也就是无限的实践理性的升华。他也不是通过反驳亚里士多德所谓的善对正当的优先性突出自己的。因为对亚里士多德而言,正当是良善生活的一个部分,它同时享有相对于其他责任的优先性。但是,如果人们不敢以善之名义对正当加以限制,那么就很难谈得上善对正当的优先性。他们的这一分歧并不像考斯嘉德所假设的那样(1996a,246),建基于与理论形而上学的关系之中,因为实践形而上学在这里更为重要,同时从某个关键性的方面看,他在亚里士多德和康德那里其实并无二致。他们之间的差异毋宁说建基于"行动"概念之中,他们都把至高无上的善这一共同思想运用到了这一概念之上。他们的分歧点既非来自真正的规范性方面,也非来自某个可疑的理论形而上学,而是来自行动理论。(不论英斯特罗姆/维丁1996还是舍曼1997,都没有对此进行深入研究。）

亚里士多德把行动——另外要说的是，不仅是人的行动，也是动物的行动（*De motu animalium* 6—7）——理解为对某一目标的追求，理解为欲求（*ephisthai* 或 *orexis*）。因此，最高级就变成了某个不能设想有物能超越其上的目标，变成了被相应地定义了的幸福。康德转换了行动理论的视角，他的转换是根本性的。对他而言重要的不再是行动的目标，而是行动的开端。

对康德而言，有别于（无法则的）对愉悦和不愉悦之感受（《奠基》IV 413），典型的人类行动是按照对法则的表象而发生的（IV 412）。至于，这里说的是哪些法则，这在解释者当中是有争议的：它们是道德法则（当肯 1957，103），自然法则（克雷莫 1972，170—174），还是二者都是（海格施图姆 1902，269；弗兰德 1965，XXf.）？它们是主观的准则（帕顿 1971，80f.；毕特纳 1974，491—496），还是说所有这些选项都是彼此一致的（拉贝格[3] 1999，91）？然而，通过下面的命题，这一争执也许可以得到调和，即：康德关切的是客观原则（413，9），它们"对某个意志而言是必需的"，因此被称作"（理性的）命令"并存在于绝对命令之中（413，9—11）。就此而言，他意指的是那些实践法则，它们"把一个可能的行为表象为善的，因而对一个通过理性而在实践上可被规定的主体而言也就是必要的（414，18—20）"——它们是（关于善的）"客观法则"（414，1f.）。由于它们涉及的是任意一个，而非仅仅是道德意志，因此属于它们的不仅有前道德的、技术性的和实用性的命令，换言之，或言的和定言的实践原则（415），而且有道德性的绝对命令，换言之，必然性的实践原则。康德曾明确地谈论过"对这一三重原则的意愿

(Wollen)"(416,15)。

在其泰纳讲座（Tanner—Vorlesungen）《规范性的来源》（1996b,31）中,考斯嘉德把康德式的自律法则称为"实证法则",因为道德法则之所以存在,只是因为我们使其成为法则("使其合法")。这一解读不仅是背离原意的,而且是误导性的。其理由不仅仅是术语学上的,也即:康德把那些"如果缺乏现实外在的立法,就根本不具有约束力"(也就是说,没有立法就没有法则)的法则称为实证的法则(VI 224,31f.),它们因此也是偶然的、任意的(VI 227,14);而同时,(法权)道德,也就是所谓的自然的法权论,则"必须向一切实证的立法提供不变的原则"(《法权论》,§A;也可参见第六章)。道德法则不能外在于人而产生这一观点是中肯的,但尽管如此,人不是作为道德法则的立法者而出场的,不论是作为特定生物种类的人,还是作为有限理性存在,都不是这样。法则毋宁说仅仅归因于人之中的某个因素,而这一因素可能同样适用于其他的生物种类。规范性的源泉不是特殊的人类任意,而是一般的实践理性。这一理性不仅是道德法则的基础,也是所有法则,是技术法则和实用法则的基础。在道德法则这一情形中,立法没有任何保留——特殊性在这里同样是不存在的。

如果说那个不能进一步被限定的、朴素的意志按照某些命令而行动的话,那么在从技术性命令、经过实用性的命令、再到绝对命令的道路上,则发生着某种上升过程,它在绝对命令中才得以完成。在技术性命令中,只有目的—手段关系才是理性的,与此同时,被预先设定的理性这一目的则被连根拔除了:"至于这一目的是否是理性的,是否是善的,在这里根本就不是问题,问题只在于,为了实现这一目的,人们必须做什么"(《奠基》IV 415,14f.)。实用性命令带来的是某种理性的上升过程,因为它们不是以随意的,而是以那些突出的目的为其前提的:这一目的伴随着必然性适用于所有有限理性存在,这就是"对幸福的意图"(Z.28—33)。但是,这一前提只具有自然的必然性,而不具有理性的必然性,因为它对理性而言是一个陌生的因素。因为只有当绝对命令与它保持距离时,才能发出"直接行动!"的命令(416,9)。它没有被约束在任何一种外在的前提之上,是无条件的,反过来说,它也是被理性所命令的,并因此之故而放弃其最高级地位。意志伦理学的最高级存在于诸实践法则之中,后者拒绝任何一种外在于意志而存在的要求,反过来说,它们存在于意志之中。因此康德说:意志自己为自己制定法则——道德原则就是自律。

最高级是共同的,而行动概念则是不同的,因此对亚里士多德和康德的追问必须从行动概念开始:他们的行动概念各自遭遇到的是什么样的预先规定? 至关重要的答案是:行动概念规定着道德原则。从欲求概念来说,无限制的善就是一个目标预设,并作为后者而不属于人类责任的对象。现在,我们把道德理解为存在于我们的责任之内的东西,因此从欲求概念中也就产生了一个有限制的道德概念。当然,这一限制将被最小化——这一预设的消退也是极其微弱、极其形式化的。这一预设既不存在于具体的善之中,也不存在于它们的主导概念之中,不存在于诸如愉悦、财富或名声之类的一般善之中。被预先给定的只是那个先验条件,也即幸福,在这一条件之下,所有普通的善才被证明是实实在在善的,或者只是表面上善的。由于只有幸福这一主导目标是被预先给定的,因此人类责任也就获得了一个非常宽广的任务域——由于某个预设始终存在着,因此人类责任就难以达到对人类而言的那个可能程度。

第五节　亚里士多德已经有意志概念了吗?

从欲求伦理学与意志伦理学的简单对立中,产生出这一质疑:意志现象对亚里士多德而言其实并不陌生。连黑格尔都认为亚里士多德有意志概念(《哲学史讲演录》,收入《全集》第 XIX 卷,221)。不过对于意志能在其中当下化的那些不同形式而言,一个概括性的概念总归是付之阙如的。这一质疑具有重要的哲学史意义,因为它涉及的是这一问题,即:对近代而言如此重要的意志概念只是在古代之后的思想中——比如在奥古斯丁那里——才形成的,还是说在亚里士多德那里就已经存在了。由于意志概念对康德的法权伦理学是重要的,它属于整部《道德形而上学》中的那些共同概念(VI 226),因而对于系统研究康德法权伦理学的影响而言,它也扮演着某种角色:这一法权伦理学是否从它的基本概念那里开始就只是对某个特定时代有效的呢?

如果我们相信,按照亚里士多德的观点,善的生活只取决于两个因素,也即取决于对善的追求以及对相应的手段的考虑,那么高迪尔/乔立夫([2]1970,II 218)、迪勒 1985、麦金太尔(《道德研究的三个主要近路》,1990,111)和霍恩(1996)就已经对上述问题给出了否定的回答。甚至在此之前——当然一般而言是与古代或古希腊联系在一起的——休谟(《道德原理研究》,"附录"IV)和克尔凯郭尔（《致死的痼疾》，第二部分，第二章）就已经如此了。而传播更早、更广的其实是肯定的答案。这一答案的代表人前有古希腊的亚里士多德评注者阿斯帕苏（XIX，27—32），后有把亚里士多德的 *boulêsis* 概念转译为意志（*voluntas*）的托马斯·阿奎那（《神学大全》I，q. 80a. 2；《论真理》，q. 22a. 3—4）。凯尼 1979 和伊尔温 1992 同样给亚里士多德追加了一个意志概念。

为了能简化这一争论，我们必须对"意志"概念予以精确化：我们可以在一个宽泛的意义上理解这一概念，用它来意指任何一个与来自外部的强制力相区别的、来自内部的渴望（Drang）。于是"意志"概念关系的就是任何一个出自自由的推动、并随心所欲地行动的渴望。按照《奠基》，对康德的较为狭义的、同时却更苛求的［意志］概念而言，有两个因素是具有典型意义的，即意志因素和理性因素。从意志方面来说，意志并不表现为"某个单纯的愿望，而是表现在对一切手段的动用之中——只要后者在我们的掌控之中"（《奠基》IV 394）。在这里属于意志的是一个生存论意义上的决断（Entschiedenheit），也即：人们严肃地对待某个愿望，并竭尽全力追随这一愿望。从理性方面来说，意志相反存在于"按照对法则的表象，也即按照原则来行动"的能力之中（IV 412）。

在其后的"道德形而上学导论"中，康德把一个较为狭隘的意义上的意志与任意（Willkür）区分了开来。不同于愿望的是，与任意联系在一起的是一个能够通过其行动把相应的客体产生出来的意识。任意是"与行动相关"的欲求能力，相反，意志处于与"朝向行动之任意的规定根据"的关系之中。意志是"实践理性本身"，但并非必然是纯粹实践理性。它是立法性的，同时也是客观的因素，是法则（VI 226）——不仅仅是道德法则，也是技术法则和实用法则——的出发点。相反，任意是执行性的、主观的因素。以之为出发点的是作为规则而被确定下来的准则（VI 226），后者则是行动者"出自主观根据而为自己制定出来的原则"（VI 225）（关于意志和任意，亦可参见阿利森 1990，129—135）。

反过来说，亚里士多德则带着时至今日都堪称楷模的严谨精神研究了在自愿性和决断之领域内出现的各种不同选项（《尼各马可伦理学》III 1—7；参见拉普 1995）。除了故意的（*hekôn*）或自愿的（*hekoussion*）和非自愿的（*akousion*）这两个人们熟悉的样式之外，亚里士多德认为还存在着第三种非自愿的行动（*ouch hekôn*），它产生于无知，但是在事后得到了同意。亚里士多德进而看到的是自愿和暴力的混合形式，比如说，一个船长为了把他的船只从恶劣的天气中拯救出来，抛弃掉一部分载重。对于醉酒和暴怒中的行动，他认为，它不是"出自无知"，而是"在无知之中"产生的；对于人们是否能凭借着来自愉悦的诱惑而为自己开脱这一问题，他的回答是否定的，因为人们有能力不去追随自己的愉悦。

自愿呈现的才是意志的意志性（voluntativ）前提条件。在儿童和动物那里已经可以发现，这一行为能够被归咎于相关者之上；此外，在工作、热望和暴怒中还保留着非理性的推动力，它们是被意味着理性的推动力的意志排除在外的。在第二个因素，即现在作为人类典型的意志性因素，也即 *boulêsis* 之中，我不同于托马斯·阿奎那和伊尔温，也不同于吉根（³1991）的地方在于，我认为这里的意志还没有被说清楚。也就是说，*boulêsis* 这一概念针对的是只有某个无知之人才能意愿的东西，针对的是不可企及的东西。

即使给它增加某个理性因素(《灵魂论》III 10,433a22—25),它还是处在某个愿望(Wünschen)和某个真正的意愿(Wollen)之间。

另外,不论是儿童还是非人的生物,他们都不具有亚里士多德所说的第三个意志性因素,也即 prohairesis:(先行)选择或决断(《尼各马可伦理学》III 4,1111b8f.)。prohairesis 针对的虽然只是手段和途径(《尼各马可伦理学》III 5,1112b12),然而由于本身在朝向幸福的关键性过渡概念,即"生命形式"(bioi)中讨论过 prohairein(先行获取、选择)(《尼各马可伦理学》I 3,1095b20),人们有必要在一个概括性的意义上理解手段和途径的范围。它将良善生活的全部范围——当然包括终极目标——纳入其中,但是把"幸福"这一第二阶的终极目标排除在外。

在《修辞学》的某个地方(I 10,1368b ff.),亚里士多德曾十分接近完全的意志概念。在谈到不义之举(Unrechttun)时他认为,这一恶行不仅是自愿地(hekonta),而且甚至是出自深思熟虑的决断(prohairounta)而做出来的。这样一来,恶行就被定义为法则的矛盾之物(para ton nomon),而在法则之中被明确考虑的则是那些对所有人而言共同的,当然是不成文的法则,而后者是与道德法则交织在一起的。就此而言,亚里士多德也熟知一个伴随着知识和意志,同样出自决断的不正当。但是,他并没有重新得出一个道德理论上的后果,即为了一个新的原则,也即意志自律之原则,而对幸福原则予以相对化。

在对幸福而言举足轻重的品格德性之获得中,同样有意志性的部分。亚里士多德曾着重指出,不论是善,还是恶,都存在于我们的力量之中(《尼各马可伦理学》I 7)。最后,行动的意志性特征

也出现在关于 *akrasia*，也即关于道德之弱（moralische Schwäche）的文章之中（参见罗宾逊 1995）。克尔凯郭尔关于希腊人"理智性的绝对命令"的言辞（《致死的痼疾》，第二部分，第二章）对苏格拉底是合适的（这一言辞也是针对着他的），因为按照苏格拉底，人不能违背更好的知识而与善为敌（《迈农》，77f.）。相反，亚里士多德虽然把道德之弱定义为知识之不足，但是认为它可以回溯到对善具有构建作用的推动力，即渴望（Begierde）或暴怒上去，因而展示的与其说是认知性的不足，毋宁说是意志性的不足。

在亚里士多德这里，毫无疑问存在着意志的意志性方面。然而，关于第二个因素，也即理性因素，情形又如何呢？对康德称之为"法则的表象"的东西，亚里士多德是用几种形式的实践性三段论暗示出来的。在"（1）如果吸烟是有损健康的，并且（2）这件事情算作吸烟是合适的，那么（3）它就是有损健康的"这一推论中，大前提（1）指称的就是一个实践法则。在康德的第二个定义要素在场的情况下，欲求模式和意愿模式（Strebens—Wollensmodell）之间的差异就会消失吗？一个肯定的答复恐怕不得不回顾到道德原则上去，不得不让存在于幸福原则和意志自由原则之间的分歧悄然消失掉。

但是，至少还有一个区别是难以消失的。由于上述三段论例子中包含的法则只具有实用的性质，而不具有道德的性质，意志也就因此屈服于某个预设，只指向适合于这一预设的手段和途径，而不指向终极目标，即幸福自身。按照康德的观点，道德可以要求做出与幸福相悖的行动，尽管后者确实展现了每个人的自然必要性意图（《奠基》IV 415, 28ff.）。这一点在亚里士多德这里似乎是完全不可思议的,因为一切责任的根据都在幸福之中。这一假象虽然有些欺骗性,举例来说,因为勇敢在其相应的危险中要求牺牲自己的生命,而使勇士们享有荣誉的,却并非总是与幸福原则相一致。亚里士多德也看到了德性及其主导原则,即幸福之间的矛盾可能性,但是他从中只引出了一个科学理论式的结论,即:这些相关陈述仅就一般而言是有效的:多数如此,并非永远($hôs\ epi\ to\ poly$:I 1,1094b 21;参见赫费 1971²1996,第二部分,亦可参见赫费 1995,第 2.2 章;以及阿那各诺斯拓波罗斯 1994,雷沃 1992)。对于幸福是否因此并非绝对最高的原则和概括性的原则这一原则问题或道德理论问题,他并没有加以讨论。

亚里士多德并没有把这些现象置之身外而不理:按照这些现象,幸福并不完全在人的掌控之中,而是就部分而言,也是命运乃至诸神的恩赐。他既不否认存在于勇敢和幸福之间的可能矛盾,也不否认暮年坠入大不幸的可能性(《尼各马可伦理学》I 10,1100a8,以及《尼各马可伦理学》II,1101a8)。当普利阿莫斯(Priamos)①这样的人没有得到一个吉利的称呼时(I 10,1100a5—9),人们应该想起犹太人的约伯经验②:即使一个本分地为自己的幸福而劳作的人,仍然是被抛给了一个高高在上的力量。不过,亚里士多德这位世俗思想家对这一力量并没有给予神学的理解,相反,它被理解为偶然事件的总和。因此理所当然的是,在 $eudaimonia$(幸福),也即"被某个美好的精神所鼓舞"这一表达中,一同回响的还有在场的

---

①　特洛伊国王,名字本意是"极其勇敢"。——译注
②　Hiob 一词的本意是"仇视的对象",后世常当作耐心和坚忍的同义词。——译注

恩赐与祝福。

从幸福乃是一个脆弱的、对人类而言不能完全支配的善这一实情出发，亚里士多德并没有得出结论说，人只能为他的配享幸福（Glückwürdigkeit），而不能为幸福本身承担责任。这一结论将会对幸福原则予以过于强烈的限制，甚至会导致幸福主义伦理学的坍塌。与之相反，亚里士多德解释说，除了在合乎德行的活动之中，再也找不出程度如此之高的稳定性了（《尼各马可伦理学》I 11，1100b12f.）。他对幸福原则既予以限制，但是又不放弃的这一信念就是：即使通向道德正义（Rechtschaffenheit）的道路不能使人免于不幸，但其他任何一条道路都更会使人坠入深渊。

让我们给"亚里士多德，还是康德？"这一问题找到一个暂时性的平衡。它要驳斥的不仅是一个陈旧的观点，即认为亚里士多德代表的是一条通过康德的现代之路（*via moderna*）而得以再次反复的古代之路（*via antiqua*），而且是把亚里士多德的观点强加于康德以便为前者恢复荣光的最新尝试。最后，这一平衡要说明的是，所有这些沟通企图都是不充分的，它们要么面临着语义学上的共同性，要么面临着行动理论上的差异性。反之，这里需要的是一个至少由八个部分构成的评价：（1）就伦理学作为实践哲学这一意向而言，康德是亚里士多德主义者；（2）就其伦理学的基本要素而言，亚里士多德是普遍主义者，并且早于康德；（3）在现象性的和理智性的德性概念之区分上，康德认同亚里士多德的洞见，同时在一个就现象而言更为准确的理论方向上超越了这些洞见；（4）亚里士多德和康德都把道德上的善定义为至高无上的善；（5）他们的区别在于行动理论的基本概念：在亚里士多德这里是欲望，在康德是意志；(6)在意志之中，由于承担责任的能力被予以更为根本的思考，因此一门根本性的伦理学既不能退回到亚里士多德式的欲求开端，也不能退回到属于它的幸福原则上去。在这里，康德凭借其意志概念和自由原则而更胜一筹。但是，康德的伦理学并非比亚里士多德的伦理学"更是普遍主义的"，而是在对人类责任和道德的理解上更为根本而已；(7)亚里士多德的若干思考其实超出了他自己的、仅仅是欲求理论式的出发点和他的幸福原则；(8)提前涉及下一章时，还存在另一个视角：在所谓的亚里士多德优于康德的地方，也就是在判断力之中，事实上康德已经不仅有所讨论，而且更为深入(参见第三章)。总体看来，康德与亚里士多德的伦理学在实质上的分歧要小于通常主张的那样。而在他们的分野之处，康德的道德眼光要更为根本，因此在再亚里士多德化中，一个优于康德的选项是不足为盼的。

第三章　普遍主义伦理学与判断力 [①]

对康德伦理学的影响而言，这一问题扮演着某种特殊的角色：对于在亚里士多德这位所谓的竞争者那里如此重要的判断力而言，他主张普遍主义原则的伦理学是否是可接纳的？这一问题对法权—和平伦理学也是重要的，因为对具体情形的判断需要"运用"的正是这一能力，即判断力。但是，由于这一问题是向作为整体的普遍主义伦理学提出来的，因此它将在下文中得到彻底探讨。

第一节　判断力的乏力

按照某种在批评者中广泛流传的理解，康德伦理学对判断力的忽视实在是过于明显了。其既简单又有说服力的证据就是：判断力没有出现在康德伦理学的核心概念之中，就连在其重要的外围概念中也没有出现过。不过，由于它在别的地方处在中心点上，因而人们也试图从第三批判那里来弥补这一主题上的缺陷。然而，相应的研究，如佛拉特（1977，146ff.）和普莱尼斯（1983，89ff.），很快就遭遇到了瓶颈：在第三批判的主要任务，也即沟通

---

① 本文首次发表于《哲学研究杂志》第 44 卷（1990），第 537—563 页。

理论哲学和实践哲学、建立一门关于审美判断力和目的论判断力
的理论等任务，那个对包括法权—和平伦理学在内的伦理学而言
的核心主题，即对道德原则与个别情形的沟通，也没有发生过。

　　受到阿伦特思考的启发（1958；参见 1982，尤其是其中的第 2、
10 讲），佛拉特不无正确地强调说，即使在政治判断中，那个对审
美判断而言已经被证实的通感也是备受青睐的。因为康德很清
楚，通感归属于任何一种规则运用（《人类学》VII 139）。而普莱尼
斯看重的技巧（der Takt），完全可以说在道德行为中是重要的。
对道德原则加以运用这一实践判断力或政治判断力的主要任务，
并没有因此被指出来。此外，在佛拉特这里还缺乏现代政治学的
这一特征，即它与普遍主义原则（如基本法权和人权）的结合。为
了给康德伦理学恢复判断力概念，我们必须在普遍主义道德中给
后者指派一个位置——康德并不是在《判断力批判》之中，而是在
道德哲学中提出它的。（至于一门关于判断力的法权哲学，参见维
兰德 1998；对康德伦理学——而非一门过于强硬的义务论伦理
学——的"判断力讲解"，参见赫尔曼 1993；至于对实践判断力的
一般理论，参见毕博尔[2]1991。）

　　不过，判断力在《实践理性批判》中扮演的既不是一个主要角
色，也不是一个配角。因此也就冒出了这样一个流行的批评，认为
康德轻视了经验，而是正如吕勃（1987）并非专门针对康德——而是一
般化地担心的那样，康德带着"意向对判断力的胜利"而向某个"政
治化的道德主义"投诚了。如果这一主题缺陷是绝对的，那么人们
就可以重复黑格尔的康德批评，与马克瓦德（1986，127）一道谈论
对应然（Sollen）的（无节制）的过高评价，谈论应然之过分，并且接

着这一批评认为，一门普遍主义伦理学把历史和传统都拒之门外了。而且，人们也可以与保罗·利科（1986，249）一道为那个从先验方法中成长起来的对人类行为的破坏而惋惜，或者与施魏玛（1986，154，166）一道声称所谓的"与行为者真实的行为问题的割裂"，尤其声称"每一个个体性的缺席"。更远地说，人们还可以去拥抱被南希（1983，8）引用过的那个忧虑："命令妨碍了自由创造，而绝对命令亦阻碍了解放的自由。"

　　此外出现的还有拉莫尔的观点（1987，4/1995，4）即认为康德主义一般意味着，"道德正确完全可以通过规则而得以特殊化。"与此相联系的是一个一般化的批评，即：普遍原则与其说在不同的个别情形中主张某个统一的行为，不如说展现了没有任何导向价值的空洞公式。这一批评是由麦克道威尔在1981年联系着维特根斯坦提出来的。不过在《哲学研究》（第185—241节）中，这一批评并不是以一以概之的方式提出的。毋宁说，他针对的只是那个"柏拉图式的"观点，认为规则可以像算术一样被机械地运用于个别情形（主张这一观点的还有贝克尔/汉科尔1985，克里普克1987，普尔1998；参见奥尼尔1996，尤其是第3.4章和6.7章）。然而，不仅柏拉图不会主张这一观点（关于他的"四阶段反思"模式，参见克里格1989，92—94），而且亚里士多德这位主张判断力的理论家和康德这位主张普遍原则的哲学家也不会如此认为。因为人们在日常生活中早已熟知这一非机械式的可归摄性，因此判断力在其中正好扮演着某种生存论角色的那个生活领域，也就熟知某种用于规则运用的独特机构——即法庭——这一权利。而隶属于它的法学学科早已拒绝了对普遍规则的"算术式"解释（参见瓦瑟曼

1985,哈瑟莫尔[6]1994,施洛特[6]1994,巴尔贝 1996)。这一解释的本质错误在于,把非充分决定性(Unterbestimmtheit)等同于完全的非决定性(Unbestimmtheit)。

即使康德关于判断力的伦理学没有扮演显著角色,它也是固已有之的——它甚至在康德的哲学规划中就出现了。在《奠基》的"前言"中,关于诸道德法则的观点是,它们"当然也需要通过经验而变得敏锐的判断力"(IV 389,30)。康德自然没有否定判断力的价值,相反这一价值对他而言是不言自明的。早在第一批判中,康德就引用了医学实践、司法实践和政治实践之中的例子(《纯粹理性批判》B 171—174)。康德要说明的是,在这些具体行为中存在不可或缺的东西,而这是人们在其伦理学中易于忽视的东西,即:关于实践世界的经验,以及对这一经验之个别性的关注。至少"在原则上",利科在上文所引的地方曾带着充足的理由所期待的东西,在康德这里是现成的,即:对先天和经验之间所必需的过渡和沟通之清醒的认识。

按照"前言"的说法,判断力乃是不可或缺的,以便"一方面去区分,在哪些情形之中",道德法则"有其运用","另一方面给它们开辟通向人类意志的入口,并对这些法则的实践予以强调"(《奠基》IV 389,30—33)。在这里,判断力获得的是两个在亚里士多德的决断(*prohairesis*)理论——即关于(优先)选择和决断的理论(《尼各马可伦理学》III 4—7)——中已经为人所熟知的任务。在决断之中,两个因素合二为一,分别是:一个是深思熟虑(*bouleusis*)(《尼各马可伦理学》III 4—7)以及统辖着它的智性德性,即明智(*phronêsis*)(VI 5,VI 8—13),另一个是品格德性(Charaktertugend,

arethai êthikai）。此外，这一二分性反过来也反对对明智（*phronêsis*）
的过高评价，因为它只对两个被康德所论及的判断任务中的其中
一个负责。我们最好把 *phronêsis* 翻译为"明智"（Klugheit），而不
是"道德洞见"，因为亚里士多德也认为，就动物具有某种预先准备
能力——或者像蚂蚁和蜜蜂一样预先储藏（*Historia animalium*，
第一卷，参见《形而上学》I 1,980b22），要么像鹤类在风暴临近之
前采取预防措施（*Historia animalium*，IX 10,614b18f.）——而
言，它们也是明智的。

现在，康德的判断力概念就在一方面具有可与深思熟虑和明
智相提并论的这样一种初始的理论或认知能力，它沟通了普
遍——在亚里士多德这里是道德态度，在康德这里是道德法
则——和个别情形（参见《奠基》IV 403f.）。另一方面，它接过了
使原则得到现实承认这一实践任务，而在亚里士多德这里，这不再
是判断力本身能做到的，而是在客观上先行规定给它的，同时与它
结合在一起的道德态度，也就是品格德性完成的。因为亚里士多
德决断（*prohairesis*）理论的两个因素在康德这里也有反映，在后
者这里重新发现的其实不是两种不同的立场，而是一个根本性的
一致。

如果亚里士多德的第二个因素得以满足，那么紧随而至的就
是循规蹈矩的行为，而这就会出现马克瓦德（1986）所辩护的东西：
习性（Üblichkeiten）。即使如此，在新亚里士多德主义者马克瓦德
和亚里士多德本人之间，还是存在着重要的分歧。也就是说，马克
瓦德对亚里士多德的由两个部分构成的概念 *aretê êthikê* 之中的
aretê 置之不顾，而只是满足于另一部分，即 *ethos*（习惯），或者

hexis（态度）。这一做法具有多重后果。因为在单纯的习性概念中缺乏亚里士多德的道德性成分，所以马克瓦德体现的只是一个片面的、削减了道德的亚里士多德。而把判断力与道德前提结合在一起的康德，在这里则被证明是一个忠实的亚里士多德主义者。同时，这也证实了本书第二章的观点，即：但凡有人要复兴亚里士多德，就必须反对新亚里士多德主义。当然，康德是在一个从句中对判断力的经验关联和它的双重任务予以表述的。因此而论，他似乎至少是低估了判断力的影响。然而就意志方面而言，他当然还是强调了它的重要性，因为人类意志"虽然对实践性纯粹理性这一理念是力所能及的，但是要使其在具体的生活变化中发生作用，也非易事"（《奠基》IV 389,33—35）。

尽管"前言"篇幅不大，但是已经如此细致地讨论了判断力问题，因此当《奠基》本身以及后来的《道德形而上学》都不讨论它时，这就令人更加吃惊了。为何它在伦理学规划中扮演着某个角色，但是在这一规划的实施中却不再出现了？其中一个理由便存在于康德对论题所做的细分和具体化之中，而这带来的毫无疑问是科学理论上的一个进步——这一理由存在于对非经验性思考和经验性思考所做的明确区分中。谁僭越了这一区分，在一门纯粹道德哲学中为被经验所浸透的判断力寻求中心位置，谁就难免犯下与"范畴错误"相类似的错误：对哲学诸学科的混淆。在一门显然非经验的伦理学中去追寻一个经验对象，他就因此把一门连同其奠基在内的道德形而上学与它的对象，也就是一门实践人类学，混为一谈了。

然而，这一对论题的具体化只是为那个关键的论证做了预备而已。康德完全知道,具体的道德行为是从非经验的因素与经验因素的合作中产生出来的。但是,由于真正道德性的东西并不存在于这一合作之中,而只存在于一个因素,也即独立于经验的意志规定之中,因此他感到自己不得不剥夺另一个因素,也即经验的力量。从这里,当然就会一并遭遇到通过经验而变得敏锐的判断力。即便如此,这里发生的既非对个体性的贬值,也非意向对判断力的凯旋。在古罗马,"凯旋"(Triumph)意味着一个承诺给旗开得胜的统帅及其军队的隆重的班师回朝。在古罗马,凡是在征服了敌人的地方,凡是在正因为敌人的危险而在胜利中获得了满意的赔偿,并从被解救者那里赢得了庆祝(也正是凯旋)的地方,这一表达便派上了用场。在罗马,胜利者甚至必须特别有战绩才行,如果一名统帅在战场上没有击退至少五千名敌人,他也只能满足于"小胜",满足于一场喝彩。如果意向要赢得的不仅仅是一场喝彩,而甚至是一场凯旋,那么判断力就必须是一个特别危险的敌人,对它的征服就必须以一种值得关注的、明显的方式发生。

在康德伦理学中,判断力扮演的毫无疑问不是一个危险的、最终幸运地被征服了的敌人这一角色。虽然完全要有某个被克服的经验,但是它并非那个用规则沟通着个别情形的经验,而只是那个要规定规则——更准确地说,规定主观的行为根据,也即准则——且即便如此也要提出道德地位之要求的经验。经验并不是在它进入具体行为时,而是在它规定着奠基性的意志时才会被克服。按照康德的表述,在道德中,义务战胜了倾向。

第二节　一种新的判断力

即使在道德意志这一情形中,判断力也不是简单地被克服了——被放弃的只是它的依赖于经验的形式。康德不是在《奠基》中,而是在《实践理性批判》之中(V 67ff.),才在自己的道德标准,即普遍化实验之中,看到了判断力的作用(关于这一点,就连舍曼在其"康德的'反思性思考'"之章节中也未谈到,否则该书将会是值得一读的,参见舍曼1997,311ff.)。也就是说,被放弃的是那个依赖于经验的判断力,以便有利于某个独立于经验的形式,即"纯粹实践批判的判断力",后者又可简称为"纯粹实践判断力"(《实践理性批判》V 67f.)。

因为这一判断力之故,康德说,"当人们非要从实例中借出道德性时","不能有比这更糟糕的给道德性提出的建议了"(《奠基》IV 408)——这也是拉莫尔(1987,2/1995,2f.)觉得可疑的地方。康德其实并没有贬低"道德考虑中对实例的运用"。相反的是,他自己在《奠基》中(429,14)还借助"实例"提出了关于出自义务的行为(IV 397),或关于不同公式(423f.)之中的绝对命令之途径(421f.)的重要思想。但是,这些实例并不具有拉莫尔的"借出"(entlehnen)这一表达可能会要求的那种论证力。

这一关键点会在下面的语境中变得更为清楚。正如在"前言"中已经做过的,康德在该书第二章,也即"向道德形而上学的……过渡"中也曾主张"一门绝不混同于人类学的、完全孤立的道德形而上学"(410),并对那种"混杂的道德理论"予以坚决反驳(411)。

在道德的"根据"中(409,23),实例没有任何的合法性。"因为每个实例……是否值得作为源始的实例,也就是说,作为楷模被拿来使用……这本身必须事先按照道德性的原则加以评判。"(408)对"道德性的原则"的评判需要纯粹实践判断力,而相反的是,对运用之任务的评判则需要通过经验而变得敏锐的判断力。实例在这一判断力之中能做到的,同样是《纯粹理性批判》已经注意到的,即"它们使判断力变得敏锐了"(B 173);或者联系着《奠基》来说,它们使实践规则变得"直观"了(IV 409)。此外,它们还可被用以"激励",因而属于那个可以被纳入到"根据"之内的,尽管如此还是"极其光荣"的任务,即"开辟入口"(409,20—24)。

如此看来,康德对实例的评价一般而言并不是很高。对于那些在理论领域里拥有"判断力天赋",拥有所谓"天赋良能"的人来说,他们绝少需要实例,尤其不需要"只是偶尔才充分满足规则之条件"的那些实例(《纯粹理性批判》B 172f.)。实例乃是"判断力的学步车",只有缺乏判断力天赋的人才不得不需要它(B 173 f.)。此外在道德中,没有人能为真正的道德,也就是出自义务的行为,"引用可靠的实例"(《奠基》IV 406)。凡是义务所要求的,我们可以放心地说,不论它是否"出自义务而发生的,也就是说具有某种道德价值","总还是值得怀疑的"(同上)。

因为只有纯粹实践判断力能够决定真正的道德因素,前者单独就能成其为"道德判断力"。不过,康德是在相对较晚的时候,并且只是以顺带的方式引入这一表达的。显然,他是后来才逐渐获得对道德判断力之重要性的明见的,自《奠基》发表以来,他便拥有这样一个本质洞见,即:对真正的道德而言,决断乃是一个非经验

性的能力。对它[决断]而言,还存在一个为它负责着的判断。关
于这一点,康德在《奠基》中虽有暗示,然而他是把"共同人类理性
的道德知识原则"当作"对其予以评判的标准"而提及的,更远了
说,是作为"用来区分善与恶、合乎义务或有违义务"的"指南针",
作为"实践性的评判能力"而提及的(IV 403f.)。不过,一直到《实
践理性批判》的"纯粹实践判断力的类型"这一章中才引入了这一
判断力概念。而"只有非经验的判断力才拥有真正的道德特征"这
一也许是不言自明的结论,是康德在《判断力批判》面世不久之后
的《单纯理性界限内的宗教》中才引入的(第二章,§4:VI 186)。

人们担心,一门使经验失去其力量的伦理学赋予了普遍以某
种压倒个体性的优势,从而使具体的、与情境相宜的行为成为不可
能的了。与之相反,他们认为,普遍在道德中应该要么不扮演任何
角色,要么只扮演一个破坏性的角色——更重要的是,单单个别情
形中的感性知觉也许甚至就是决定性的。这一观点暗含在某些康
德批评中,也清楚地包含在施魏玛的批评之中;南希(1993)也明确
地、以独立于某种康德讨论的方式代表着这一观点。这位作者把
这一立场称作"特殊主义"(Partikularismus)——更准确地说,是
道德特殊主义,并把它树立为原则伦理学的对立面(类似的观点包
括:麦克诺顿1988,第13章;麦克道威尔在受康德启发而做的讨
论之中的观点,1998)。但是,特殊主义忽视了一个结构特征,后者
已经触及关于知觉的描述性形式,而且对实践形式始终是有效的。
这一特征,也即某个行为理论的,或者说前伦理学的根据,反驳了
对普遍的怀疑:去知觉某物,就意味着把某物立意为某物,把单个
事物言说成某一共相的个案。让我们来看一个《奠基》中的例子,

即帮助命令,这里使我们感兴趣的不是康德的答案,而仅仅是它的"道德逻辑":

为了把相关情境理解为道德挑战,必须把它说成根本上能使可能发生的帮助成为可能的那个情境类型,即困境的一个个别情形。为了获得行为理论上的精确性,有必要区分两个因素;在两个因素中,作为一结构(Als—Struktur),也即把个体作为普遍来理解,都是当下在场的;在两种情况下,通过经验而变得敏锐的判断力都是必需的;知觉之中的理论方面和描述方面,同样还有判断力的理论方面,都会把这一情景认同为困境。在描述性的知觉之中,实践性的或规范性的方面都会立即切身感受到面对困境而选择立场的要求——虽然不是以理论的方式,而是以实践的方式,也就是,作为具有行为能力的存在而选择。

在第二个步骤,也即对待备选项的态度中,通过经验而变得敏锐的判断力也是必需的。为使对个体行为的道德评判成为可行,它也必须被理解为某个准则、某个普遍的个别情形。这个选择就存在于这一例子之中:要么,人们面对困境并尝试去帮助,要么,人们把困境屏蔽在自己之外,始终对求助之需求无动于衷。

如果说经验性的判断力以及与个别情形和规则相关的判断力对前两个步骤是不可或缺的话,那么它在第三个步骤中,也就是在"两个准则中的哪一个配得上道德地位?"这一问题中才失去其合法性。但即便如此,判断力也不是像一个敌人一样被征服了——如果它不为对这一问题的回答而负责,当然就会无事可做,只会"稍纵即逝"。如果有人基于先于经验而有效的有根据决定提供帮助,他就必须一再考量,他究竟能帮什么。为此,他还需要仅在根本决断中不予考虑的东西，即实践经验，以及因困境而异的专业技能。

因为依赖于经验的判断力已经关系到普遍，在对其力量的剥夺中就不存在普遍对个体的优先性。相反，存在着两种个别概念，也存在着两种普遍概念，存在着反对或赞成其中任一概念这一选择：个别的既是情境，也是对情境的回应——道德回应和非道德回应同样都是个别的。而与之相反的，具有普遍性的不仅仅是人们依此对情境加以解释的规则，也是个别性的回答得以产生出来的规则。反过来说，不论是道德的，还是非道德的规则，在回应中都具有普遍特征。因而，纯粹实践判断力凸显的不是普遍性对个别性的优先性，而是道德普遍性对非道德普遍性的优先性。由于道德行为乃是道德规则的个别情形，因而同样，一个个别性也就与另一个个别性分离了开来。

在康德这里，行为的个别性并没有受到影响。按照康德——虽然是以暗示的方式——提出的行为理论，属于具体行事方式的是一个三段式评判过程，其中只是在第三阶段才需要对经验的独立性；如果说在前两个依赖于经验的阶段上，个别以普遍为中介的话，那么第三个阶段则只涉及普遍的种类。判断力在这里以独立于经验的方式在运作，这并不意味着个别成为普遍的牺牲品，而是意味着道德普遍性对非道德普遍性的优先地位。

康德并没有受制于这一主题上的缺陷，相反，他对主题做了扩展。属于道德行为的不仅仅是那个人们简单化地称之为运用或归摄，但事实上展示了创造性作用的那个能力，即按照某个规则对个别情境加以评判的能力；而且从道德上看，还首先需要对规则进行评判的能力。由于亚里士多德对此能力并不了解，因此"他的"主题，即判断力，便通过他的所谓"对手"康德而得到了根本扩展：如果说亚里士多德的"明智"(*phronêsis*)只有在道德目标这一前提下本身才称得上是道德的话，那么康德的纯粹实践批判则本身就直接承载着道德特征。

在亚里士多德这里出现的"在某某前提下"当然并不意味着，他的"明智"在康德式的理解中只是有条件的善。与康德不同的是，亚里士多德这里的明智(Klugheit)并非道德上中立的能力，更非就其倾向而言无关道德的毒蛇之狡黠或狐狸之狡猾。亚里士多德清楚地了解这里提到的细节，他区分了三种能力：如果说道德中立的判断力，即机敏(*deinotês*, Sharfsinn)，还局限在某个工具性的、充其量不过是实用的能力上的话，那么就其倾向而言无关道德的判断力，即精明(*panourgia*, Gerissenheit 或 Verschlangenheit)(《尼各马可伦理学》VI 13, 1144a 23—27)，在为私利所需要的时候，毫无疑问是无视道德的。"明智"(*phronêsis*)尽管针对的是对相关者而言的善和有用性，但是也因此与道德前提(Vorgaben)交织在一起。亚里士多德强调道，如若有人并非在有德性这一意义上同时是善的，他就谈不上明智(《尼各马可伦理学》VI 13, 1144a36f., a8f., a30)。

明智(Klugheit)被规定为精明(Gerissenheit)和幼稚之间的中点(*euêteia*；《优太谟伦理学》II 3, 1221a12；《尼各马可伦理学》VI 5, 1140a24f.)，它虽然只为手段和途径负责，但并没有盯着随便什么目标，而是盯着单数的、具有定冠词的，并且在成功的生活中总体存在着的那个目标(《尼各马可伦理学》13, 1145a6, VI 5,

1140a27f. ）——它意味着一个全面的生活智慧。如果说品格德性在为幸福这一根本取向负责的话，那么明智之理智性德性关心的则是这一取向的合情境的具体化。拥有明智之人，有义务对幸福这一生活目标加以考虑。不同于思虑周知（*synesis*）和良知（*eusynesis*）的是，明智不但给出判断，而且还要求判断的实现，就此而言，它具有某种实践的，而非仅仅是理论的特征。通过该做什么、不该做什么的言说（《尼各马可伦理学》Ⅵ Ⅰ 1，1143a8ff. ），它也就释放了对行为予以规定的力量。不过，它也难以束缚住那些遮蔽了朝向正确目标的眼光的力量，也即情感，正因为如此，它需要诉诸与品格德性的协作。例如在一个勇敢的人身上，品格德性操心的是，他在危险降临之际既不露怯，也不逞勇，而是能大无畏地去应对，并同时运用明智思考下一步的行动。一个真正的道德判断力是不存在的，一个道德中立的判断力当然也是如此。明智不多不少恰好是道德—实践性的判断能力。

此外，对明智（*phronêsis*）和狡黠（*panourgia*）这一对亚里士多德的反题，康德也有相应的论述。在《和平》这一论文的"附录"中，康德谈到了"诡辩"（Ⅷ 37b）和"一个非道德的明智理论的曲折"（Ⅷ 375），因此也就谈到了人们在政治学中习惯称之为马基雅维利主义的那种与道德无关的判断力。但是康德更乐于谈论的是所谓的"政治道德家"，并且把它与"道德政治家"这一与亚里士多德的明智相称的说法对立了起来（Ⅷ 372，377）。如果说政治道德家"如此锤炼他的道德，好似政客的益处对他毫无暌违之感一样"，那么道德政治家接受的则是治国智慧的原则，"这样一来……这一智慧就能与道德并行不悖了。"（Ⅷ 372）

众所周知,普遍化检验已经给出了纯粹实践判断力的标准。至于这一检验是否真的可以脱离经验而展开,这一争讼不止的问题在这里不会得到盖棺论定式的回答。不论如何,人们也许获得了这一印象:康德已经提出了这一思想实验,以便给一代又一代的博士生们和大学执教者们一个哲学饭碗。在这里我们指出一个区分就足够了,有了它,争议的焦点就可以表述得更为清楚一些(参见赫费1990,第7章):

按照某个广为流行的观点,如果一个普遍化取消了任何一种后果考虑,它就是脱离了经验的;反之,如果它需要这样的考虑,则是依赖于经验的。而事实上按照康德的观点,后果考虑是允许存在的。不过,它涉及的不是对准则的选择,而是两个问题:人们如何具体地遵守一旦被选定的准则?以及,在某一情境中,哪一个准则才是合适的?在两种情形中,后果考虑都属于《奠基》中称之为"行为本身的概念"(IV 402,33f.)。我们可以把这种后果考虑称为"内在于行为的后果考虑",从而按照康德的做法,把它与未经允许的外在于行为的考虑区别开来:

如果后果尽管能共同决定根本决断,却与行为本身的概念毫无关系,那么它就是外在于行为的。被外在于行为的考虑所引导的人,就会把自己的所作所为限定为实现另外某个东西,也即外在根据的手段,而这一根据则因此证明自己才是真正的规定性根据。在帮助命令中,外在于行为的后果差不多就存在于对某个理念性的("值得感谢")或物质性的("金钱")奖励的期待之中。而内在于行为的后果则存在于,人们在一个可能出现的复杂行为链条的目标上,实实在在地去克服困境。但是在这些内在于行为的后果中,人们不能确保如何产生出这些后果。因此康德的绝对命令伦理学并不试图去做那个有人期待、有人担心的事情，即把人类从道德生活方式上的一切不确定性中解放出来。

第三节　"道德机智"

通过这一新的判断力，通过经验而变得敏锐的判断力这一传统形式就失去了力量。尽管如此，它在道德上的第二性的意义上始终还是有其合理性的。这一判断力的基本条件是显而易见的，即：如果康德伦理学既不贬抑个体性价值，也不置经验于不顾，如果它要实实在在地欢迎经验，且敏于判断，那么它必须允许具体行为具备一个道德前提，这一前提要提供的，远多于一门所谓的原则伦理学止步于此的东西：没有导向价值的、单纯的空洞公式。除此之外，这一前提也是不能枯竭的，不能使它像亚当·斯密为正义之外的一切德性规则所主张的那样，变得"随便、模糊、不确定"（《道德情操论》，最后一节）。相反，诸原则为了使其普遍性在运用中不流为千篇一律，必须忽略它们不能胜任的一切，即个人和情境的所有个体性，群体、亚文化和文化的所有特殊性。在不放弃导向价值的情况下，它们必须把掌握舍弃的艺术，并且把舍弃当作收获明确地担当起来。它们需要的是某种"伦理的禁欲"，后者将专注于那些对一个原则而言本质性的东西，专注于普遍性特征，同时为个体性和特殊性敞开大门。这一基本条件同时存在于道德前提的确定性和涉及具体实践的开放性之中。

在康德这里，这个"同时"是显而易见的。它允许针锋相对的

批评,而人们则乐于把这些批评解释为每一门义务论伦理学的边
界,并因此主张用一门功利主义的——或更为一般地说,用一门以
后果为导向的("后果主义的")——伦理学来完善和修正它。道德
上的确定性与实践上的不确定性之联结是在一个双重形式中显示
自身的,而判断力也是在后者中产生的。纯粹实践判断力涉及的
并非行为本身,而仅仅是一个部分——但却是一个关键部分,这就
是为道德负责着的规定性根据,即意志。这一前提显示出,意志是
已被定义了的。补充性的开放性存在于这一情况之中,即:这一定
义只触及意志,而不触及其手段和途径,对后者的规定还需要一个
通过经验而变得敏锐的判断力。

　　这样一来,这一开放性的范围有多大? 一门就其道德规则(更
准确地说:道德原则)而言应该脱离经验的伦理学,给经验、给个体
差异、给后果考虑——尤其是,给边界性情境及其难以质疑的决断
困境——留下了多少空间? 令人吃惊的是,存在着许多的、此外在
结构上千差万别的开放性。事实上,它们是在不同程度的复杂性
中相互补充的。乐于分类的人,可以在通过经验而变得敏锐的判
断力之内发现好几个阶段,而我们这个时代的典型问题都可以被
归入这些阶段之中。下面要提到的一个关于本身就复杂的判断力
的理论,也就因此超出了对"或者亚里士多德,或者康德"这一选择
予以解答的范围,牵涉到对时代的诊断:

　　不论人们是否思考环境保护,思考最新的生物医学"技术",思
考部分涉及能源部分涉及军事政治的核能时代,也不论人们是否
思考多维度的全球化过程,不同社会所面临的新问题,都可以被解
释为一种新的现代化推力(参见赫费[4]2000,以及赫费1999)。按照

这一连带的命题,如果人们克服了"或者亚里士多德,或者康德"这一朴素的选项,那么上述问题的典型困难只有通过哲学才能得到实事求是的诊断。

从哈贝马斯那里(1973,第 II.6 章)产生了"合法性危机"这一关键词;与之相对的是吕勃(1980,36)的"导向危机";维兰德(1989)谈到了"实践理性的疑难"(最新文献是维兰德 1989),不过它并不属于某个历史时代;拉莫尔(1985,323)主张实践理性的异质性;图根特哈特(1990)则指责"哲学在面对我们这个时代的道德挑战时无能为力"。通过"判断力的使命"这一关键词,笔者也为广泛领域的当代问题提出了自己的选项。我提出的道德诊断比吕勃的诊断更为清晰;与拉莫尔的诊断相反,我提出的是一个在道德上同质性的诊断;就与哈贝马斯和维兰德的关系而言,我的诊断在道德上更为清醒;最后,不同于图根特哈特,我的诊断更少悲观气息。

康德从未提出关于实践判断力的理论。由于完善的构造要素本身几乎无处可寻,因此关键在于,为这一尚且付之阙如的理论收集可能的基石,并把它们联结成一个临时结构,而不是求全责备。我们不会讨论康德的一再提示,即判断力"是一个特殊的才能,它不能被教导,而只能被练习"(《纯粹理性批判》B 172;参见《人类学》VII 199 处的更多讨论),正因为这一点,仅有关于规则或原则的单纯知识,从根本上说,仅有一个也许如此光鲜的知性,都还是不够的。这里也不会涉及康德本人提出的判断能力,尽管它是值得重视的。对如此之困难的问题,譬如对法国大革命进行道德评价,他会落实到差异化的、被不同原则所主导的判断上去。另外,那个对(鉴赏)判断至关重要的通感,也就是共同的感觉,而非庸常的感觉(《判断力批判》，§40；参见《人类学》Ⅶ 139)，在这里也不予讨论。最后，我们也不会深入讨论这一情况，即：绝对命令的联结点，也就是准则，在许多情形中表现为某个高度凝结的生命经验，并因此为成功的判断能力提供了保证。这里要强调的只是下面的一些要素：

1. 但凡读过《奠基》"前言"中的上引文字的人，都会获得一个印象，觉得个别性之开放性的范围是有限的。如果"通过经验而变得敏锐的判断力"之所以需要，只是"为了……区分在哪些情形中"道德法则"有其运用"的话，那么似乎剩下的只是一些道德上的琐碎任务，甚至是诸如此类的机械式归摄功能；这儿有人不堪生活重压，要寻死觅活；那儿看到有人陷入困境，因此要伸出援手；另一个人则被要求要诚实。

事实上，从结构上来说的第一个运用问题存在于对某个道德任务的认同之中。这一认同被前面已经提到的知觉引导着，而后者则联结着理论能力与道德感受。基于这一联结，这一认同的任务就显示出自己的二分性，而且现实的例子也证明了，它绝不会落入琐碎的细节之中。一个实例更多地涉及理论方面，而另一个则更多涉及道德感受，二者共同证明了：*nostra res agitur*（我们的事情已经完成了）。

面对最新的生物医学可能性，一个一再被置于困境的问题就产生了：值得用法权保护的生命究竟始于何时，又终于何时？ 对人类的生命予以保护，这一命令虽然没有讨价还价的余地，此外长久以来也是一个不言自明的要求，但是这一要求究竟存在于何处？这有待于独立于经验的判断力的裁定。另一个例子是动物保护。

人们在动物研究中,在大规模动物豢养和动物运输中,在诸如此类的新型现象中,并没有忽视那些完全传统的命令,也没有在科学或经济的益处之外"忘记"动物感知疼痛的能力和情感能力,而这要归功于道德感受(参见赫费⁴2000,第15章)。

2. 在这一道德任务得到认同之后,剩下的便是考虑其具体实现了。在不完全义务这一情形中,其单纯概念本身便承载着这一开放性,甚至是一个多重的开放性:它首先关系到人们在个别情形中如何实现一个道德决心(例如帮助他人)的方式。人们在发展援助中遭遇的许多错误,都是这一任务之时效性的例证。此外,它还涉及程度问题。康德曾在《德性论》(§31)中暗示地问道:一个人在其善行中应当花费其资材到什么程度? 回答是:"最好不要到他自己到头来也需要他人的恩赐这一地步。"总而言之,《德性论》在其"诡辩的问题"中包含着关于运用任务的清楚例证。

接下来便是优先性问题:哪些人群、以什么次序需要帮助命令? 众所周知,在基督教的亚里士多德传统中,存在着一个关于慈善的优先性规则。按照这一规则,人们首先对配偶负有义务,接下来是孩子和父母,再接下来便是兄弟姐妹、亲戚和朋友,直到最后才是行善者(托马斯·阿奎那:《神学大全》,题26,6—13)。

诸如此类的优先规则只是一般而言,而非普遍有效的;换句话说,它服从"其余条件不变的规定"(Ceteris—paribus—Klausel)。当这一条件得不到满足时,(第四个分阶段)就会产生冲突,产生受惠者冲突,这一冲突有时会升级为一个真实的选择困境,例如,在萨特(1946,40)描述的两难困境中,人们究竟应不应该去照顾一个生病且守寡的母亲,或者,应不应该拒绝照顾? 但是,这一冲突并不像有人乐于解释的那样,存在于竞争性的原则之间。判断力理论在这里提供的是这样一个首要的清醒判断:在实践生活中真正构成了生存困境的东西,从判断力理论的角度看,彰显的往往只是一个特定的运用冲突,一个受惠者冲突。

我们不能期待,对诸如此类的冲突而言,存在着唯一的、客观上也是正确的解决;对其他任务而言,同样如此。尽管如此,判断力的工作既非任意的,也非凭借某个仅仅是主观性的感受。为了在受惠者冲突中获得特定程度的客观性,判断力能够形成若干判断指标,如:困境的程度、自己的救助能力、救助的可替代性。第三个指标——即"代理行为可能会适用于哪一个任务"这一问题——表明,判断力所需要的,远远超出了功利主义提供的幸福主义计算所需要的东西,因为这一计算把特定的行为可能性预设为预先给定的,而人们似乎只是在其中做出相对最优的选择而已。然而在许多情形中,关键取决于对新的可能性的探索,因而一个具有较高程度的创造性联想就是必不可少的了。

在对可能性之实现的方式及其程度、对优先性设定和受惠者冲突的追问中,在第二个运用阶段的所有四个分阶段中,后果评价都发挥着作用。按照通常的解释,后果评价在康德这里是不被允许的;而按照存在于意志的确定性与行为的开放性之间的差异,后果评价则未尝不可。当然,只有当后果考虑在意志前提之范围内(例如在帮助决心)活动时,它才是被允许的。一旦它涉入意志规定自身之内,并且为了其他目的之故而使帮助决心相对化,那么它就是不被允许的了。这一区分与前面提到的内在于行为的和外在于行为的后果考虑之分歧相对应,并增强了后者的价值。

如果是在不完全义务中提出诸如此类的问题是如此不言自明的话，那么它们在完全义务中则是成问题的：难道正如康德所暗示的那样（《德性论》VI 411），在后者这里给通过经验而变得敏锐的判断力没有留下什么空间？于是在康德所中意的那个例子，即退回寄存物乃是一个法权命令（《实践理性批判》，§ 4"附释"）之中，"如果这一寄存物牵涉到一件武器，而那位此时此刻已经神志不清的主人要求拿回寄存物"，这一例子还会是有效的吗？维兰德（1989,17）抓住这一问题阐释了一个被他称为"运用疑难"的困难，即："即便有人把一个有待调节的具体情境中的特征与任何一个在规范中被考虑到的特征对应起来，他也不能完全确信，是否可以对这一规范加以运用。"维兰德提出的解决建议，即人们在边界性情形中最好不要运用这一规范，从道德角度来看似乎是可信的，但是在道德哲学上并非如此。也就是说，不加运用意味着一个例外，而这是与现存规范的概念相矛盾的；因为，作为法权义务，它归属于完全义务，而后者按其定义来说绝不允许任何例外。是否已经在康德伦理学中找到了这样一个首要的边界，因为它禁止了某种类型的评价问题，而这一类型按照一切道德性的通感应当是被允许的？

在得到这一结论之前，我们可以尝试给出一个替代性的解释。在维兰德描述的情境中，归还寄存物并非一直是不理智的，而是只有当这一描述是符合实际的时候才是不理智的。如果一个人在归还时有所等待，一直等到武器的主人再次恢复神志，在法律意义上再次具有行为能力，那么他既没有背离义务，也不必为不理智地运用而承担责任。实际上他看到的无非是，即使完全义务也不能机

械地予以运用,而是需要因情境而异的——尽管也只是内在于行
为的——考虑。

这再次表明,判断力能够在结构上更为清晰地对道德问题予
以解释。维兰德的例子支持的不是规范的边界性情形,而是其实
践上的开放性。如果完全义务不能对实现它的方式予以同时规
定,那么它本身也是不完全的。在完全义务之中,具体行为的发生
也是有条件的,亚里士多德用"个别情况"(*kath 'hekasta*)这个概
念来总结这些条件,并且为它们建立了下面这一问题表:"正在行
动的是谁,他在做什么,他的行为与什么相关,偶尔还有,用什么手
段,也就是需要什么考虑,为了什么目的(如为了救人),怎么做(也
即慢慢做还是快点做)"(《尼各马可伦理学》III,1111a2—6)。谁要
是缺乏创造性的判断,错失良机,不合时宜地归还武器,他的行为
非但不是更道德的,相反是愚不可及的。做这件事情的人尽管可
能有思考能力,但他甚至缺少那个善良意志,即"动用一切可以掌
控的手段"(《奠基》IV 394)。他的行为不仅愚蠢,而且只具有有限
的道德性。

可以把道德原则的作用与语言中的语法规则及语义规则做一
比较:谁忽视语法与语义,就会说错话;谁重视它们,但当对这些规
则加以机械使用时却不再能重视它们,这个人就是一个以干巴巴
的牛皮纸风格来书写自己人生的腐儒。相反,只有在实实在在的
生活中敏锐地、创造性地、灵活地——总而言之,理智地——懂得
说出符合道德原则的语言,一个人才算支配着判断力。为此需要
的,不仅仅是单纯的归摄法,而且也不仅仅是语境化。普遍主义原
则并不是一本写完的电影剧本,而是人们在拍摄过程中——也就

是说,在一生中——书写剧本时所参照的一个基本理念而已。

只要一个人深切领会了内在于每一个道德义务之中的开放性,便拥有了一个"*esprit d'un princip moaral*",简单地说,便是"*esprit moral*"("道德机智")。奥尼尔(1996,第3.4章,115)在批评麦克道威尔(1981)时说的一句话是对的:"规则在我们的生活中有其重要性,这并不是因为我们受其支配,而是因为我们驾驭着它。"在寄存物这一实例中,"道德机智"就存在于把撒谎偷盗禁令与对寄存物临时不予归还结合起来这一能力之中。当然在别的情况下,拖延可能会变成"不道德的"。对于一个为了避免令人不快的代价或损失,手握保价信函而迟疑不决的人来说,可以不诉诸"道德机智"这一条。

康德本人就是拥有"道德机智"的,《德性论》中的"诡辩问题"便是例证。尽管如此,那些期待着具体指导的人还是会难免失望。对于那些在《德性论》中阐发过的复杂情形,他极少给予明确的行动建议。康德在其他地方都有清楚的判断,而且在道德中倾向于严苛不变,但唯独在这里如履薄冰:他不拒斥竞争性的视角,并且在最终判断上经常迟疑不决。他在"德性论导论"中对此给出的理由是:诡辩不是"关于已经发现的东西的学说,而是关于真理如何才能被找到的练习"(VI 411)。借此他理解的是这样一个任务,即:通过对一件事情的更高复杂性的展示,而导向对真理的谨慎而全面的追求。

例如康德就问道:"能把一句纯粹出自礼貌的假话(比方一封信末尾的'全心全意效忠于您')当作谎言吗?"康德没有给出答案,然而却在下面这一方向上给出了建议:因为信件的落款仅仅是个礼貌程式,当事人都清楚地知道,"没有人会因此被欺骗",因此很难把它当成谎言(《德性论》VI 431)。在另外一个问题中,康德也反对某种道德化的、简单化的评判。对于"能不能允许这样饮用葡萄酒,直到差不多使人喝醉?"——按照《奠基》"前言"第8节的说法,这乃是值得唾弃的恶习——这一问题,他相当赞同地认为,这可以"活跃社交中的语言交流",而一场被定义为"参加大吃大喝这两类过度的享乐的正式邀请"的饕餮盛宴,本身"具有激发出某种朝向道德目的的东西,也就是说,把许多人长时间地维持在相互的交流之中"。不过,如果范围太大,以至于人们只能与不多几位附近的人交谈,那么这就违背了"举办活动的目的",这一活动就纯粹变成了"朝着不道德、也即过度的误导"(《德性论》VI 428)。

第四节　原则冲突

在前两个问题阶段上,康德伦理学令人吃惊地给个体性和经验留下了大量空间。不过,第三个任务,即对不同义务的相互平衡,又会怎样呢?在这里,除了有内在于义务的冲突、原则内的竞争(*Intra*prinzipienkonkurrenz)之外,还有原则间的竞争(*Inter*prinzipienkonkurrenz)。义务冲突涉及的是一个在结构上崭新的问题,而且它也不止在康德伦理学中出现过。

按照某种流行的理解,义务冲突中的某个部分如此根本,以至于这一冲突不再能从某个单一的基本规范出发加以解决。拉莫尔(1985)主张实践理性具有异质性,它具有三个同样可行的基本规范:片面性("部分性")、后果导向("后果主义")、关于不可侵犯的义务的思想("义务论")。这一观点把近代国家演化的模式移用到了伦理学之上。凡是某个竞争——在近代是信仰,现在是基本规范——不能被简单化的地方,人们就宣称竞争者都是同样真实的;当然其代价是,它们也同样是不真实的——近代国家在宗教上就变得中立了。

在政治学中可能的东西,在规范伦理学中却未必如此。甚至在政治学中,仔细看来也同样如此。近代国家并非根本上是多元主义的,相反,它在宗教真理中发现的是一个次要主题,而后者出于政治上的首要任务,也即社会和平之故,可以相对无问题地被解释为私人事务。但是在规范伦理学这一情形中,对基本规范的追求可不是次要主题,而本身就是核心任务。面对相互竞争的基本规范,人们如何确定现实的基本规范?对这一问题,规范伦理学无话可说;三种具有不同导向的路标其实聊胜于无(参见斯伯曼1989,10)。

拉莫尔提出的"悲剧性选择"(tragic choice)无处不在。但是,"照顾病重的寡母,还是拒绝如此"这一萨特困境(Sartre—Dilemma)显示出,这样一个"悲剧性选择"——它在这里远不如在古希腊悲剧中那么悲剧——并不能与实践理性的异质性相提并论,因为它已经发生在同一个义务之中了。此外,拉莫尔提出的基本规范之一是不具备道德特征的——与"片面性"相对应的是康德的"倾向"概念。相反,"后果导向"正如已经指出的那样,应被纳入一门义务论的伦理学之中。因此我们不禁猜想,在真正的义务冲突中,相互冲突的诸义务毋宁说遵守着同一个——尽管是形式性的——基本规范,同一个普遍化过程,不过尽管如此,它们还是相互冲突着。为了解决这一冲突,当然需要某个更高级的判断能力,因为那些已经被要求具备的能力,诸如敏感性、灵活性和创造性,在一个更为复杂的方式上成为必需的了。

在传统中,人们乐于在撒谎禁令和帮助命令之间的冲突中谈论义务冲突,而康德在这里提出的是一个清晰的优先性规则:撒谎禁令毫无例外地具有优先性。但是,面对杀手而保持诚实("权利",VIII 425)的后果——谨而言之——就处在与深思熟虑的道德信念之间的张力之中。这样一来,撒谎禁令就因此成为优先的了,因为它彰显了一个完全义务,而帮助命令相反彰显了一个不完全义务(至于《德性论》§9中关于撒谎是对其人格尊严的放弃和毁灭的论证,这里存而不论)。康德引入的不是一个外在的根据,而是一个道德根据,这样就使不容商议的撒谎禁令与严格主义不至于成为某个"普鲁士清教徒"偶然做出的错误判断,而显得是从某个道德哲学的开端本身中产生的。于是,这一禁令就必须和一门反直觉的道德哲学,与以"系统性条件"方式对优先性冲突予以否认的那种道德主义结合在一起。

为了对康德的理论出发点予以真正讨论,我们最好把他对康斯坦[①]的批评暂放一边,来讨论《奠基》一书(赫费 1990,第 7.3 章)。这本书也借某个困境讨论了撒谎禁令,但是认为在困境中不存在一个第三者,相反只有行动者本人及其家庭。康德并没有讨

论优先性冲突，而是恪守着《奠基》的主题，即义务与倾向之争执。那个被顺便提到的严格主义仅仅是用来反对有利于自爱的例外的，它禁止的是有利的谎言。与这一禁令对应的是意向严格主义，一个真正的道德严格主义；后者与扩展了例外禁令，本身不允许任何一种有利于其他道德义务的特殊情形的那种司法性的严格主义截然不同。

在这里，我们暂且不讨论谎言是否在任何情况下都不具有合法性这一道德问题。对判断力的研究而言至关重要的只是两点：一方面，康德的出发点，也即脱离经验的意志规定之命题，只推及一个相对的撒谎禁令（尤其在"论谚语：'理论正确，实践无方'"，VIII 286ff.；以及"世界公民观点之下的普遍历史观念"，VIII 19f.）；一个为了满足其他义务，比方为了救人一命而说的谎话，本身（eo ipso）谈不上不道德。另一方面，由于在道德严格主义中还不包含朝向司法性严格主义的趋势，因此康德为了对绝对的撒谎禁令予以合法性辩护，就需要一个独立于《奠基》之出发点的命题。他从传统中接纳了这一命题，即完全义务相对于不完全义务的优先性。

事实上，这一命题也不是不可行。完全义务相对于其他义务而言具有法权义务上的重要性，在受惠者方面包含着法权要求，因此人们很难为了不完全义务而对它予以相对化。如果完全义务相对于不完全义务的道德优先性得以考虑的话，赫尔曼（1993，79ff.）解决关于具有更强判断力的义务冲突的尝试也许就会因此更具说服力。原因在于，不论是只包含在完全义务之内的义务冲突，还是只包含在不安全的义务之内的义务冲突，在道德上都容易处理得多。一个法权义务会因为其他义务，甚至因为某个困境而遭到削弱，这对实证法和哲学而言，长期以来都不是陌生的现象。凡是在同一个义务群组中存在着更高等级责任的地方，由于某个规则甚或其情境化运用都已经是更高等级的了，因而道德机智还能相对较好地驾驭选择困境。至于这一问题，即人们在面对一个只具有褒奖性的德性义务时，如何才能对一个未满足的法权义务予以相对化，这对一个还如此敏感且具有创造性的判断力来说，始终是难以回答的。

这样一来，是否康德伦理学提供的不仅仅是这一消极的发现，即司法性的严格主义并不被包括在他的出发点之中？是否康德也准备了某些理论工具，借助它们，义务冲突即使不能解决，至少也对理性讨论敞开了大门？其中一个重要工具，便存在于上面提到的未满足的法权义务与具有褒奖性的德性义务之区分中，也存在于与此有关的未满足的义务的优先性之中。康德更是重提关于小恶（kleiner Übel）的传统理论，并且——尽管只是采纳了一个谨慎的提问形式——承认了"道德—实践理性的许可法则"。按照这一法则，"一个本身不被允许、然而可被用来阻止某个更大不端的行为乃是（在一定程度上是事后地）被允许的"（《德性论》VI 426，12—24）。在这里他考虑的是紧急情况，当然，一门关于利益权衡的"理论"当然必须对此做出更多解释。

在康德的"在一定程度上是事后地"这一句补充中，流露出的是某些限制中的其中一个，这些限制需要在一门相应的利益权衡理论中得到更细致的处理——由于这一许可只有"事后"才是成立的，因此行动者恐怕必须始终对自己违背命令的行为、对道德上自以为是的行为加以警惕。至于说目的可以使手段神圣化这一看法，则是一个在道德上过于草率的开脱之词。进而，为使关于过失的意识不沦为"空话"，行动者要费心来改善关系，因此人们可能会要求，让那些使一个许可法则得以有效的条件一劳永逸地失去效力。最后，一门利益权衡理论恐怕必须澄清这一问题，即：是否不存在绝对不道德的行为？而酷刑，尤其是谋杀很可能就属于这种行为。

为利益权衡提供了第三个工具的是"紧急法权"这一概念。按照这一概念，那些触犯了他人法权的特定行为并非不能处罚；尽管如此，它们还是不当受罚的（《法权论》Ⅵ 235f.）。第四个工具，是康德区分了责任和责任根据，并且解释说，在冲突情势下，较强的责任根据享有相对于较强的责任的优先地位（《德性论》Ⅵ 224）。

今天，具有结构性困难的道德难题往往属于这种类型，即法权道德包含着更多原则，后者虽然在具体情形中也同样有其需要，然而却根据其道德内涵而导向了各个不同方向。例如在生殖医学中，妇女的自我决定权可以允许不同的医学实践，而就未出生孩子的利益来看，这些实践至少是值得警惕的。给诸如此类的原则冲突提出某种理论，或至少提出若干理论手段，这是给一门真正的实践哲学提出的当下紧迫任务之一。

原则冲突毕竟存在着，这一意识常常是付之阙如的。这一缺失具有实践后果，它助长了某种致命的选择。下决心以道德方式行事的人，把自己系于某个相关的原则之上，从而面临着遁入司法性严格主义的危险。而对于本来就缺乏道德意志的人来说，可以轻而易举地找出开脱的理由，从而掩饰其缺失的道德决心。问题意识的缺失，助长的正是那种浅薄的非此即彼式的思维，而这将在两方面释放出修辞上的能量，反过来使客观上有说服力的解决方案困难重重。它也助长了如今被津津乐道的"道德主义，亦或去道德化"这一选择。

康德为义务冲突准备的工具毫无疑问是大有裨益的，但尽管如此，我们也很难说它是充分的（对康德这一观点的解释，亦可参见赫尔曼 1990a.）。然而再亚里士多德化是否因此就是必须的呢？出于两点理由，我们对此表示怀疑：第一，我们的共同体是被诸如人权一般的普遍主义原则规定了的，对于其典型性的冲突，一门关于传统和习惯的伦理学，也即一门德性伦理学（Ethos—Ethik）是无能为力的。现在，人们当然可以一厢情愿地把亚里士多德及其追随者提出的理论工具转渡到新的对象上。而今天的原则冲突，在亚里士多德那里可能会是目标冲突，或介于不同德性之间的冲突。第二点怀疑的理由是，在《尼各马可伦理学》中，其实不存在用来解决相应冲突的理论工具。这些工具即便有，可能也派不上什么用场，因为德性冲突在亚里士多德这里是不存在的。

深思熟虑（bouleusis）理论和明智（phronêsis）理论涉及的只是手段和路径，以及充其量也不过是具有中间目标之特征的目标。同样，关于"个别情况"（kath'hekasta，或 circumstantiae）的理论也只涉及某种"语境化"；在宽容（Epikie）相对于正义的优先性上，也是如此（《尼各马可伦理学》V 14）。前文中提到的优先性规则（即：配偶优先于孩子和父母）同样也无助于解决存在于不同种类的——然而仍然是道德性的——道德目标之间的冲突。唯一管用的只有另一条优先性规则，即在中世纪亚里士多德传统中提出的正义优先于仁慈这一规则。但是,法权义务对感情义务的优先性并没有超出康德的工具之外。正如完全义务优先于不完全义务一样,在义务之内对应的也正是法权义务相对于情感义务的优先地位。

如果愿意的话,人们还可以诉诸《尼各马可伦理学》中的一个"科学理论式的"命题(I1,1094b 16—22)。按照这一命题,伦理学必须满足于一个在大多数情况下,但并非一直有效的陈述,即:"在大多数情况下"("*hôs epi to poly*")(参见赫费[2]1996,第 II 部分);托马斯·阿奎那将其译为"in pluribus"(《神学大全》I—II,题 94,4)——这些陈述的有效性是有限的、允许例外的,是一般而言如此的,但并非普遍的。不过,对于仅仅在道德原则之内考虑时被排除在外的东西,即对自爱有利的例外而言,一个只具有一般有效性的概念却是欢迎的。因此对利益权衡而言,需要的是某种特殊的工具。在义务和私利的冲突中,义务似乎应该是不容任何让步地有效的;与此相反,在一个义务与另一个义务的冲突中,要允许某种权衡存在——当然只是在严格限制之下。

有了这些说明,我们就可以结束这一考察了——必须承认,这是一个临时性的考察。一个超出康德之外的工具是不存在的。因此,这里亟需的与其说是再亚里士多德化,不如说是一个才只堆砌好了若干基石的理论:这是一门关于原则的理论,这些原则虽然具有普遍主义性质,但始终是对判断力开放的(关于"合乎时宜的文化",参见赫费[4]2000,第 16 章)。

第四章 论恶

对不少人而言,"恶"似乎是一个形而上学概念或神学概念,因而在一门世俗伦理学中很难有其位置。不过,康德不仅把这一概念引入了他的一般伦理学(《实践理性批判》V 58ff.;《宗教》,第一篇),而且也引入了他的世界主义和平伦理学之中(《和平》VIII 344,355,366,375f.,381;参见《法权论》VI 321f.,《宗教》VI 34)。用过时的形而上学或只是个别地具有说服力的神学来武装他的伦理学,康德难道不是在铤而走险吗?

关于"恶"的形而上学概念自古有之:对作为世界之不完善性的总概括的形而上之恶(*malum metaphysicum*),莱布尼兹、之前的普罗提诺(《九章集》I 8,51;参见奥布来恩 1971 及 1972)、再之前的柏拉图(《理想国》II 379bf.;《斐多》256b,《泰阿泰德》176,《法律篇》X 896dff.)都有过讨论。"恶"也是一个宗教哲学主题,是无法摆脱神义论——也即按照恶,尤其是按照世界之中的恶来对上帝所做的合法化证明——的一神论宗教的典型特征。但是,这一概念也具有某种真正的道德含义,这一含义需要在概念上与其他含义区分开来,并得到自为的讨论。这一含义处于某个公共的世俗主题,也即某个关于善的病理学之整体关联之中。正因如此,它在诸如亚里士多德《尼各马可伦理学》这样的世俗著作中毫无问题地扮演着某种角色：在该书中，它就是"绝对的恶"（*haplôs kakon*：VII 6，1148b8）。

按照其用以拯救现象的一般准则（*tithenai ta phainomena*：VII 1，1145b2—7），亚里士多德研究了不同阶段的道德之恶，比如懦弱（*malakia*：VII 2 1145b9）、意志薄弱（*akrasia*：VII 1—11），以及放纵（*akolasia*：VII 2，1145b16，VII 4，1146b19f.），以便最终对那个至少接近了关于道德之恶的特别概念的阶段加以讨论：这就是人们用以伤害，做出违法行为的那个恶（参见《修辞学》I 10，1368b12—14）。此外还有兽性的残暴（*thêriotês*），但是善不会在其中被毁坏，而是根本就不存在（《尼各马可伦理学》VII 7，1150a1ff.；参见 VII 1，1145a17，VII 6，1149a1）。在柏拉图那里也存在一个不包含形而上学的、非神学的"恶"概念，它的化身就是暴君（《理想国》IX 571—576b）。

值得注意的是，"恶"的概念在最近一个世纪的哲学中被丢弃了——尽管对它予以深思的契机无处不在，而且正如已经指出的那样，观念史中还有一个世俗的部分。尽管大约在上世纪初叶的时候，现象学家舍勒还关注过"恶"的问题（《伦理学中的形式主义与质料性价值伦理学》，1916，[5]1966，186ff.；其后还有尼古拉·哈特曼，《伦理学》，[2]1925，例见 39ff.）。其后出版的，几乎全都是哲学史方面的研究（例如维尔特 1959，毕博尔 1985，舒尔特 1988，另外还有《哲学研究》1993）。尽管有雅斯贝尔斯（[4]1973，170ff.），尤其是利科（1969）令人瞩目的贡献，但还是缺乏一个更大的哲学争论这枚"徽章"：缺乏对这一概念的澄清和区分（据说，恶根本不能加以概念规定，参见舒尔茨 1972，719；施密特-毕格曼 1993，7）；进一步说,缺乏正题和反题的确立,缺乏"理论"规划以及质疑;最后,也缺乏具体科学和为此负责的公众的关注。

康德的和平伦理学是否会因为这一"恶"的概念而增加形而上学或神学的负担?或者相反,是否会因为更宽广的问题意识而得到扩展?为了给这一问题做出准备,我们必须使哲学一般性地重新赢回这一概念。为了实现这一目的,至少要达到三个任务,而它们都可以幸运地从康德本人关于"恶"的思考那里得到讨论:必须构造一个清晰的"恶"的概念(第一节),并且检查它是否与现象相符("它在经验中有其对应物吗?",第二节),其目的是为了最终对其普遍意义予以深思:恶在人之条件(*Conditio humana*)中有何价值?(第三节)。康德给这三个问题给出的答案,直到今天还是具有现时性的几个选项。它们尤其不会使人认为,和平伦理学会因为它们而背上不必要的包袱。

第一节　关于"恶"概念

日常语言也在模棱两可的含义上使用着"恶"这一表达,而康德从一开始就将这些含义排除在了概念规定之外。这些表达如:一个人对别人生气、暴怒、恼火的情绪状态("生某人的气了"),对一个没有教养的孩子的刻画("一个坏孩子"),对某个发炎的身体部分的刻画("发炎的眼睛""发炎的手指"),或者在"非常"这一意义上的"恶"("磨损非常严重")以及在"坏的、糟糕的"这一意义上的"恶"("一场噩梦""一个不祥的预感""一个糟糕的结局")。

在另一个口语用法,即"对我很糟糕"("mir wurde böse

mitgespielt")中,是否牺牲者是恶的、坏的还是苦难的,是否发生的是一个道德之恶(*malum morale*)还是一个物理之恶(*malum physicum*),都不得而知。莱布尼兹(《神义论》I 26)虽然把物理之恶的存在看作道德之恶的后果,但是如果苦难就应该是对与人一道来到尘世的恶的惩罚,那么就会产生一个令哲学家们和神学家们常常坐立不安的问题,即:为什么要让一个对自由无能为力,因而根本不可能为恶的存在受苦受难?为什么要让无辜之人、儿童和动物一并受罚?只要是看过一只猫将吓个半死的老鼠"玩弄"于股掌之上的人,就会知道,动物完全能给它的同类施加痛苦,因而并非是完全无辜的。但是,由于我们很少会将知识性、意志性的行为归于它们,因此也不能将导致了苦难的行为归咎于它们。

在康德这里,恶任何时候都意味着与意志的关系,它至少是归属于某物的。对一个更为精确的"恶"的概念而言,第一个无可争议的要素乃是:它是对道德之善的否定——有争议的只是否定的方式。而那种较为无害的方式,即被人们忽略了的、作为善之褫夺(*privatio boni*)的恶,对康德而言还不是一个严肃的选项。在他看来,恶是在与善的强烈矛盾中才产生出来的:恶存在于反善(Widerguten)之中。类似于把道德善区分为两个阶段的做法(一个只具有与合法性中的道德法则的外在一致性,另一个只具有与道德性中道德法则的内在一致性),康德在《单纯理性界限内的宗教》中——当然只是顺带地(*en passant*)——也为这一反善引入了一个阶段:

通过把与道德法则相冲突的"违法"行为称之为恶的行为(《宗教》VI 20;类似的见于《奠基》IV 404,3),康德就把这一行为归入了恶的简单阶段或"第一阶段",也归入了单纯的违法或反合法性。在完全意义上的恶之中,在作为人格"本性"的恶之中,它的"客观方面"不会被强化到以至于存在某种值得唾弃的违法、某种"兽性"的地步(参见《法权论》VI 363)。相反,被强化的是其主观方面,也即:这一违法是如其所愿的。与其说存在着善良意志或善良意向,不如说存在着恶的意志或恶的意向,存在着反—道德性意义上的非道德性。如果说完全的道德之善存在于某个难以超越的肯定性、也即存在于对法则的敬重之中的话,那么完全的道德之恶则存在于那个不复能被超越的否定性之中——在此否定性之中,违法已经变成了动机。在这里被迷惑的不仅是对善的关注,事实上被违背的还有那个伴随着知识与意志的善,而这不仅涉及个体行为(如犯罪),也涉及根本态度(如恶行)。因为,德性对道德之善的意义,也是恶行对道德之恶的意义。

在"有意做出的违法行为"这一范围之内,《法权论》涉及另一个区分,即:一个违法者的不法行为或者是按照某个假定的客观规则所制定的准则做出的,或者只是作为规则的偶尔例外而发生的(VI 321 f.)。如果说在第二个,也即较弱的情形中,人们"仅仅是以缺乏式的(也即消极的)方式"做出了违背道德法则的行为的话,那么在第一个,也即较强的情形中,这一行为则是"以破坏式的(也即背道而驰的)方式,或者就像人们说的,以针锋相对的、作为冲突(简直像是敌意地)"而发生的。这样一种强化的违法,这样一种刻板的、"完全无用的"恶,"就我们所见而言",在人类之中是不可能发生的。然而,当他把这一强化的恶限定为"无用的"时,他也就引出了把自爱当作人类恶之根据的观点。同时,他宣告道德不为恶负任何责任,并因此而承担了对道德哲学传统而言值得关注的感性重建:恶并不产生于道德性,而是产生于把自爱置于道德之上的偏爱之中。

从这一规定中,我们完全可以得出结论说,在一个对自爱而言"无用的恶"之中,没有对恶给出任何缘由。尽管如此,也不能完全相信极端的罪孽已经被抛弃了这一观点——极端的罪孽是那种道德自负,人们在其中遵循着本身邪恶的准则,因为这些准则是有意地与道德法则相抵触的。这一罪孽无论如何都是与自由概念相适应的,因此总共可以区分出三个阶段或程度:(1)单纯的反—合法性;(2)更低一级的反道德性,即偶尔为之的"个别情形的之恶";(3)更糟糕的阶段,即"规则情形的恶"。如果说在第二个阶段上,人们暴露了意志薄弱——禁不住诱惑——的话,那么在第三个阶段上存在的则是一个更为强大,但也更为邪恶的意志。

自《奠基》之后,康德最感兴趣的并非道德的前阶段,即合法性,而只是道德的主要阶段,即道德性。正因为如此,康德只是在过渡意义上才在其关于根本恶的论文中谈到否定性的合法性和恶的行为,其目的在于,在完全的意义上,把恶规定为某个准则或相应主体的属性。就此而言,《单纯理性界限内的宗教》这一著作的标题导致了一个误解,好像康德提交的只是一个宗教哲学研究论文。事实上,他推进的是那个肇始于《奠基》,并在《实践理性批判》中被进一步加以详细研究的道德主体性理论。同时,他也驳回了一个质疑,即:在其关于"恶"的理论中,康德仰仗的是一门神学。无论如何,在其宗教著作中,康德是"在单纯理性界限之内"致思的。除此之外,它也没有借重于形而上学,至少没有借重于超出其普遍性道德哲学之外的形而上学。在"恶"之概念上，和平伦理学不会被额外的形而上学或神学所拖累。造成问题的倒是与主体性的结合：在何种程度上，国家可以作为道德主体而成立？

有些道德哲学已经很少关心道德主体性的积极方面，它们对"恶"之问题不感兴趣的其中一个理由恐怕就在于这一境况之中。属于例外的并非阿佩尔和哈贝马斯（对它们的中肯批评，参见柯林斯1979，370），而是罗尔斯（1971，§66："适用于个体的善之定义"）。由于他正如康德一样区分了否定性不断增加的三个阶段，即不义之人、坏人和恶人，因此他不仅在"对作为正义的公平的康德式解释"（《正义论》，§40）的章节中，而且在这里同样受到了康德的启发。

正如罗尔斯一样，康德的出发点也是一个较低阶段的道德性褫夺：相比而言，一个只与道德法则相冲突的"违法"行为是没有伤害的；更糟糕的是有意做出的违法行为；在违法行为抛弃了终极的规定根据，意志本身成为邪恶的地方，这一褫夺达到了最坏的形式。由于这个第三阶段本身不能再升级，因而具有最高级的程度，因此我们可以仿照《奠基》的开篇之辞说：除了一个恶的意志之外，我们不论是在世界之内，甚至根本上在世界之外，都不可能设想存在着一个毫无限制地被认为是恶的东西。在终极的主体性规定根据，也即最高的准则本身违反法则的地方，这一恶的意志就会显露出来。

完全程度的自由，即对道德法则的自由承认，只有在一个存在着这一选项——即在完全的自由中对这一承认加以拒绝——的地方才是可能的。因此，恶并不必然作为现实性，而是作为可能性属于自由,它甚至不可或缺地属于自由之核心。任何一门自由理论,只要没有对恶专题讨论,就必须被当作一门不充分的自由理论。《实践理性批判》中的这段话说得不无道理:"在超出单纯的动物性的价值中","如果理性服务于人的,仅仅是那些在动物之中靠本能就可以胜任的工作",那么它就难以使人获得升华;相反,人所具有的理性"还有更高的用途,即……区分自在之善或自在之恶"(V 61f.)。

康德哲学的另一个要素似乎也是可行的,即:在不同阶段中发生的对道德法则的不予承认(《宗教》VI 29f.)。"邪恶的心灵"表现在将道德法则纳入其准则之中的三个阶段的"无能的任意"之中。在第一个阶段——也许也只是前阶段——的人类本性之脆弱(*fragilitas*)中,道德法则不会得到完全的承认。按照"一位追随者的控诉,即:我很有意愿,但缺乏对它的实现",道德法则相比爱好而言被证明是一个较弱的动机,因而就会发生亚里士多德已经研究过的意志薄弱。但是它与亚里士多德的区别在于,这一薄弱不是幸福原则上的,而是道德法则上的;显然,它是一个道德上的意志薄弱。在第二个阶段上,也即不单纯(*impuritas*)这一阶段上,"合乎义务的行为并不纯粹是出自义务而完成的",而是"大多(也许每一时刻)"还需要"另外的动机"。这一承认是建立在义务与倾向之幸运的一致性这一保留条件之下的。

一直到第三个阶段,也即恶毒(*vitiositas*, *pravitas*)或人类心灵的堕落(*corruptio*)这一阶段中,这一承认才遭到了直接否认;这是因为,任意具有朝向准则的倾向性,也就是"对出自道德法则的动机置于其他(非道德性的)动机之后"。康德也谈到了人类心灵的倒错（*perversitas*），"因为它在考虑某个自由的任意之动机时，颠倒了道德秩序"。这样一来，尽管"法律意义上好的（合法的）行为还会一直存在"，但是"思维方式"将会"因此而在其根基上（这是道德意向涉及的东西）坏死，人也会因此获得恶名"（《宗教》VI 30）。原因在于，人们之所以"把一个人称为恶的，并不是因为他做出了恶的（违法的）行为，而是因为，这些行为是以在人之内与恶的准则相结合的方式而被做出来的"（VI 20）。

对康德关于"恶"的理论而言至关重要的是，道德主体性、道德性之褫夺的最高阶段，与道德"客观性"之褫夺的最高程度，也即与最高级的反—合法性，并不是同时发生的。相反，（主观性的）恶毒本身可以发生在可见的行为与道德法则合辙一致的地方。因此，这一主题对法权伦理学而言似乎是不合拍的，因为对后者而言，关键在于（司法性的）合法性。令人吃惊的是，在康德给人类致命的倾向举出的例子中，也暴露了一个法权问题，它同时将国际法权的基本问题彰显了出来，这就是：国家之间针锋相对的战争意愿。而且，由于这一例子在三个文献中——《单纯理性界限内的宗教》（VI 34）、《和平》（在这里甚至多次出现过），最后还有《法权论》（VI 321 f.）——都曾出现，因此很难把它当作一个有欠考虑的例子而忽略掉。

第二节　道德之恶存在吗？

与道德主体性相比，康德的"恶"概念，也就是变成了准则的违法性，似乎在整体上"是精心构造出来的"。悬而未决的问题是：是否存在与此概念相对应的现实，如此定义的"恶"在世界上真的存在吗？

从第一篇批判性的伦理学著作开始，康德就一直在不厌其烦地强调，对道德性而言不存在可靠的例证（Ⅳ 408，参见《实践理性批判》Ⅴ 47；《德性论》Ⅵ 221，226）。这一理由对道德之反面同样有效，也就是说，不论人们是否想要诸如此类的合法则性，他既不能在任何一个具体行为中观察到它，也不能在其他人那里和自己这里观察到。不论如何，人们只能推论出终极的规定根据，即准则（《宗教》Ⅵ 20）。

尽管那些自身只能被推论的现象会要求谨慎，但康德还是令人吃惊地把关于"恶"的理论牢牢地建立在了"大量显眼的例证"之上（Ⅵ 32 ff.）。他把这些例证分成了两组，即属于文明社会的组和属于自然民族的组，并且也纳入了把"文明"和"原始"这两个视角结合起来的第三组，后者的典型特征是国际视角，是"外在的民族状态"（Ⅵ 34）。在第一组中，康德谈到了"文化与文明之恶"，他举出的例子是"隐藏在最亲密的友谊中的虚伪"，以及这一种倾向，即"仇视一个人，而人们对这个人负有责任，这是一个行善之人任何时候都必须警惕的"。第二组的例子针对的是"从塞涅卡到卢梭的道德主义者所持的良心前提"，按照这一前提，人在本性上都是善良的（Ⅵ 20）。作为反证，康德也引述了一些原始民族"在杀人场景中那种平静的凶残"（Ⅵ 33）。在《神义论》中，莱布尼兹曾把那种"在带来痛苦和毁灭时获得满足感"的人称为恶的，他给出的例子是卡里古拉和尼禄，他们制造的罪孽甚至超过一场地震。

在康德看来，关于国际法权的例子是在这一情况中给出的：

"文明的各民族共同体处在与野蛮的原始状态(一个关于持续的战争状态之状态)之关系中,因此也下定决心,绝不走出这一关系"(《宗教》VI 34)。按照《和平》(VIII 355)的说法,在"民族间的自由关系"中,"人类本性的恶"甚至都可以"不遮不掩地"看出来。康德在这里指的是国家之间的一种意愿:不是通过法律,例如通过国际法庭之程序,而是通过武力、通过战争来决定与其他国家的冲突(参见本书第十一章第四节)。

这里只对其中一个例子予以较为细致的考察。被康德纳入视野的原始民族(即多格里布印第安人)是不是真的要背上"平静的凶残"这一恶名?没有民族志的知识,这一问题是无法回答的。康德的说法来自"赫恩船长"(VI 33),显然,这个人就是当年赫赫有名的萨缪尔·赫恩(1745—1792),一位英格兰的皮草商人,北加拿大的探险者,也是《旅行日记》的作者——当然,这本日记是在其殁后出版的,晚于康德1795年出版的《单纯理性界限内的宗教》。但是这里关键的是这一问题,即:人们是否可以毫不费力地想到一个恶的准则之上去?康德在这里诉诸的并不是一个尽管明显而有意识的,但却是"简单的违法性",不是某种在其中没有发生任何正当防卫的有意为之的杀害;相反,他在这里引入了三个不断强化的条件:这里涉及的是"杀人",是出自值得谴责的意向的杀害,此外这里还涉及"凶残"。谋杀者要做的,不仅仅是消灭他人的生命。由于这一"不仅仅"产生于第三个强化,也即"平静的",因此人们很难拿情绪用事为它开脱。只要在这一有意而为的凶残中,在这一"无所顾忌的残暴"中,康德才会将其归咎于一个邪恶的动机上去。

存在着在凶残中大开杀戒的人,这一点毋庸置疑;同样毋庸置疑的是,"平静的凶残"的程度也是存在的。就此而言,对值得期待的对"恶"之问题的重建而言,第二个条件也就满足了:康德关于"恶"的"理论"不仅是符合现象的,也是被经验所充实的。谁要将平静的凶残归咎于某人,将会在每一个具体案例中给自己增加很高的举证责任。但是,如果假定举证责任永远不会得以产生,这毫无疑问是过于乐观了。类似的情形也适用于第一个,也即"隐藏在最亲密的友谊中的虚伪"例子之中;至于第三个例子,将会稍后在和平伦理学中得到检验(参见第十一章第四节)。

第三节　本性为恶?

康德并没有满足于构造出一个"恶"的概念,并给它指出某种相应的经验。它也重提奥古斯丁的"恶从哪里来的?"("恶的起源",《忏悔录》VII 7,11)这一问题,并给出了自己那个著名的回答:恶属于人之本性。没有人——不论个体,还是群体和文明——能逃遁于恶之外,这一观点似乎有些悲观。而事实上,这一观点是与一种乐观主义相抵牾的,后者认为,在某时某刻,恶就会被完全消灭掉:在原始民族中,在所谓的"善良的野蛮人"(bons sauvages)之中,或者将来当文明的民族变得更加文明的时候。但是,康德既非自然乐观主义者,也非文明乐观主义者。在另一方面,他也是与主张人人具备恶之条件的极端悲观主义者相对立的;与之相反,他认为这一条件是永恒地、根深蒂固地向善而在的。康德超越了具有较强形式的人类学乐观主义和悲观主义,代表了某种更清醒的立场,即:对恶而言,持存的只是某种倾向。

向善的条件并不意味着,人出自本性便具备了某种善良品格。人出自本性而拥有的,只是由于其实践理性能力而获得的良好的"感受力",即把对道德法则的敬重感受为自为充足的任意之动机的能力(《宗教》VI 27)。事实上,实在的敬重或善良品格并非与生俱来的,而是必须通过相应的行为获得的。只要人支配着可归责性,他就很难摆脱某种持存着的对敬重的感受力。就此而言,恶在人类之中的地位尽管不能与善的地位相提并论,但是却具有某种人类学的重要性,这是因为,善首先只是作为感受力而实存的,而每一个人此外还在"倾向"的处所中拥有"某种爱好之可能性的主观根据"(VI 28),也即偏离道德准则——尽管他对此是一清二楚的。在"紧急情形"中,他可能会为私利而牺牲道德法则,并且刻意地违背道德法则。

在康德之前占支配地位的是另外两个选项,但是二者都很难与"道德恶的本质"取得一致。这个选择就是:人在本性上要么——乐观地说——是善的,要么——悲观地说——是恶的。如果人在本性上是善的,那么就不得不把恶归咎于社会关系,把个人从责任中解脱出来,并在完全的道德意义上——也即把恶理解为对道德法则的随意亵渎这一意义上——否认恶的存在。如果第二个选项是正确的,那么由于恶已经与本性一起被给定了,那么它也同样从人的决断中撤离了,而这再次与向着恶的自由相冲突。

由于两个选项都放弃了道德概念,因此在考虑恶之现实性时,康德的第三个,同时也是一个过渡性的选项——在概念的较强意义上,它既非乐观主义的,也非悲观主义的——便呼之欲出了。与之对应的,并非同样被康德抛弃掉的那个人性之中善与恶的同时性。当恶的存在"比自然中非现成的东西要多一些",并与如此这般的人类一道被给定,另一方面却"比条件要少一些"时,恶之现实性才能被发现。因为"倾向"这一概念正好意味着"比条件要少一些"和"比自然中非现成的东西要多一些",因为它真正只是"追求享乐的倾向"(《宗教》Ⅵ28),因此霍采(1993,24)的这一命题,即康德伦理学通过"抓住恶的概念"而埋葬了"其真正的前提",就是难以令人信服的了。恰恰相反,被埋葬的是对康德基本假设之概念的消解,因为假如没有"恶"这一概念的话,康德的自由哲学就会失去其道德上的首要任务,失去在善恶之间的决断。如果恶不仅仅是倾向,如果它是一种条件,那么对恶的扬弃就会是一个不敢指望人类能够实现的艰巨使命。

承认或否认"恶"的概念,得失又如何呢?否认这一概念会产生两种形式的后果:人们要么在恶的实存问题上争执不休,要么承认它的实存,但并不认为它与人的本性结合在一起。假如对经验关联的指示是可信的,那么在第一个情形中发生的将会是一个片面的盲目性,也就是一个过于乐观的世界观。对于不幸成为"平静的凶残"的牺牲品的人来说,这一盲目性无异于犬儒主义。第二种形式触及的是人类的自我理解。如果人在本性上就是善的,那么当事人就不必为"平静的凶残"而承担责任;相反,父母和老师、环境或社会,甚至极端的不道德的人都可以长舒一口气了。

更令人信服的是下面这一双重策略,即:在"某个特定的人是否是恶的?"这一问题上,人们应该使自己极尽克制。与这一趋势——即从根本上把一切可恶的行为都归结为那个轻描淡写的,同时抹平了差异的"不当行为"概念——相反,人们承认的却是质性上的差异。尤其值得注意的是两个上升过程：在行为方面，从简单的不当行为开始，经过越来越严重的行为，一直到极端严重的不当行为的上升过程；在动机方面，从漫不经心的不当行为，经过蓄意而为的不当行为，一直到必欲为之的不当行为的上升过程。

另一个区别在于，放弃了"恶"之概念，就是暗暗地助长人性的自高自大。如果有人相信恶可以被一劳永逸地消灭掉，他就不得不面临康德的批评：痴心妄想。也许，在人们把"恶"定义为"尚未被征服的非人性"（欧尔缪勒 1973），并以此暗示它将来会完全被征服的地方，这一批评甚至也是成立的。与这一期待——或仅仅是希望——相对的，是在诸如此类的自由中存在着的可能性，即对道德命令予以认知，却有意反其道而行之的可能性。尽管人能把道德行为培育成某种品格标志，也即德性，但他永远实现不了存在论意义上的那种毫无瑕疵地做出道德行为的纯洁性（参见上文第二章第三节）。

相反的则是这样一种人类，他对自己趋向于恶的自然倾向心知肚明，考虑着这一倾向释放出来的可能，并采取针对性的防范措施。由于这一原因，他也就把最初那个单纯的关于"恶"的道德哲学话语扩展成了一个既是教育学的，又是法权—政治学的话语。在第二个维度上，它不仅关注国内方面，也关注国际方面。要补充说明的是，这一主题还会在康德对柏拉图哲学王命题的批评中再次出现（参见本书第八章第二节）。

第二部分　法权与道德

　　自从安提戈涅违背了父亲克瑞翁不要埋葬她的兄弟的禁令以来,自从智者派和柏拉图学派围绕法权与正义之本质展开争论——或者,自从这一可信的开端以来,西方法权思想一直面临着这一问题:超实证的基本原理——也即被称为自然法权或正义的,关于法权道德的基本原理——是否要为实证法负责?人们把这一相应的主题域称为"法权与正义"或"法权与道德"。尽管康德主要是把正义与司法机构相提并论,认为"主管正义的道德人格,就是法庭"(Ⅵ 297,6f.;参见 306,11—16),但是他也隐含地把正义与那种道德性的法权概念相提并论——这一概念构造出了非法(Unrecht)的这个反概念,后者在拉丁语中叫作"iustus",康德不仅把它译为"非法",也译为"不正义"(229,26;以及 312,23)。但总体而言,他谈的还是自然法权。

　　"道德"一词并非关于某个群体中实际有效的责任——也就是实证道德——的总合,即便它对诸如"忠诚而可信"或"好的道德"这样的一般条款具有法权重要性,也同样如此。事实上,这里涉及那个超实证的,同时也是一个道德性的"道德"概念。至于这一概念与法权之关系的问题,又可以分解为大量子问题和附属问题,它们同样刻画了"法权与(超实证的)道德"这一问题域的多个面向。

如此看来,康德属于少数几个几乎对整个问题域做出探讨的哲学家之一。

为了给和平伦理学做出准备,我们在这里不打算对这些迄今为止仍然具有时效性的全部问题予以解释。不过,我们将会借助康德对它们予以展开(第五章),并凭借两个主题对它们予以案例式的研究(第六、七章)。与此同时,我们不仅会面临着康德解释的疑难,也会面临着在一些争议问题上的疑难,如:在原初对法权与德性(或伦理)所做的主题性区分和原初对合法性和道德性所做的动机性分野之间,究竟是什么关系?(第五章)康德确实提出了一个道德性的法权概念,还是说,他理解的法权更是一个独立于道德法则的纯粹实践理性法则?(第六章)最后一个要紧问题是:康德是否看到,在他所指出的法权之基础(也就是作为针对自己的内在性法权义务)和法权的"本质"(也就是针对他人的外在立法)之间存在着矛盾?总而言之,是否能以内在于法权的方式对法权予以奠基?(第七章)

第五章　康德成熟的问题意识

第一节　伦理性—道德性—政治正义

在转向《法权论》中法权与道德之关系这一问题之前,康德致力于研究的是那个必要的先行问题,即道德的奠基问题。在其著名的论题"无限制的善只是一个善良意志"之框架内,他过渡性地把道德之善定义为无限制的善,并接着指出,对善之为善的追问只有借助善良意志才能得到穷根究底的考察。这样一来,这一穷根究底的追问一开始就没有将自己限制在特定的领域或方面,比如仅仅限定在人格性的方面、个体性的决断和行为,以及作为其基础的准则和态度之内。这一追问同样涉及制度性的、公共性的方面,也就是法权和国家。

只要这一绝对之善具有总体性的意味,不局限于个人性的或制度性的方面,那么我们就可以谈论所谓"伦理的"(sittlich)和"伦理性"(Sittlichkeit)(道德 1),在个人行为之情形中谈论"道德的"(moralisch)和"道德性"(Moralität)(道德 2.1),在法权与国家秩序这一情形中谈论"政治正义的"和"政治正义"(道德 2.2)。为了完整理解起见,还须提及的是作为实际有效的道德的总和,也就是约定俗成的、实证的道德(道德 3)。

从上述这些概念中,《奠基》从根本上抓住的只是其中一个概念,即道德的个人性方面,也就是作为出自义务之行为的伦理性(Sittlichkeit);而对于另一个方面,即制度性的道德或政治正义,则没有纳入视野之中。早在对"无限制的善只是一个善良意志"这一命题的论证中,被康德当作可能的竞争项而列举出来的只是(自然)人格的一些视角,包括:(1)理智或情感能力意义上的自然禀赋,它们是(1.1)诸如知性、才智和判断力等精神禀赋,以及(1.2)诸如勇敢、坚定、坚韧等气质特征;(2)诸如权力、财富、荣誉、健康,当然还有幸福等运气禀赋;(3)最后,还有诸如适度、自我克制和头脑清醒等品格特征。就这些围绕着绝对善的竞争从一开始就与个人行为联系在一起而言,竞争的胜利者也属于个人行为之领域。

在《奠基》中,对"绝对善"这一元伦理学标准的限制性运用也得到了更多因素的支持。因此,康德为道德性引入的例子只是个人责任,而非制度责任,而且这些例子也是通过只与个人相关的"合乎义务"与"出自义务"这一组反题而得到阐释的(这一反题是否对机构、也就是国家是有意义的,这有待于其后的检验,参见本书第九章第三节)。同样,作为"意愿的主体性原则"(《奠基》IV 400)的准则概念,以及与准则相关这一意义上的绝对命令,都是与个人相关的。就此而言,康德的第一部伦理学巨著似乎至少直接看来不是对全部实践哲学的奠基,而只是对个人行为的奠基——至于法权和国家,则始终没有被考虑到。

同样的主题性限制对《实践理性批判》也是适用的,因为后者从第一段开始就在追问实践法则,而且把后者规定为单纯的准则——也就是天生秉有某个意志的自然主体的诸原理——的对立面。在这里，康德研究的同样只是个人的道德，而非共同体的道德。

然而，这一有限的运用是不成立的。与其相反，康德在《道德形而上学》的第一部分中就把运用范围扩展到了法权之上：不仅扩展到了它的基本概念，而且扩展到了它的两个主要领域，即私人法权和公共法权。在与主张每一个任意的内容都可以成为法权这一命题的严格法权实证主义的朴素对立中（例如凯尔森1953，153f.；关于"法权实证主义"，参见哈特1961，第5章，以及卢曼1993；笔者对这一问题的探讨，参见赫费[2]1994，第5—6章），康德使实证法权听命于那些被他时而称为"自由法则"、时而称为"道德法则"（《法权论》VI 214，13f.），有时称为"道德性法则"（216，7ff.）、有时称为"纯粹实践理性之法则"（216，26f.）的义务。同样在《和平》中，法权与政治以道德法则为基础（VIII 372，1ff.）；我们将会在第六章中看到，总体而言，在今天只有极少数的法权—国家哲学家对"政治正义"的三个维度做出了阐释。

康德对第一个维度的讨论是在对某个单纯的"经验性法权论"与菲德鲁斯寓言（Phädrus Fabel）中的木脑袋①的比较中仓促做出的（《法权论》VI 230，5f.）。"一个脑袋可能是漂亮的，但是很遗憾，它脑中空空如也！"这一嘲讽式的评价针对的是忽略了与道德性的法权原理的关系而对法权所做的定义尝试，从积极的方面来

---

① Phädrus Fabel，出自古希腊寓言集《菲德鲁斯寓言集》，康德借此比喻经验法权理论表明光鲜，实际内容空洞。——译注

说,它主张的是一个定义着法权的道德,或一个定义着法权的正义。同时,康德也对后来著名的"法权实证主义或自然法权"这一问题域的第一个面向做了探讨。讨论过"法权实证主义或自然法权"的虽然还有哈特 1961、菲尼斯[2]1982、勃考/勃肯弗德 1973 和玛雅-玛丽/塞门斯 1983,但是已经不包括罗尔斯 1971 和诺齐克 1974 了。

康德接下来探讨的是第二个维度,也就是合法化着法权的道德或合法化着法权的正义。他指出,一个实证的法权秩序,也即强制力权威,须在道德上得到合法化。在这一背景下,我们面临着被时下的政治哲学(包括罗尔斯 1971 和哈贝马斯[4]1994)忽略了的对哲学式的无政府主义的探讨。如果说 R. P. 沃尔夫 1970 和 M. 泰勒 1982 才针对人对人的统治之合法性予以争论的话,其实康德早就对它做了辩护了。

康德同样对第三个维度,即规范性标准做了研究。众所周知,罗尔斯 1971 曾经在康德理论视野下对这一标准做了规定,而另一位更声名显赫的法学理论家尼克拉斯·卢曼(参见卢曼 1981,1987,1993)则对它束之高阁。在这一规范着法权的道德或正义之中,一些使想要获得合法性的法权秩序在其中获得定向的道德原理将会得到探讨。

第四个问题,即对规范着法权的正义予以推进这一问题,涉及的是对法权秩序的进一步扩展,在这一点上,康德不同于时下的法权与正义理论(罗尔斯 1971,1993,德沃金 1985,[8]1996,哈贝马斯[4]1994)的是,他并没有局限于对人权问题的讨论,而且对所有权制度做了合法化论证,研究了婚姻和家庭,还对公共强制力权威的最极端的制度,也即刑事处罚,做了阐发。

最后,他给自己提出的第五个问题是对守法、公民不顺从和反抗权的追问。在经过长期的缄默后,这些问题在最近得到了越来越多的讨论(参见勃道1969,艾森西1969,克莱格1993,赞加里尼1999;亦可参见赫费1981):是否存在某种道德许可(也许甚至是某种义务),可以在面对具体法权规范时不予服从,甚至在特殊情形下针对法权秩序时予以全力反抗?

第二节　作为对合律法性之超越的道德性

康德对合法性与道德性的区分给法权与道德这一问题域增加了特殊的意义。对今天的体系性伦理学而言,这里有必要重点提及四个视角:

第一,仅有关于绝对善的元伦理学标准及其与行为主体、与善良意志的关联是不够的。在"义务"这一居间概念之上,还需加入某个人类学的因素:善良意志以自然生成的爱好中相互冲突的诸推动力为前提,是"在特定的主观限制和阻力中"发生的(《奠基》IV 397)。在诸如上帝一样的纯粹灵智存在中,当然不存在这一情形(参见《实践理性批判》V 72,82),这一情形只存在于诸如人类一样的理性的自然存在之中(《德性论》VI 379)。一旦《奠基》处理的是义务概念,那么它就遵循着把人理解为道德存在这一兴致,并为了这一目的而把这一人类学的基本事实作为其出发点,即:人的欲求并不必然是善的。《奠基》的"前言"尽管把一切实践人类学都贬低为伦理学的经验部分(IV 387f.),从而似乎与人类学的基本事实相矛盾,然而这一做法并没有深入到"责任的根据",而只适用于对人而言具有独特性的道德模式,适用于道德的应然特征。此外,这里的做法也不涉及某个生物种类的特殊性,而只涉及那种非纯粹的理性存在。

即使在道德性的法权概念之中,也存在着某个人类学的因素(参见第六章第三节)。最后要说的是,康德对柏拉图哲学王命题的批判也是得到了人类学论证的支持的(参见第八章第二节)——尽管不是被伦理学所贬抑的那种经验人类学。

第二,与义务的单纯一致性(它从《实践理性批判》开始就被称作"合法性",参见 V 71f.,81,118,151)还需要更高的等级。因而对无限制的善的标准来说,有它还远远不够,只有出自义务的行为才是足够的。与某个虽然合乎义务,但出于"自私的意图"而做出的行为不同的是,真正的道德维度只有凭借道德性才能实现,凭借遵守义务只会适得其反。

联系着康德,麦克道威尔(1998,77ff.)认为纯粹出自义务而行动的观点是荒谬的。这是因为,这一义务思想不适合作为根据,更不用说(a fortiori)作为充分根据了。他认为,导致行动的并不是某个一般的应然,而只是一个特殊的、与情境有关的考虑,后者反过来被普遍的道德判断所支持,但并非被构造。如果麦克道威尔的假设是成立的话,那么它违背的尚不是把道德作为纯粹实践理性这一康德立场,而已经是其朴素的实践理性的立场。康德当然是把纯粹实践理性规定为一种摆脱愉悦与非愉悦的感受,反之按照原则而行动的能力,而属于这些原则的不仅仅有道德法则,还有技术性的、实用性的法则(《奠基》IV 412f.;参见本书第二章第四节)。按照康德的观点,一切理性都与那些第二阶的规则,也即原则相关,而后者则把某个规范确定性与为了情境性考虑的不确定性结合在一起(参见本书第三章)。即便存在着绝佳的理由来反对这一假设,即认为规则关联对理性具有建构性,这些理由也不适用于康德的道德性思想。在这一思想中,关键的不是"与情境有关"与"普遍"的区分,而是在经验有条件的东西与独立于经验的普遍性这一区分(参见本书第二章第三节)。在前一区分中起决定作用的是自己的需求和利益,而在后者中,需求和利益则被拒绝作为决断根据,而这在一个与情境有关的考虑中同样也是可能的。

第三,康德对合律法性与道德性的区分在"法权与道德"这一问题域中开启了一个角度,一个当代的讨论一般而言都会排斥的角度:不仅仅存在着两组道德责任,也即《法权论》中提出的(彼此亏欠的)法权道德,以及《德性论》中提出的值得褒奖的义务。对同一个责任,也必须区分两种关系,以便道德关系(也即道德性)在完全的意义上不被绑定在行为本身之上。一切伦理学,只要它们仅仅通过义务、规范、价值,或者最近伴随着对程序的偏爱而通过程序规定对道德予以定义,表现出来的就不仅是一门不充分的道德哲学,而且按照康德的严格概念,甚至根本就不是道德哲学。这是因为,这些伦理学不接受任何一种与行为主体有关的关于绝对善的理论。不论人们想到的是以前舍勒(1916,[7]2000)和尼古拉·哈特曼(1926,[2]1935)的价值伦理学,是功利主义的不同类型,是爱尔兰根学派的理性化冲突解决模式(洛伦岑/施魏玛 1973),还是普遍化原则(例如哈贝马斯 1983),或者行为理论和社会学理论(例如毕肖夫 1978,涂尔干[4]1974 和卢曼 1978),它们充其量都不过是关于合乎义务的行为的理论，是关于合法性实践，但非道德性实践的理论。这一点也适用于近年来由罗尔斯（1993）及其自立门户的女学生赫尔曼（1990，1993），以及考斯嘉德（1996a，1996b）和奥尼尔（1996）等人提出的建构主义（关于这一点，参见凯恩1999）。

第四，针对上述批评，有人会如是反驳：作为一门单纯的意向伦理学，康德的道德性理论相当于一个无能的内在性世界；它包含着双重私人化过程：首先，主观性的良知缺乏客观标准；其次，这一良知在现实世界中的表现是冷漠的。但是，这一反驳是以一个双重误解为基础的：

一方面，按照康德的观点，意愿并不存在于单纯的愿望之中，而存在于对一切手段的运用之中——只要这些手段是在我们的掌控之中的（《奠基》IV 394）。意志并非行为之现实性的"彼岸"，而是最终规定这一现实性的根据。当然，意志的彰显——也即行为——可能会因为身体的、精神的、理智的和经济的缺乏而滞后于被欲求的东西，但是毫无疑问的是，这样一种滞后，也就是一种无辜的、过于弱小或过于迟缓的救助，尽管是值得惋惜的，但是在有限理性存在中也是难以根本避免的。因为，人类的所作所为是在一个自然的、主体间的确定了力量场中发生的，而后者不是单由意志就能构造出来的，也从来不能被行动者完全看透。由于个人性的道德只与责任空间，只与对个人而言可能的东西有关，因此客观上可观察的这一赤裸裸的结果都不可能成为衡量标准。"单纯的意向伦理学"——能在实际后果中发现标准的那门伦理学——的任何一种替代理论，都因此在某种根本意义上是非人性的：在对人之条件（*conditio humana*）的忽略当中，尽管它宣称人是完全负责任的,但人根本没有能力负起责任来。

另一方面,对康德而言,合律法性并非表现为道德性的替代项,而是它的必要条件。不同于马克斯·韦伯对意向伦理学与责任伦理学所做区分的流行解释([3]1971,551—559),在康德这里并不涉及两种相互排斥的态度,相反,合律法性的条件则得到了明确。一个出自义务的行为首先是一个合乎义务的行为,其次,这一行为把义务看作规定根据。道德性不是合律法性的敌人,而是它的更高等级;对康德而言,单纯的合律法性只是一个对反概念,旨在通过比较来阐发真正的道德——也即道德性——的本质。此外,康德还树立了规则的普遍化能力这一客观标准,这些自身作为准则的规则必须构造出具有决定性的规定根据。

第三节　法学的、伦理学的合法性

与合律法性与道德性这一对对康德而言尤其重要的概念相对应的,并不是对法权与道德这一对反题的流俗理解——只要人们用后者刻画的是两组责任的话。因为,这一理解涉及的是两类不同的客观法则,涉及某个主题性的或客观性的差异。相反,康德关心的有可能是对同一个法则的两种主观关系,也即某个动机性的或主体性的差异。他成熟的问题意识再一次表明,他对这些区分是十分清楚的。然而,这两个区分之间的关系还是给我们抛出了不同寻常的解释难题,以至于维拉谢克(1997)甚至谈到两个相互冲突的看法,也即"官方看法"和"备选看法",并最终认为,《法权论》根本就不属于《道德形而上学》(226)。这一快刀斩乱麻的方式能解决这些困难吗？

在"道德形而上学导论"中，康德区分了两类立法，即法学的立法和伦理学的立法。正因如此，《道德形而上学》才被分为两个部分，即《法权论》和《德性论》。康德也探讨了遵循着法学立法的义务（简言之：法权义务）和遵循着伦理学立法的义务（简言之：德性义务）。这样一来，由于伦理学"在古代"就意味着全部道德学说，也就是说囊括了所有义务，因此把这一表达限制在其中一个部分之内，在"伦理学"与"德性论"之间划上等号，或许不失为明智之举（《德性论》VI 379）。

另一个相对简单的困难存在于这一情况之中，即：法学立法与伦理学立法尽管是对立的，但是法权义务展现的其实是伦理义务的一个局部。一方面，遵循着法学立法的义务"只可能是外在的义务，因为这一立法并不要求关于这一内在的义务的观念自为地成为行动者之任意的规定根据，而且，由于它毕竟需要给法则提供体面的动机，因此就只能外在地与法则结合在一起"（《法权论》VI 219）。另一方面，由于所有法权义务也都属于伦理义务的范围，因此人们就必须在伦理义务中把那些只具有伦理本质的义务与那些也具有法权本质的义务区分开来。前面的义务"直接是伦理学的"，对应着德性义务，而后面的义务则是"非直接地是伦理学的"义务（VI 221）。

令人吃惊的是，维拉谢克（1997）把关于合法性与道德性的动机性选项看作关于法权义务和德性义务的主题性选项，这不禁使人想到两个选项的组合，并从中产生四种可能：（1）与法权义务有关的合义务性，即法学的合法性；（2）与法权义务有关的"出自义务",即法学的道德性;(3)德性义务中的合义务性,即伦理学的合法性;(4)德性义务中的"出自义务",即伦理学的道德性。虽然康德从未在任何地方明确地提出过这四种可能,但事实上它们在《奠基》中就已经有了。而且,它们的实例也可以说先行支配了《道德形而上学》的体系:它用虚假承诺禁令这一例子讨论了法权义务(《法权论》VI 220),用其他的例子讨论了德性义务的三个种类,也就是:作为针对自己的完全义务之例子的保存自身生命的义务;作为针对他人的不完全义务之例子的追求福祉的义务;作为针对自己的不完全义务之例子的施展天赋的义务,以及保证自己幸福这一间接义务。这样一来,在所有四种情形中都有按照"合乎义务"(为了合法性)和"出自义务"(为了道德性)这一对选项而产生的对上诉例子的首次阐发(《奠基》IV 397—399)。

由于《实践理性批判》赋予上述例子的只是一个小得多的比重,因而我们在这本书中难以清楚地找到对上述观点的印证。因为,对道德性与合法性这一对反题具有关键意义的章节,即"论纯粹实践理性的动机",涉及的主要是道德性;而对这一对反题而言的核心概念,即对道德法则的敬重,则是自为地被展开的。然而,康德尤其("极其重要")赞成"一切道德判断"之中对道德法则的敬重(《实践理性批判》V 81;关于《实践理性批判》的一般性介绍,参见赫费 2001)。因此不言自明的是,这一对反题对所有的法权义务和德性义务都是适用的。至少在康德对《奠基》中的第三个例子——即"仁慈"(《奠基》IV 398),也就是《实践理性批判》中的"善意"(《实践理性批判》V 82)——的考察中,上述观点对德性义务的有效性是得到确认的。也就是说,康德考察了合乎义务的,但只是出自爱好而发生的行为——人们只"出自对人的爱、出自对他们的善的同情式的善意"而做好事，并把这一行为明确地与"真正的道德准则"，即"对这一法则的敬重"区分了开来。他实事求是地区分了伦理学的合法性与伦理学的道德性；在《反思录》（Nr. 6. 764）中他明确地说："合法性要么是法学的，要么是伦理学的"（XIX 154）。

不论如何，这一解释还有待《道德形而上学》"导论"的一个注释的检验，这个注释即：负责善良意志这一义务的伦理学乃是一个立法，它"只可能是内在的"（《法权论》VI 220）。按此一说，善良意志和所有其他的德性义务如果作为纯粹外在的强制力都将是不可思议的。事实上，掌管着外在强制力的权威，也即法权秩序，尽管可以对有利于同侪的行为产生强制，但是它涉及的是控制和其他规定，因而也涉及法权性的，甚至实证法权性质的义务，但是恰恰不涉及善意所意指的那个东西，即自愿的额外功德。

另一方面毋庸置疑的是，由于"只是内在的"等同于道德性，因此在善意和其他属于伦理学的义务中，康德似乎只承认道德性，而不承认单纯的合法性。但至少在事实上还存在着这样一个可能性，而这也是《奠基》正确地注意到的：除了出自义务之外，人们还能出自其他根据——例如出自"对荣誉的爱好"——而做善事（IV 398）。即使人们由于恼人之事和令人绝望的悲痛而"完全失去了对生活的趣味"（《奠基》IV 398），但是放弃自杀同样并不必然是出自义务的，他可能出于害怕而自杀，比方害怕来世的惩罚，或害怕今生的坏名声。最后，《奠基》中的第四个例子，也即"对其本性完善性的展开和增加"，甚至"对其道德完善性的提升"，都可能是出自非道德性的根据，比方说，为了获得职业成就，为了获取声誉，或者为了给别人留下深刻印象。按照康德的说法，我们甚至根本就无法"十拿九稳"地排除这一情形，即"事实上，根本没有什么隐秘的自爱之推动力……成为意志之真正的、规定性的原因"（《奠基》IV 407）。

"没有什么例子是可靠的"，这一观点也得到了各种不同的强化（《实践理性批判》V 84；《宗教》VI 36；《德性论》VI 392）。因此不能认为，康德在从《奠基》到《道德形而上学》的道路上，已经放弃了关于四个可能性的理论立场。尽管如此，他还是把那个"把行为转变为义务，同时再把这个义务转变为动机"的立法称为"伦理学的"（VI 219）。因为这里的"同时"包含着道德性，因此康德不仅显得与他的《反思录》（Nr. 6.764）相矛盾，而且也与这一"道德现实"相矛盾，即：存在的完全只是合乎义务的，而非始终出自义务的仁慈。难道他在"道德形而上学导论"中只承认伦理学的道德性，而不承认伦理学的合法性吗？

在把这样一个严重的矛盾归之于康德之前，我们最好对这一解释予以检验。这里首先要考虑的是一个至今一直被忽略的区分，即仁慈（或：善举 Wohl*taetigkeit*，）和善意（Wohl*wollen*）的区分。仁慈之举不仅仅可能出自义务，也可能出自其他理由。相反，善意乃是意志的属性，它只在下面这一情形下才会发生：人们不仅仅满足于对同侪做好事这一义务，而是也要从意志之中实现对同侪有益的善举："善意乃是在他人的幸福之中的满足"（《德性论》，§ 29：VI 452）。凡是在意志连同这一满足一起发生的地方，人们的行为本身（*eo ipso*）就是"出自义务的"。与此类似，康德也不是用出自义务的行为来定义感恩的，因为行为在现实之中可能拥有的并非义务之根据,譬如,人们不想在将来失去行善之人,或者,人们不想因为不知感恩而陷入恶名,再或者,人们由于过分自大,从而在接受善举时没有丝毫回报之谢意。相反,康德的定义突出了奠基性的意志,把它规定为自在的善良意志。感恩并不存在于"受惠者对施惠者的爱之回报",而是存在于"对同一个善良意志的敬重"(《德性论》,§35:VI 458)。

显而言之,这里的伦理学立法并不满足于与之相应的行为,不满足于善举或表达谢意。它延伸到了奠基性的意志本身,到了善意或被定义为敬重的那个感恩。在此条件下,事实上只存在一个伦理学的道德性。然而,如果我们将单纯的行为纳入视野的话,那么也可以发现一个伦理学的合法性。在"道德形而上学导论"中,康德搁置了这一视野,并因此忽略了伦理学的合法性这一选项。问题不在于"官方看法"和"备选看法"之间的矛盾,而在于那个虽然不被问津,然而与这里引入的诸概念合辙一致的选项,那个可被称为"伦理学的合法性"的,对德性义务之单纯合乎义务的满足的选项。

"伦理要素论"的第一部分——即"针对自己的义务"——也抛出了另一个问题:因为这些义务划分出了法权义务概念中的本质要素,与之相应的行为如"自裁"、"自我亵渎"和"自我麻痹",还有"撒谎"毫无例外都要遭到禁止,以便严格的、完全的义务能脱颖而出。此外,这里涉及的是外在的行为,而非内在的行为。只要那个对法权而言不可或缺的社会视角——也即与他人的相互关系——是付之阙如的,就会有某种特殊的义务,即某种程度上的"混合义务";也就是说,它们不仅是法权义务(因为它们对外在行为而言乃是完全义务），也是德性义务（因为它们涉及与自身的关系）。不过从自我完善这一主导性目的来看，这些义务却丧失了它们的混合特征，正如在善良意志中的那样：作为整体的自我完善关乎内在的行为，而非外在的行为。此外，自我完善还是不完全的义务，因为它有所长也有所短。对个别条件分别有效的东西，即有的人可以把自我完善带向更高的完善性，这一情形在整体上却难以成立，因为整体而言，并非所有资质都能发展到在个别资质中所达到的那种可能的完善性。最后，尽管由于始终存在着朝向恶的倾向（参见本书第四章），使得"将其意志教化至最纯粹的德性意向"成了一条命令（《德性论》VI 387），但是这只是在不断接近的意义上是如此的——因为德性本身是理想，是难以企及的（VI 409）。最后，自我完善是一个目的，是不能依靠"他人强迫"而"拥有"的（VI 381）。

第四节　对私人化和道德化的抵制

第一组德性义务也给我们抛出了一个现在看来是系统性的难题，即：关于针对自己的义务的思想是与今天占据支配地位的道德理解相冲突的。从功利主义经过拜尔（1965, 106ff.）对道德立场的重建，从罗尔斯（1971）经过阿佩尔（1973）和哈贝马斯（1983）、直至图根特哈特（1984），人们把道德定义为社会责任。即使是康德，也认为针对自己的义务不是理所当然的；反之他追问的是：这一"义务"概念是否自身包含着矛盾？这是因为，责任主体（*auctor obligationis*）任何时候都可以把责任承受人（*subjectum obligationis*）

的责任免除掉(*terminus obligationis*)(《德性论》VI 417f.)。对这一似是而非的矛盾,康德是通过把人分为两类的方式来解决的,即:一类是作为理性的自然存在的人,也即现象之人(*homo phaenomenon*);另一类是禀赋着内在自由的存在,即本体之人(*homo noumenon*)(418;这里浮现的也是时下被看作过时的"两个世界"理论)。

当代对针对自己的义务的拒斥是否可信,康德对它的承认是否具有说服力,这对道德与法权的关系而言都是悬而未决的问题。关键在于,如果可以总而论之的话,这些义务是归属于狭义的道德之领域的,而非归属于(道德性)法权领域的。由于自我完善的义务是一个道德使命,而不是一个法权使命,因此没有一个法权秩序能被允许强制公民进行自我完善——对违反了自我完善之义务的人,也不允许进行刑事处罚。

一方面,在涉及作为动物性存在的人的时候,康德把自杀、自我亵渎、自我麻痹等禁令归之于针对自己的义务;另一方面,在涉及作为道德性存在的人时,康德把对撒谎——即在不伤害他人权利之前提下的蓄意作假——的禁令、对吝啬的禁令(这里指的不是贪婪和小气意义上的吝啬,而只是"减少对实现优渥生活之手段的享用,使其低于真正的自身需要的水平":《德性论》VI 432)、对谄媚的禁令(这里应被理解为"放弃对任何一种自身道德价值的全部主张",而不应被理解为谦逊,也就是"在与法则相比较时对其道德价值之渺小的感觉":VI 435)。另外,他还把对道德性自我认知的命令和对发挥(理智的、情感的、身体的)天赋的命令也算作针对自己的义务。

按照康德对某种不被允许的法权道德化所做的批评，所有这些命令和禁令都不是被认可的法权主题。因此他也批评了当时的法学家们使保存自己的生命成为法权义务的企图（参见《伦理学导论》，196）。与对自杀尝试的刑事处罚——在英国，甚至直到第二次世界大战之后还是如此——相反的是，自杀以及自杀尝试，对酒精、尼古丁或毒品的过量享用，尽管在道德上是令人鄙夷的，然而并非不合法的，因此不允许成为刑法的施用对象。这一观点同样适用于针对他人的德性义务，比如仁慈中的爱的义务、感恩、同情（同喜同悲），也适用于与此相对应的对嫉妒、忘恩负义、幸灾乐祸的禁令，此外还适用于尊重他人的义务，或对自负、散布谣言（不包括已被法律禁止的诽谤）和讥讽的禁令。

让我们找到一个既是法权理论的，同时也是法权政治学的平衡点吧：当且仅当道德性无能为力的时候，才会有国家性法权秩序的存在，因此，法权秩序既是一个独立于道德性的秩序，同时也是一个对由道德性规定了的秩序的道德补充。由于这一补充完全具有某种道德特征（参见本书第六章），因此有必要对法权实证主义予以批评——自奥斯丁（1832）以来，它就只用实证法权的概念、国家权威和经验现实来定义法权。从另一方面来说，由于这一补充是独立于道德性的，因此与之相关的就不是主体性欲求能力的结构，而只是社会视角中的自由任意。不同于那个不被允许的对法权哲学的伦理学化，以及那个同样不被允许的对实证法权的道德化的是，道德视角下的法权秩序本身永远不能为个人伦理性及其原则——即意志的自律——设定前提。因为一个关于诸任意自由（Willkürfreiheiten）之相互关系的秩序也满足道德标准，也即满足普遍的法则性，同时，他也被普遍的或公共的意志本身（*volonté générale*）所规定着，所以我们也可以在法权领域内讨论自律问题。不过这样一来，自律限制的就不再是主体性的欲求能力，而是不同任意自由之关系的客观秩序，同样也是公共性的——而非个体性的——诸意志之关系的客观秩序。

第六章　道德性法权概念[①]

在"法权论导论"中,康德展开了一个多层次的蓝图,其中每一部分都既引人入胜,同时又引人误解。他引入了(1)自然法权理论这一对象,并规定了这一理论的(2)法权性的、法权理论的地位(§A)。他提出了(3)道德性法权概念(§B),为其树立了普遍法权原则这一标准(§C),并且辩护了(4)那个冲突性的属性,即强制力权威(§§D—E),最后(5)针对"公道"和"紧急法权"这两个语义含混的法权概念,他在严格意义上对法权做了界定("附录")。

引人入胜的是道德性法权概念这一对象;而引人误解的则是,这一概念被等同于某个不变的自然法权(第一节)。同理,引人入胜的是道德性法权概念相对于实证性法权概念的优先性;而引人误解的则不仅仅是这一观点,即:只有道德性概念,即自然法权,才具有科学特征(第二节)。令人印象深刻的是,康德给全部法权领域设定了一个唯一的原则,即绝对(法权)命令;而令人费解的是,尽管准则对"通常的"绝对命令具有建构性意义,但康德还是抛弃

---

① 之前的版本发表于:赫费主编:《康德:〈对法权论的形而上学始基〉》(《经典解读》,第19卷),柏林1999,第41—62页。

了与它的关联——正是在这里,在整部著作的标题中被突显出来的形而上学主张才显得迂腐过时(第三、五节,第四节是"引论:福利国家")。引人入胜的是,康德并没有逃避强制力权威的合法性这一问题;然而颇成问题的是,他却把这一合法性理解为分析性的(第六节)。饶有趣味的是,他对公道和紧急法权做了一般性的讨论;不过问题在于,他却把它们从严格的法权中驱逐出去了。

　　在这一境况中,人们不禁想知道的是,这些误导性的因素能否被分离出去? 或者,它们是否与那些引人入胜的因素不可分割地交织在一起? 当人们对至今仍然成立的部分理论无可厚非时,康德的法权奠基是否也可以恢复其生机呢? 或者,是否人们必须把它当作"一揽子"接受过来,然后再抛弃掉呢?

第一节　自然法权的恢复

　　从把道德性法权概念等同于自然法权这一做法中产生出来的错误相对而言容易被克服(参见第一章第二节)。尽管康德正如当时普遍的做法那样,把实证法权与自然法权尖锐对立了起来,只专注于对后者的研究,然而他还是没有对三个的确值得追问的设想给予任何关注,这就是从三个方面所做的法权奠基:先行给予的世界秩序("宇宙论的自然法权"),神圣命令("神学自然法权"),人的本质("人类学的自然法权")。由于自然法权的本质对应的并不是"自然与自由"这一二元论中产生出来的那个著名概念,康德也就因此避免了实然—应然这一错误。在"单纯理性"中得到奠基(《法权论》VI 230,2)并"先天地通过理性"而被认识的(VI 224,30;参见 237,15f.）自然法权，并非与自由相对的概念，而是自由的一个视角；与它相对应的是纯粹（法权）实践理性。

作为理性法，自然法权关注的不是事实的问题（*quaestio facti*），即实证的效用问题，而只是合法性问题（*quaestio iuris*），即道德的有效性问题，是在（基础）正义与非正义意义上对正当与非正当的追问。对康德而言，那个在今天看来已经过时的"自然法权"这一表达是和一个毫无疑问没有过时的法权伦理学使命相对等的。同样毫无争议的是，康德的出发点是那个最普遍的标准，即："按此标准，人们就能从根本上认识正当与非正当（*iustum et iniustum*）"（VI 229,25f.）。在其思想发展中，他满足于具有较高普遍性等级的原则，恪守着中间原则，对个别规定从不涉足——他在这里担心的是，人们只从自然法权那里就想获得一个成文的法权秩序。相反的是，康德在个别规定中认可的是国家性的（"在任何一片国土上"）或地理性的（"在一个特定的地方"），以及历史性的（"在特定时代"）差异性（VI 229,20—24）。

另一点毋庸置疑的是，康德本人不仅与"教条主义的"自然法权理论家们、而且也与他们平庸的对手——"教条主义的"法权实证论者们保持着距离，他既没有给实证的法权考察，也没有给超实证的法权考察保留任何排他性的权利。然而，他也放弃了对优先性的追问，而用一个清晰的优先性规则来回答这一追问。这一规则本身对实证的法权科学家们而言只需一瞥就是挑衅性的，按照康德的说法，实证的立法是按照自然的立法来建立自身的，而非相反，因为："单纯的经验性法权论（正如菲德鲁斯寓言中的木头脑袋一样）是一个脑袋，它可能是漂亮的，但是很遗憾，它脑中空空如也!"(Ⅵ 230)。

在这一形象中展开的是一个不同寻常的尖锐批评。没有大脑的脑袋充其量只在含混的意义上是个脑袋,而在真正意义上什么都不是。康德从根本上不承认经验主义法权论作为一个法权论的地位。他并不否认"可以如此设想一个外在的立法",它包含着"真正的实证法","但是必须有先行的自然法权,从而给立法者的权威性(也就是通过其单纯的任意而约束他人的权威)提供根据"(224,33ff.)。因为如果不是这样的话,那么可能出现的就是像菲德鲁斯寓言中的脑袋一样的徒具表象的法权,而事实上则是赤裸裸的暴力。就此而言,哈贝马斯的命题([4]1994,153)可谓一语中的:康德"把法权置于道德(而非道德性!)之下的做法"与"那个通过法权本身这一媒介而实现的自律"是一致的。康德的做法处理的实际上是一切法权的最小条件,也即对赤裸裸的暴力的否定。同时,第一个正义,也即对法权予以定义的正义,也就显而易见了,因为如果没有最小化的正义的话,法权就不可能被定义为法权。

很久以来,人们就喜欢在实证的法权科学意义上来理解康德的"经验性法权论"这一表达,以至于他们认为,康德"直截了当地"指责这一理论是无脑的,同时对实证的法权科学做了尖锐的批评(匿名作者 1797,306)。然而这一看法是建立在误解基础上的。"法权论"这一表达指的并不是对法权的(科学式)研究,而是它的对象,即法权本身——只要人们把它放在一个系统性整体之中来看的话。"论"(Lehre)的意思是:"一门在某一知识分支中以整体关联之方式被讲授的课程的全部内容"(格林 1854/1984,卷 12,

554）。正如康德用拉丁语"Ius"（Z. 6）所强调的，"法权论"对康德而言就是特定法律的总合（VI 229, 5）。同理，自然的法权论并非关于自然法权的科学（*doctrina iuris naturae*），而本身就是自然的法权论（*Ius naturae*）（Z. 13f.）。"经验法权论"指的就是那个（单纯的）实证法权。

康德在这里针对的是那种拒斥道德原则的实证法权，是那种不只部分，而且彻头彻尾与道德无关的法权，他认为，这种法权在真正意义上根本就不是法权。这样的法权如同"无法的法权"，作为"无法的法权"，它是一种约束，而对这一约束而言，那个对法权而言具有建构性的道德主张——即最小化的（司法或政治）正义——是缺失的。康德想借此提醒那些法学家们，他们是与一个随着立法者而改变的前提——也即法律——绑定在一起的；他也要求立法者们，要让这一前提服从那些法权道德性的原则。

只是在次要的意义上，康德才与那些法权理论具有关系：这些理论使实证法权摆脱了一切道德要求的束缚，并因此不仅与凯尔森（[2]1960）乃至伦特施戴特（1947）所代表的显性实证主义法权理论相对立，而且与正如包含在卢曼（1993，第二章）的法权之自我管束命题中的隐性扩展实证主义理论相对立。如果一个法权机构凭借其对程序运行及其背后权力的固化而否定对正当与不正当的质问，那么在康德看来它就是"无脑的"。同样，被社会学法权科学的先驱鲁道夫·冯·耶林引入的那条规定可能——有时可能正好相反——也是实证主义的："法权就是在一个国家内行之有效的强制性规范的总合"（1877/[3]1893，I 320；对法权实证主义的系统讨论，参见赫费[2]1994，第 I 部分）。

第二节　只有自然法权才是科学的吗？

康德的自然法权还包含着第二个不再是合法化的，而是科学理论性的错误。康德首先引入的是一个无疑大有裨益的区分，即对四种不断提升的法权能力的区分，这一区分的关键不在于某个不断增长的资源，而在于不断增加着的对法权的自主支配。在前两个阶段中，法权知识存在于单纯的技艺性知识之中，存在于对法学的目的—手段的熟识当中：（1）只知道（始终是外在的）法律的人，叫作法权学者（*iurisconsultus*）；（2）此外（"还"）还能将这些法律运用于某些场合的人，是有法权经验的（*iurisperitus*）；（3）朝向法权明智（*iurisprudentia*）的提升（"也能……成为"）关切到福祉，因为按照《奠基》的观点（IV 416f.），明智有义务给出相应的建议。至于那个懂得运用法学知识来服务于福祉——不论是自己的福祉，还是寻求法学建议的其他人的福祉——的人，就是一个驾驭了法权明智的人。

令人疑惑甚至值得关注的乃是，康德把就知识而言最高的等级，即（4）法权科学（*iurisscientia*），与"关于自然的法权论的系统知识"（也即自然法权）看作同一的（《法权论》VI 229,13）——尽管这一法权科学具有严重的知识缺陷，即缺乏法权经验和法权明智（"二者同时缺乏"）。尽管"单纯的"法权科学这一补充说的是，它完全能够与法权经验和法权明智结合在一起，然而这一结合却是偶然性的。

不论如何，按照§A，这一法权论是这样划分的：

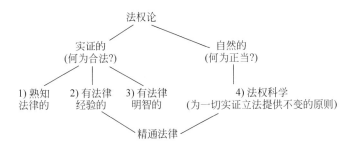

这一划分不仅列出了一个体系性的法权秩序,而且包含着三个主题,它们对整个著作的标题及其典型知识诉求都做出了阐释:

　　首先,康德抬高了哲学的地位,因为他只允许对前实证—超实证的法则、对自然性的法则的研究享有科学之桂冠。我们可以在这一主题中发现某种典型的哲学偏见,对此,科学史在很长时间内是忽略了的。因为科学对实证法权而言是根深蒂固的,而它对自然法权的意义则是值得追问的。今天被称为"法权科学"的学科,在康德那里尚未提上日程。不过,他给科学准备了关于出自原则的系统性知识的严苛概念(参见《法权论》VI 229,13,15;亦可参见《纯粹理性批判》B 860ff.,以及赫费 1998),而普通的法权科学毫无疑问是难以满足这一概念的。无论如何,普遍法权论是可能的,但是由于康德严苛的原则概念,它还是被忽略了。如果人们仅仅在一个宽泛的,同时也是比较性的意义上把"原则"理解为"普遍原理",那么一门实证的法权科学也许也可以满足康德的科学理想。但是在严格的理解中,"绝对原则"(schlechthin Prinzipien)涉及"出自概念的综合知识",而"知性"——在这里是法权知性——是"根本创造不出"这些知识的(《纯粹理性批判》B 357f.)。

　　与之直接相关的是《纯粹理性批判》中的这段话(B 359):"有

一个谁也不知道哪一天也许会实现的夙愿：人们终有一天不再去搜罗无限之多的（公共法权意义上的——赫费按）民法条款，而是能够去探求其原则，因为正如人们所言，只有这里才掩藏着对立法予以简化的秘密。"康德在法权哲学中关心的就是这一简化的哲学意义。两种截然不同的考虑给康德带来的是同一个结果，即对法权而言的自然法权的最高地位：那个§A中规范意义上的最高知识，即关于对一切实证立法而言永恒不变的前提的知识，与《纯粹理性批判》中认识论意义上的最高知识，即出自概念的综合知识，是殊途同归的。

按照康德在这一划分中包含着的第二条命题，人们也许可以把加诸法权科学的使命理解为描述性的，从而——譬如借助凯尔森的《纯粹法权论》（²1960）——制定出根本性的法权原则，不过，尽管凯尔森是一名新康德主义者，他的原则却不是康德意义上的那个"永恒不变的"。因为，这些原则缺乏先天（综合）知识的属性，而后者反过来刻画出的是一门形而上学，从而按照康德之争议性的书名，§A要说的就是：作为对法权提出道德主张的理论，作为法权伦理学，法权科学是一门法权形而上学。

康德用前两个命题提出了一个很高的要求，于是他用包含在§A中的第三条命题做了一个保守的辩护：在严格意义上，法权科学缺乏法权经验和法权明智。但是，由于人们并不从哲学那里期望得到它们，因此这也暗示出，康德并不认为法权领域内的知识是目的本身。在亚里士多德关于真正的实践哲学的思想（参见本书第二章第一节）这一意义上，康德使自然的及道德的法权服务于"在经验中出现的情形"，并最终服务于在法权明智中发挥影响的对福祉的追求——前提是,这一福祉要服膺于自然法权的道德原则。对作为单纯原则知识的法哲学而言,其最高目的——也即它在现实中的运用——是难以企及的。如果说为此时此地的正义负责的是公共暴力,也即司法机关,并且唯其如此正义才能与审判机关相提并论的话,哲学家则只是为理性的公共使用承担着某种共同责任(参见"启蒙",VIII 379,以及《和平》,第二条附论、附录)。

在这一运用中还需要区分两种截然不同的种类,但是康德在其极其有限的评论中对此并没有深入研究过:如果说司法人士(律师或法官)是在把实证法权的既定法律运用于具体情形的话,那么立法者则应当对自然法权的"永恒不变的原则"如此运用,以便具有道德合法性的实证法律能被制定出来。当然不言自明的是,这一运用与某种机械式的归类相去甚远,实际上它需要的是某种创造性的,在方法上具有完备性的评判过程(参见第三章第三、四节)。

第三节　先天建构

按照第二条苛刻的命题以及《道德形而上学》这一著作的标题,康德提出的区分正当与非正当的标准——即具有形而上学本性的道德性法权概念——在科学理论上必定是一个先天综合知识。这样一来,构成这一标准的就是两个在方法上大相径庭的因素:一个是"责任",另一个是责任"涉及的对象"(VI 230,8)——在后者这里,要在法权所担负的使命这一意义上对运用的条件加以理解。现在的问题是,这两个因素都必须具备形而上学特征吗?

　　至少在康德的预设当中,这一特征对第一个因素而言是手头现成的:被定义为"在理性的某一绝对命令之下一个自由行为的必然性"(VI 222,3f.)的责任是一个道德概念,并由于其不依赖于经验性推动力而属于实践形而上学。它要求每个人"不能考虑自己的倾向"(216,7f.)。由于这一点在《奠基》和《实践理性批判》中已经为人熟知,此外在"先行概念"这一章节中也已经被提到过,因此康德在相关的§B的第二个段落中主要专注于对另一个因素,即对描述性的法权任务的讨论。他也没有给这一任务赋予形而上学特征,而仅仅直白地说明了这一任务是什么。虽然他后来把这一奠基性的方法定义为"建构"(§E),但是却不是今天伦理学中的"建构主义"这一意义上的"建构"。

　　按照罗尔斯在《正义论》中(例如§7)提出的那个宏伟的"建构"概念,它应被理解为一种与直觉主义相对的,被允许用以解决具体道德问题的方法。众所周知,罗尔斯对这一一般化的,同时有些模糊的方法予以精确化,并使其成为契约论的特殊替代项。当契约思想在其后期论文以及第二部巨著《政治自由主义》(尤其是第三讲)中被撤回之后,"建构"指的就是那种摆脱了先验观念论的束缚的对康德的正义分析所做的程序性解释。按照罗尔斯的观点,伦理学中的建构主义无须康德的两世界理论这一形而上学便可产生出来,但是也不应该以经验方式在(自然)世界中寻求其原则。

　　奥尼尔(1996,第2章,参见第6章,以及1989,第11章)接续的就是这样一个计划。尽管她认为罗尔斯对此问题的处理过于苛刻,并有鉴于行为个体和行为条件而放弃了罗尔斯的理想化做法,然而除此之外,她始终把建构主义理解为一种程序性的解释。

相反的是,自《纯粹理性批判》以来,康德主张其实是一个在方法上更严苛,但在主题上更为保守的"建构"概念。他把"从概念中"产生出来的一切理性知识称为"哲学的",而把从"概念的建构中"产生出来的理性知识称为"数学的"(B 865,参见 B 741)。对康德而言,构建出一个概念就意味着"把与之相对应的先天直观展示出来"(B 741),因而涉及哲学中"推理的理性使用",而在数学的建构中涉及的则是"直观的理性使用"(B 747;参见 B 750 以及《始基》IV 469)。由于道德是一个真正的哲学主题,因此它对康德而言不能成为建构的对象。尽管如此,康德在道德性的法权概念中还是谈论了"建构",而这显得与上述的哲学概念相矛盾。然而在"法权论导论"中,建构针对的并不是作为整体的道德性法权概念,而仅仅是法权使命这一部分,这一使命反过来说不具有道德本质,而是具有描述性的本质。对这一使命而言,只有数学——严格说,也不是几何学,而是数学性的物理学,即牛顿的理论力学——才能充当典范。

对康德而言,这一法权使命是从作为"外在立法对之得以可能的诸法则的总合"的法权概念中产生出来的(《法权论》VI 229,5f.)。正因为如此,这一使命一开始显得是分析性的,它就是要去规定这一问题:使外在立法得以可能的必要且充分条件是什么?而事实上,法权使命恰恰是凭借这一问题才得到规定的。不过,它需要某种创造性的思考,而后者对康德来说"几乎就是"对某个概念的"建构",也就是"在一个纯粹的先天直观中对同一个概念的展示"(§E:VI 232,32f.)。对康德而言,这样一种建构——更准确地说,由于这一"几乎",它其实是一个准建构——并非一个分析性的做法,而是综合性的做法。此外,由于它是脱离经验而产生的,因而也将成为一个先天综合知识,成为某种准数学式的理论形而上学的一个部分。因而,法权概念是由两种不同的,同样也是形而上学的因素组成的:一种是真正的道德形而上学中的道德责任,另一种是在理论形而上学中得以完成的先天建构。

由于这一建构是与人类息息相关的,因此它也属于一门人类学,并把人类学的份量扩展到了康德的道德哲学之中(参见第五章第二节)。这门相应的法权人类学与那种"道德性的"及"教育性的"人类学是有区别的,因为后者"只包含着主观性的、对法律实施既阻碍又促进的诸条件……以及类似的那些建立在经验基础上的学说和规定"(VI 217,10—16),因此也遭到了康德全部道德哲学的激烈反对。同样,这一人类学也不同于"研究构成人的本性"的生理学意义上的人类学;往远了说,也不同于实用意义上的人类学,因为后者只关心"作为自由行动的存在,人从自身出发做了什么,或能做什么,应该做什么"(《人类学》VII 119)。

与关于义务概念的人类学相似的是,在《法权论》中得以实践的人类学可归之为第四种类型;这一类型经常被忽略,因为它在康德的人类学概念中并不突出。在奠基性的法权人类学中,也就是说,在"为什么就人之条件(conditio humana)而言,归根结底需要法权?"这一问题中,关键不在于特殊的种属特征,而在于不依赖于它们的那些因素。这些因素始终是下面四种:(1)具有责任能力的诸个体;(2)彼此分享同一个世界;(3)相互影响;并因此(4)与低于人类的存在区别在于,他们一如既往对理性是开放的,与纯粹的理性存相反的是,他们并不必然受到后者的规定。即便这一存在也出现在地球之外的地方,他们也仍然会服从康德指出的法权运用条件,而不必成为"智人"(*homo sapiens*)这一生物学存在的同类。

按照康德的理解(VI 205,5f.),与法权伦理学中出现的做法相对应的,是《自然科学的形而上学始基》中那个著名方法。这部著作在其"前言"中区分了三种形而上学。也就是说,这一著作把自然形而上学中的先验部分或普遍部分,也就是那个"与任何一种确定的经验对象无关"的部分(《始基》IV 469),与某种特殊形而上学中的两个学科对立了起来,而后者"将那些先验原则运用于我们的两类感官对象之上",并因此而需要基础性的、不能进一步推导的,然而也是经验性的概念。尽管康德以令人惊异的方式谈到了这一形而上学的经验性特征,但在(形而上学的)物理学中,他却回溯到了关于物质的经验性概念,在(形而上学的)心理学中,他回溯到了关于某个能思的存在的概念(IV 470),其目的是,在这两门学科的实施当中,用更多的概念对它们予以完善。

对康德在普遍形而上学与特殊形而上学之间所做的区分,我们可以用该著作第三个主要部分"力学"中的一个例子来说明。被康德本人称为"惯性定律"(IV 544)定理3(也就是力学第二定律)的意思是:"一切物质变化都有外因"(IV 543;紧随其后在括号里出现的是著名的牛顿第一定律)。康德用来证明这一定律的是这样一个命题:"一切变化都有原因"(IV 543,21;参见"第二类比",《纯粹理性批判》B 232)。如果说这一命题源出于"普遍形而上学"或"形而上学之先验部分"的话,那么它则凭借"外在的"这一修饰词变成了一门特殊形而上学——即（形而上学的）力学——的一个命题。由于按照《法权论》"导论"的说法，《道德形而上学》构成了"与已经发表的《自然科学的形而上学始基》相对应的著作"（VI 205,5f.），因此它也具有特殊形而上学之地位——当然不是关于自然的形而上学，而是关于自由的形而上学。在道德形而上学中，先验的同时也是普遍的自由形而上学诸原则或者被运用于（形而上学的）法权论中的外在立法，或者被运用于（形而上学的）德性论中的内在立法。前者涉及共同生存的道德，即社会性的道德；后者涉及内在态度的道德，即个体性的道德。

从认识论上看来，这里关系到某种综合的但非纯粹的先天，在这一先天当中，纯粹综合性的先天知识（即：道德概念）被运用于某种基础性、经验性的事态之上。就《法权论》这一情形而言，这一先天就是在直观中被给予的、不能被进一步推导的事实，即有限理性存在在有限的空间中的共生共存——鉴于地球在空间上有其界限，这也是在一个逼仄的因素中的共生共存：除了与他的同侪生活在一个共同体之内，人类别无他选。与在§E中提到的"建构"相关的，正好就是这一基础性的事态。

在康德这里，至少可以区分出四种不同的人类学：

众所周知，休谟也把这一短缺性看作道德法权的运用条件，并把这一法权称为"正义"（《人性论》，1739，第三卷，第二章，第二节；《道

德原则研究》,1751,第三章,第一节)。罗尔斯(1971,§1)采纳了休谟的这一规定。与他们相反的是,康德对它实施了某种可观的简单化。人类——诚如休谟所言——在一定程度上具有相似的体力和精神力量,此外也受困于相当程度的物品短缺,这足以表明,这一事实对法权概念的建构是无关紧要的。这里也需要满足另外两个较温和的假设:有限理性存在彼此分享着有界的生存空间。在这一空间内,理性存在展现出相互作用着的力量,正因如此,形而上学的法权论才在事实上与形而上学的物理学相对应。道德性的法权概念"只管"说出,在哪些条件之下这一相互性具有理性与道德的地位——只有当这一相互性遵循着一个严格的普遍法则,并且与牛顿的第三定律,也即作用与反作用原理相类似,在作用与反作用之间存在着严格的等同性的时候,这一情形才会发生(参见下文第六章第五节)。

由于上诉事态尽管具有较高的普遍性程度,但也呈现出某种经验性的前提,人们可能会因此对道德性法权概念的非经验性特征产生怀疑。不过,这一概念并非从上述经验性事态中推论出来的,相反,它归功于某个经验性因素与另一个前经验性因素的相互作用。难以逃避的社会关系这一给定性具有经验性质,而使这一关系得以构造的(道德性)原则则具有非经验性质。

正如其形而上学物理学一样,康德的形而上学法权论同样需要另外一些相对更为一般的,然而还是经验性的因素,如:有限理性存在拥有的肉体和生命都能被消灭掉;对存在于空间中的物体,人们可以主张其所有权;作为肉体性的生物,人离开了这些东西就难以存活;人们缔结条约,使用货币;人分为男人、女人和儿童,等等。这些因素只是使法权的运用范围得以具体化,但是并没有削弱其道德效用。尽管"无可逃避的共存"这一对法权使命的建构而言,具有决定意义的关键词是康德后来才提出来的(§42;Ⅵ 307,9f.),但是其内容在《法权论》的B节、即"什么是法权"中就已经分为三步展开了:

(1)第一个步骤包含着三个部分(Ⅵ 230,9—11)。首先是(1.1)非特定法权的、对全部道德形而上学有效的因素,即:对康德而言,起作用的不是自然力量,而是个人,是有责任能力的主体(Ⅵ 223,24f.);(1.2)一旦有多个个人凭借事实——对康德来说,就是可归责的行为(Ⅵ 227,21—23)——相互影响的时候,这一因素就变成特定法权的了。如果人能与自己陷入冲突,那么这还需要一个外在的、来自多个个体的司法性立法(1.2.1:多元性),这些个体处在某个关系之中(1.2.2:主体间性),这一关系反过来说不具有美学或理论性质,而是具有实践性质(1.2.3:交互性中的主体间性,参见256,4);(1.3)此外,它是在两个一般性的经验条件之基础上产生的。"由于地球表面……本身是一个有限的面积"(§43;311,23f.;参见§62以及之前的§13),因而诸个体分享着同一个在空间上有限的世界。进而言之,由于诸个体作为非纯粹的灵智存在而拥有肉体,因此他们也已经基于这一身体广延而要求在这一共同世界中占有一个部分。此外,他们还需要用来满足其需求和兴趣的物品。凭借着这三个部分性的因素,康德无比清晰地道出了关键所在,使许多额外的问题变得纯属多余,也因此获得了一个既可信又优美的理论。特别提到的是,他避免了自霍布斯以来颇受青睐的那个批评,即:近代法权—国家理论依赖于公民竞争社会中的经济和社会条件。

（2）第二条运用条件是对第一条的解释。康德对"任意与愿望的关系"（VI 230,12）不予考虑，这是有道理的。因为单纯的愿望缺乏"产生客体"的能力（Z.14—19），所以始终是内在的。即便是异质性的内在世界也能轻易地相处，因此单纯的愿望并不能必然产生出外在的立法。只有当任意遭遇到同一个外在世界中的行动者时，才会缔造出无法逃避的社会关系。

（3）在对第一条运用条件进一步精确化后，这一交互性的任意涉及的就不再是物质，而仅仅是形式（VI 230,16f.）。这里隐含的"形式主义"只有通过康德给出的例子才能被理解，即：没有人会去追问那个买了一件商品的人，是否这个商品对他有利。在这里，任意存在于商品和货币的交换之中；那个停留在内在之中，从而没有上升到法权层面的物质，就在交易伙伴的意图中与交换关系的形式一起，存在于某种自由的（Z.21）、摆脱了强制和欺骗的交换之中。正因为人们在这一交换中（在消极意义上）是自由的，因此只要上述意图没有渗入上述这种行为之中，它们就可以被忽略掉。甚至，因为两个交易伙伴都有（非强制、非欺骗的）交换权，所以法律根本没有权利去对其意图进行审查。

第四节　引论：福利国家

在康德在第二条运用条件中排除出去的那些愿望之中，包含着需求（VI 230,12f.），同时也潜在地包含着这些需求的实现，即幸福。他明确地把"仁慈或冷漠之行为"与法权分离了开来。只有对《德性论》而言，"陌生人的幸福"才是一个目的，在涉及其他人时甚至是唯一的目的，这一目的同时也是义务（VI 385 ff.）。康德反对功利主义法权理论，其代表不仅活跃于英语世界，而且事实上也包括普芬道夫（《自然法权和万国法》，1672,1,1）和沃尔夫（《自然法权导论》，1750,1,2,§43）在内。通过对人性之义务（*officia humanitaris*）的整合，这些作者就抹掉了法权义务与德性义务之间的差别。除此之外，康德还反对开明专断的福利国家，因为在他看来，后者包含着某种使公民陷入无能的父权主义：一种"按照自己的想法使民族变得幸福"的暴君，把他的公民看作孩童和不成熟的人，从而把自己变成了专制者（"谚语"VIII 302；参见《宗教》VI 96）。

凭借这些命题，康德似乎在时下仍具现时性的争论中，也就是导致了政治自由主义之分裂的关于福利国家的争论中，拥有了自己的立场。当"康德主义者"罗尔斯凭借着差异性原则（1971,§13）引入对福利国家的赞词时，"洛克主义者"诺齐克（1974）则给予迎头痛击。如此看来，康德似乎是在反对着这位康德主义者，而为他的对手代言。但事实是，他并没有反对一切对社会福利国家有益的"强制性的税赋"（VI 326,21）。人们不必像罗森（1993，第5章）主张的那样，退回到与法权格格不入的那个义务，也即支持陌生人的福祉上去。在公共法权范围之内，也即在"总注释，C 节"（参见"附录"8）中，康德也谈到了穷人设施，考虑到了"孤寡院、医院等类似机构"，也考虑到了孤儿院的问题。（关于国家对"管理"大学应负的责任，参见《学科之争》VII 21f.）。他甚至还谈到了"大众需求"（VI 326,17）——尽管他在 B 节中对这一需求概念做了反驳（230,13）。总注释 C 节与"法权论导论"中的法权概念是否冲突呢？

　　这一建立在需要概念之上的总注释 C 节论证,也即"福利国家论证",不仅在"法权论导论"中付之阙如,而且在对公共法权状况所做的关键论证,也即"国家论证"中是没有的。按照这一论证,国家不过是"法律之下一群人的联合"(《法权论》,§45)。国家的使命在于使之前只具有临时性的法权变成强制性的法权(§41—45),因而在突出的意义上,国家就是法权国家,而非福利国家。而且,按照从 B 到 E 这几段文字,福利国家似乎在法权道德上是不被允许的,因为每一个超出了普遍接受的自由的强制力都是与这一自由相冲突的。因此联系着这一国家论证来说,一个真正的福利国家至少是被排除在外的。但是无论如何,如果一个福利国家有助于把一个保障着自由的法权国家变为现实,变为一个"具有自由之功能的福利国家"的话,它还是合法的(赫费 1981a,255;参见赫费 1999,第 3.4 章)。

　　在"总注释,C 节"中,康德在一个全新引入的思想,也即"持存论证"的基础上对福利国家状态做了合法辩护。按照这一思想,"普遍的民族意志……将会联合为一个社会,而后者将会持续不断地保持下去"。这样一来,如果把这一有待维持的社会理解为一个公民社会——对康德而言就是法权国家——的话,那么这一论证也就为一个具有自由功能的福利国家铺平了道路。如果人们采纳了公共法权的基本命题,即道德性法权的强制形态——即法权国家——从其自身来说在道德上是一个命令的话,那么这一点对不可剥夺的福利国家状态也同样是适用的:为了使强制性的法权实际上也成为持久的("持续不断的",VI 326,5),必须战胜使这一持久性受到威胁的那种贫困。

不论从集体之持存这一目的，还是从为实现这一目的而必需的若干手段来看，这样一种合法化显然都是有限的；尽管如此，这一功能性的合法化却可以在两个方向上扩展开来。一方面，人们可以对私人法权——在这里不仅是内在的"我的"与"你的"，而且也是外在的"我的"与"你的"——予以如此论证：为了能实现并切实支配内在的"我的"与"你的"这一天赋法权（参见 VI 238，1），除此之外，为了能不仅允许把某种外在之物当作"他的"来占有，而且实际上去占有它——简而言之，为了在私人法权的这两个维度中不仅能成为可能的法权个体，而且能成为现实的法权个体，可以把为此而必需的那些部分是社会性的、部分是经济性的并且与教育有关的条件当作既具有自由功能又具有正义功能的命令。另一方面，如果人们能够克服康德这一冒失立场的话，那么类似的结论也适用于公共法权，这一立场是：大部分享有法权的人只应成为被动的而非主动的国家公民："商人或手工匠的学徒、家仆……所有女流之辈，归根结底，每一个不是按照自己的营生，而是按照别人的支配而需要……保持其生存（食物和安全）的人，都与公民的人格性相去甚远。"

在 C 节中，康德再没有延续这两个续论中的任何一个。他既没有讨论早期资本主义的社会问题，也没有探讨法国大革命的第三条原则，即博爱（或手足情谊）原则。即便是一仍其旧的那个合法化，也只有在下面这一前提下才拥有某种具备自由与正义之功能的地位：人们在公共性的、法权性的意义上把"持续不断维持着的""社会"理解为一个"公民社会"。因为"总注释"这一标题已经包含着"公民联合体"的概念(Ⅵ 318,15—17),因此这一理解就使人想到,它处理的似乎是"法权状态的持久存在"(路德维希 1993,231),然而,这一表达在相应的位置上只与对民族的前法权性表达有关。被要求应该"持续得以保存的",不是法权状态,而是使一个民族得以联合起来的那个前国家的社会。由于与之相应的关怀针对的是每一个自身不能创造出获得"必要的自然需求"的充分手段的具体人(参见"社会的成员",Ⅵ 326,6;326,8—10),集体性的持存保障就变成了个体性的生存保障。此外,这一保障义务也因此得到了明确。因为听上去颇为揶揄的是,当少数穷人饱受疾苦时(这是个体性的生存保障要排除在外的现象),这一集体还延续着其存在。按照 C 节的观点,国家并非只有在贫困危及国家时才有关怀的义务(路德维希 1993,238),而是,当它危及个体性的存活时,就已经如此了。这里突显出的是某种社会性的人权或社会性的公民权:对康德而言,民族的每个成员都拥有真正的社会法权,拥有维持自我生存之物资的法权。

对某个具有说服力的合法化证明而言,当然还缺少一个论证:为什么前法权的社会在个体意义上是应该"持续不断维持着的"。按照《德性论》(§30)的说法,尽管存在着"对有需要者施以善行"的义务,"因为要把有需要者看作共在之人,也就是说,看作在同一个居所中通过同舟共济之本性而联合起来的理性存在这一有需要者"(Ⅵ 453,12ff.);然而,这一义务是一个伦理性的而非司法性的义务,此外它还是一个"普遍性的"义务(Z.13)——也就是说,它是一个延伸到每一个人身上的义务。但是,"总注释"中的"持存保障"只关系到自己的社会,而人们满可以联系着关于父母法权的前几个段落(例如段落28)发展出这一缺失的论证。按照这一法权，父母亲有养育和操心其子女的义务，而子女有权利——甚至有"本来就是天赋的"，此外还具有自由功能的权利"面对父母的操心，尽其所能地保存自己"(VI 280,18—20)。现在，当我们将这一法权用力外推，运用于家庭之外的大家庭和种族，直至一个民族的时候，突显出来的将首先是一个具有私人法权性质的救济义务，而使私人法权成为强制法的国家则要承担起这一义务。不过，诸如此类的论证在《法权论》中并没有出现过。

撇开这一尚且缺失的证明不论，C节指出的完全是一条通往合法化的、与集体相关的(而非与个体相关的)福利国家状态之路。不过，这一道路并不具有自由之功能，因为个体既不被看作"私人性的"，也不被看作"公共性的"法权人格。个体更多的是某个前法权社会、某个民族的成员，是一个维持着求生权利的自然意义上的人。显而易见，这一权利并非总是关联着生存，它必须排除这一情况，即：人由于事故、疾病或者老弱终有一死。康德把生存保证限制在对"救济穷人"的物质的准备上(参见 VI 326,22)。他强调的是，这一救济不要被滥用了："贫困"不能被用作"懒汉们不劳而获的手段"，因为这无异于通过政府给民族施加的一个"不合理的负担"(Z.31f.)。

康德用什么观点对有利于需要者的税赋予以合法化证明呢？按照C节的说法，"最高命令拥有者"，或者说"政府"，必须承担对民族的相应义务，因为只有在一个民族能够作为一个民族"持续不断地存在"这一条件下("为了这一目的")，它才服从国家暴力。由于这一点依赖于每一个具体成员，因此它涉及的根本就不是某个集体的永久生存,更不是某个民族学意义上的民族共同体的生存,它涉及个体的生存。由于这些个体只在"保留条件下"才服从政府,因而后者完全有实现这一作为某种默认契约的保留条件的道德义务。甚至我们还可以说存在着一个双重的道德义务。除了保留默认的契约这一义务之外,还存在着作为这一契约之基础的补偿性的正义使命。政府必须承担社会成员之间相互保障着的生存,因为作为国家暴力,它改变着社会中行动的游戏空间。康德主张的既非福利性的,也非具有自由功能的福利国家状态,相反,仅仅是一个对前法权社会之式微予以补偿的福利国家状态(关于补偿正义的论证,参见赫费1996a,第9章;关于康德的福利国家制度的问题,亦可参见克斯[2]1993,58—67,以及迈尔勒1999)。

第五节　道德性法权概念

在这一"引论"之后,让我们回到法权的诸运用条件上去。这些条件在方法上具有某种描述性的特征,因此单从它们之中难以获得道德性的法权概念。所以,B节中相应的第二段就紧随着第一段的道德视角,而第三段则从二者的结合中赢得了所需的法权概念。由于这一概念关联着与之相对应的责任(VI 230,7f.),而后者意味着"在理性的绝对命令之下某一自由行动的必然性"(222,3f.),因此它也就对应着单数性的绝对法权命令,即在道德上成为命令的法权的概念和标准。相反,《法权论》的两个主要部分提出的则是二重性的绝对法权命令,即关于私人法权的绝对命令和关于公共法权的绝对命令。由于在这两个领域之内还出现了其他绝对命令(明确地说,只是在刑法作为绝对命令而生效的宪法中才会如此),因此最后还存在第三个层面,即复数性的绝对法权命令。

如果我们按照康德的道德标准——即普遍法则性——对具有责任能力的个人之共在予以评判,就会得到这一著名公式:"法权是一个人的任意与另一个人的任意能够按照某种普遍的自由法则联合在一起的诸条件的总合"(Ⅵ 230,24—26)。康德从道德中引申出了法权,但是这一引申并非出自道德的个人性原则,即内在自由或意志自律,而是那个相对于个人性的道德与社会性的("法权性的")道德之区分而言的,尚未分化的纯粹实践理性及其普遍法则性标准。顺便要说的是,这里的修饰词"普遍的"不能以显白的方式被解读。每一个法律,即便尚未获得其专名,也包含着特定程度的普遍性,这一点如此之显而易见,以至于也许根本用不着强调两次(Ⅵ 230,22,25)。毋宁说,康德在这里提醒的是他的一般性道德标准,也即把法权纳入他的普遍主义道德哲学纲领之中,而没有在个人道德之意义上使其"普遍化"。

与当时引以为典范的《普鲁士诸国通用法典》(1794)相比,如此这般获得的清晰程度是显而易见的。按照这一《法典》第83段对"自然的自由"的说法,它被定义为"在不伤害他人法权的情况下,能够追求并培养自己的幸福"。而按照康德的观点,关键在于"由法律确立下来的自由",与父权主义相反的是,这一自由允许在必要的时候"陷入不幸的境地"。

由于康德在其法权哲学中已经对责任能力给予了信任,因此伯林(1969,37ff.)对他的指责——由于康德对消极自由概念持敌视态度,因而不是一个自由主义思想家——就可以被驳回了。事实上,这一消极自由概念对康德的法权伦理学甚至是至关重要的:外在自由的法权就是,不依赖于其他人的必要任意,去做任何事情;而内在的或道德的自由,即意志相对于推动力、需求和情感的独立性,对伦理学乃至德性论而言始终是得到保留的。政治自由主义也表现在,不论是在国内还是在全球的层面上,康德都引入了一个多元主义的较高尺度:只要每个个人和群体都结合在严格的普遍原则之上,就有权利主张其特殊性,当然也包括主张其固执任性。

这一被道德性法权所要求的行动自由之道德相容性首先具有消极的一面,即,这一行动自由受到了限制。对于这一过于不言自明的原因,康德自己并没有提及:只要多个人彼此分享同一个外在世界,就没有一个人能够为自己主张某个生存空间,更谈不上在不限制所有他人的可能生存空间的情况下,主张一个他立足的场所了。康德法权概念的第二个方面,也即积极的方面,更夺人耳目:当人们按照某个普遍法则实施不可避免的自由限制时,这些限制也包含着某种对自由的保证。因为只有在对自由的全面限制中,自由才会得到同样全面的保护,因此,只要具有责任能力的主体的共同生活想要成为道德的,就必定会带有法权特征。

在这一要求中,存在着继对法权予以定义的正义之后的第二个正义,即对法权予以合法化的正义,按照康德的观点,具有法权形式的共存在道德上乃是一个命令。这当然并不意味着,每一个实证的法权规定都是允许的,或者甚至是必须的。相反,康德在第三种正义,也即对法权予以规范化的正义中树立了一个标尺,它对一切实证法的合法性做出了判断,并且引出了三个极其重要的根本性原则,即:天赋人权("法权论导论"),对外在的"我的"与"你的"的法权("第一卷"),对公共法权秩序的法权("第二卷")。

构成这一标尺的,是个人道德之绝对命令的法学对应物。道德性的法权概念与绝对法权命令同时使关于外在自由的共同体正好为普遍法则性承担责任,正如个人道德之绝对命令根据其个人意志而做的那样。由于这一概念在这里指出的不仅是一个对法权予以规范化,而且予以构造的任务,即构造出具有合法形式的共同生活,因此法权伦理学也就获得了更重要的意义。通过其主张,即一切人类共存都要服从法权形式,它也就远不再是一门部门性的社会伦理学,而是具有作为一门有关社会的基本学科,同时作为一门社会理论的地位。

为追求理论完满,康德把最新的道德性法权原则与这一道德性法权概念联系了起来(§C)。这一原则仅仅是从另一个视角——不再是客观的法权,而是从主观的法权那里——表达了同一个事态而已。法权原则是一切主观性主张的总和,而人们是按照客观性的法权来使这些主观性主张获得合法性的(VI 230,29—31)。它指的是前实证的和超实证的法权,如天赋权利和人权。不过对这些法权,康德并没有建立一个目录,而只是树立了一个标准。按照他的观点,唯一一个天赋权利就是"自由"(对一个具有必要任意的他人的独立性);只要这一自由能按照某种普遍法则与任何一个他人的自由共存,这一权利就是一个唯一的、本源性的、每个人都可凭借其人性而有资格享有的(VI 237,29—32)。

康德赞同的观点是,一切与普遍法权原则相容的东西都是被允许的,而每个过分的要求,尤其是"一切准则本身的原则反过来成为我的准则"(231,3f.)这一要求,是不被允许的。只要不通过外在的行为伤害他人的自由,其实一个人"在心里"揣想,是否要承认任何一个他人的自由为自由,或者要对这一自由"漠不关心",也许甚至"想要损害这一自由",这都是无所谓的(Z.6—8)。满足这一标准的其实包括不少人权,它们的出发点是对外在的"我的"和"你的"的权利,以及对某个公共法权秩序的权利,最后,通常会有一个不可避免的人权清单——对此,康德并没有考虑过(参见第一章第三节第二部分,第十章第一节)。

　　凭借这一暗示,即一切准则的原则必须"反过来本身不是我的准则",康德就排除了每一种意向法权和意向上的多管闲事(参见上文第五章第四节)。不过,他深入探讨了另一个困难:自《奠基》和《实践理性批判》以来,他用来定义道德及其标准(即绝对命令)的不是随便某种可普遍性,而是准则的可普遍性。由于在法权之中需要满足的相反只是行为的可普遍性,因此人们大可对法权的道德特征表示怀疑。而事实是,尽管《奠基》和《实践理性批判》主要涉及个人道德(参见第五章第一节),但是《道德形而上学》却撤回了这一不合理的限定,首先从行为——而非准则——出发,对两个部分中的共同概念"责任"和"绝对命令"做出了定义(VI 222)。不过没过几页,便出现了这一与准则密切相关的"经典论述":"……要按照那个能同时作为普遍法则的准则来行事!"(225,6f.)从这里,便产生了一个难以协调的不一致性;因为"行为准则与法则的一致性"(这里的"法则"是义务法则意义上的,Z.32)是作为"道德性"(*moralitas*)而有效的(Z.31—34),因此绝对命令对伦理学或道德性就显得是特殊的；由于绝对命令对《法权论》也是有效的，因此它就把法权与第9段中被着重反对的道德性联系了起来。此外，法权道德的第三个视角，即普遍的法权法则，也是以这样的句子为起点的，即"……要如此外在地行动，以便……"（231，10），因此以下两点都不是必需的，也就是说，人们既不必自己限制自己的自由（Z.13—15），也不必把法权法则变成"行为的动机"（Z.20；参见《遗著》XXII 462："人们应按照法权法则行事，这一规则属于伦理学"）。

第六节　强制力权威

自启蒙主义者托马修斯以来（《自然法权与万民法的基础》，[4]1718，"前言"，以及§23），法权与强制力权威的联袂对法权哲学而言几乎是不言自明的。不过直到康德才做到了对它的证明，也就是对一个迄今为止仍具有现时性的，在法权理论中不时泛起的问题的理论解决，这个问题就是：为什么会存在一个使人与人相对立的强制力权威？

人们当然可以从严格的无政府主义与严格的法权实证主义之对立这一对（法权）反题中得到答案。按照无政府主义的命题，每一种强制力都是值得唾弃的；按照实证主义的命题，法权秩序拥有的乃是一张空白支票。对这一对反题的解决，存在于对这一强制力的合法化证明之中；但后者同时对其有效性做了限定，因此是一个附加了限制的合法化证明。这样一种考虑对应着关于某个初始自然状态的思想实验，这一实验要证明的是，这一自然状态本身是自相矛盾的,因而对其克服也是必然的(参见赫费[2]1994,尤其是第10章)。但是,康德本人并没有实施这一思想实验,他也没有完全穷尽法权伦理学的可能性。而事实上在他这里,可以找到这一思想实验的所有要素:

康德在§C中(第2节)为强制力权威的论证做了准备,在§D中实施了这一论证,在§E中做了检验。这一形式证明不仅是简单的,也是有说服力的。凭借着这一论证,即每一种与不合法的强制力,也即与非法针锋相对的强制力,在道德上都是合法的。康德对严格的无政府主义做了反驳,强制力是允许存在的。不过,只有在两个与法权实证主义之反题相矛盾的严格条件之下,它才是合法的。首先,只有在已然存在强制力、有人侵入了他人合法的自由空间的地方,强制力才是被允许的。合法的强制力不具备侵略性,而是具有防卫性,它不进攻,而是防御。其次,这一强制力既非复仇与正当防卫,亦非惩罚,它只有在抵御非法时才是合法的。否则的话,一个阻止被盗者拿回其财物的小偷在道德上也将会是合法的。对非法的抵御行为只有在两个根本形式中才是被允许的:在预防形式下,人们抓住了小偷;在复原形式下,人们拿回被盗财物。相反,如果有人故意伤害小偷,或者在被盗物之外还有索求,他本身就是在做非法的事情。

康德对反—强制力的进一步合法化是在两个实践性的否定之基础上做出的。由于对具有道德合法性的行为的简单否定——也即"对某种作用的阻碍"——彰显了一个道德上的不正当(参见 VI 230,32—34),人们因此也就通过对这一否定的否定——通过"与这一阻碍相对峙的反抗"(参见231,24f.)——赢回了这一立场:谁以预防的或复原性的方式做出了反抗，谁就克服了非法，重新承认了法权（参见231,28—32）。就这一论证操作的仅仅是合法与非法，以及双重否定的概念而言，它是分析性的（参见"按照矛盾律的联结"：Z.32—34）。因此而论，强制力权威是包含在法权概念之中的：在法权上被许可的事情包含着某个第二阶的许可，后者在第一阶中强制做出被许可的事情。主观性的法权并不是由两个"部件"，由"遵守某一法律的责任"和强制力权威组成的（232,6—9），正相反，"法权与强制权威意味着同一件事情"（Z.29）。

康德在E节诸段落中所做的检验和在数学中采用的方法——即"在纯粹先天直观"中构造概念的方法——之间，做了一番比较。当然正如前文已经交代过的（第六章第三节），他强调的不是几何学，而是理论力学的定律，是牛顿第三定律：谁要是比类于这一定律，比类于作用与反作用的等值性，从而以相互影响着的本质为其出发点，就会在某个与之相对应的协同性的构造中发现，这一共同性只有在"完全相互性的、等值的强制力"中才能彰显出来。如果没有与之相对的强制力，这一协同性根本是不可能的。

因此对康德而言，法权领域是可以与数学相媲美的，因为作为法则之总合的法权论"以数学的精确性"规定了在法权上属于每一个个体的东西，规定了"他的"，而这在德性领域中是"不敢奢望的"（Z.19—21）。法权论与德性论的这一差异令人想起亚里士多德（参见第二章第三节），因为他把正义定义为在数学上有待规定的中点（*meson pragmatos*），而把其他一切德性定义为因主体而异的中点（*meson pros hêmas*：《尼各马可伦理学》II 5,1106a29—31，V 9,1133b32f.；参见赫费[2]1999,第14章）。

第七节　附录:两个不完全的法权现象

为了强化法权概念的严格性,康德在"法权论导论"之"附录"中对两个特殊现象做了阐释。二者不属于严格的法权,但都具有部分性的法权特征,它们是:作为"没有强制力的法权"的公道,以及作为"没有法权的强制力"的紧急法权。

众所周知,关于公道的思想可以回溯到古希腊之远。由于按照规则(法律)而实施的正义在特殊情形中并非是合法的,因此亚里士多德就引入了作为校正项的公道(《尼各马可伦理学》V 14;参见《修辞学》I 13,1374a26ff.)。不过负责公道的并不是法官(*dikastês*),而要么是即便法律对自己有利也有意遵守法律的对手(《尼各马可伦理学》V 14,1137b34—1138a3),要么是一个独立自主的机构,即仲裁法官(*diaitêtês*:《政治学》II 8,1268b4ff.;《修辞学》I 13,1374b19—22)。

实证法权对公道的认知,不仅仅发生在古典时期的雅典人中;在罗马法中,公道也是为人熟知的——当然相对较晚受到基督教影响之后,它才被扩展为中庸、温和,甚至仁慈。同时我们也触及一个区分,它令人想起雅典人对法官和仲裁法官所做的区别:人们习惯于在严格的法权("*ius strictum*")与更切合具体情境的公道法权("*ius aequum*")之间做出区分。自14世纪以来,英国从这一区分中发展出来了一个双轨制的裁断权,据此,公平的法权裁断使得法权机构能从信任中产生出来(参见亥姆霍兹1998,琼斯1998)。

　　由于法权的强制力权威,康德并没有延续这一传统。他有充分的理由认为,在严格法权的范围之内,个体性的放弃在法庭上是不可以强制的:一个合作社(商社)中"干得多"的成员不能主张更大的股份,一个家仆也不能要求对受通货膨胀决定的工资贬值("币值恶化")予以补偿。按照康德第一个"实用的"论证,这里缺乏决定原告应获多少的"确定数据"(234,22;参见 Z.31f.)。当然,只有这一数学精确性的缺陷还不具有说服力。康德的批评者达斯特罗姆没有看到的是(1998),康德还有第二个根本性的、当然只是被暗示出来的论点,即:人们将会妨碍以合同方式固定下来的法权,因为另一个人必须放弃权利(参见《法权论》VI 234,34)——尽管他还是可以"死心塌地"地固守这些权利。只有一个不是作为自然人,而是代表王权或国家的法官本人能评估有争议的伤害,并有权利进行公道的考虑。

　　现在,人们当然可以像在雅典和英国一样设想出某种特别的公道法庭,不过按照康德的观点,这里不无矛盾(234,33f.)。尽管他引入了因为西塞罗(《论义务》I §33)而闻名的那个"公道格言",即:"最严格的法是最大的非法",但是却看到了,"在法权之路上,这个恶名是无法弥补的"。公道要求针对的不是世俗的法庭(*forum soli*),而仅仅是良知的法庭(*forum poli*)。这一要求无异于某个"只是道德性的"法权(235,6—11),因而属于《德性论》,不过后者并没有对它做出探讨。只有在《和平》中才浮现过一个相关的问题:在这里,康德在严格的法权国家属性这一意义上把"*fiat iustitia,pereat mundus*"这一命题理解为"让正义成为主宰吧,尽管世界中的恶人可能也会在总体上趋于消亡",而不是理解为与每一个公道考虑相悖的一个许可,即"以最强的严格性对自己的法权加以使用"。但是,与这一个许可相抵牾的并不是法权概念本身,而仅仅是"伦理义务"(VIII 379)。

在第二个特殊主题——即紧急法权与紧急防卫之间,康德明确地做了区分。从法律角度来看,一个在面临"危及我的生命的不法之徒"时先发制人的人始终是无罪的,但是相反的是,紧急法权只是"一个被假定的法权……在面临危及我的生命之危险时,剥夺一个并没有对我造成任何伤害的人的生命"(《法权论》VI 235)。如果说,紧急防卫针对的是一个违法侵害的话,那么紧急法权则侵犯了一个第三者的(合法性)法权。

再次要说的是,自古代以来这就不是一个陌生的问题。当然,康德阐释的不是在其时代被广为讨论的那个例子,即对一个作为局外人的第三者造成伤害的、处于饥饿而做出的紧急盗窃。相反,他强调的是那个可以回溯至古希腊哲学家卡尼德斯(214—129 v.C)的经典例子:一个人"在一张船板上与另外一个人共同面临着生命危险,他为了求生,把那个曾经将他救上船板的人踹下船板去"(同上;参见卢世卡 1991)。

这一情形区别于另外一种境况,即:两个沉船之人奋力游向一个尚无人占据的船板,每个人都期盼它只承载一个人,他们为独占而奋争。在这一情形中,由于没有一个被救之人丧生水中,因此也不存在谋杀的罪行,而无论如何人们都愿意另一个人去死。这一行为是自私的,的确如此,不过它也几乎没有违反什么道德性的法权命令。

相反在康德阐释的例子中,有人是被蓄意杀害的,因此有人必须——例如按照《德国刑法典》(§§ 212—213 StGB),当然也可以按照当时有效的《普鲁士国家普通邦法》(第 II 部,第 XX 章,§§ 106ff.)——为这一谋杀承担责任。康德正确地指出,谁要是做出了这一谋杀的不法行为,谁在客观意义上就不是无罪的(他把"*inculpabile*"翻译为"不受处罚的")。但是,它可能会被"主观地"——也就是说,"在法庭上"(《法权论》VI 235,25)——判为无罪。

奇怪的是,康德并没有诉诸某个无罪化的、某个寻求合法化的紧急状况,而是诉诸某种预防性思想,尽管他在自己的刑法理论中赋予这一思想的无论如何都是一个次要的正当性(参见赫费 1990,第 8 章):正因为"面临的惩罚不可能大于"那个甚至若非如此便一定会遭受的威胁,即"失去生命",因此一部刑法可能"根本不具有想要的效果"(VI 235,31f.),而上述的行为也就是难以惩罚的(*impunibile*)。康德在这里暗指着"事急不求法"(Not kennt kein Gebot) 这一谚语(236,5),他与托马斯・阿奎那(《神学大全》II,题 64,文 7)、霍布斯(《利维坦》,第 14 章),一直到沃尔夫(《自然法》,1740,§ 1070)和阿亨瓦尔(《自然法基础》,§§ 203—207;参见 § 232)等人一脉相传的自然法权是一致的,认为自我保存是至高无上的法权,尽管它不是严格法权概念意义上的法权。相反的是,康德与那些表达不同声音的立场保持了距离,即:"……通过法学教师们令人眼花缭乱的混淆,这一主观的免受处罚就被当成了客观的(合法)"(VI 236,2—4)。

第七章　乌尔庇安的绝对法权命令^①

伟大的哲学文本即便是在一些短小的篇章中也设置了全新的标尺。对于康德的《法权论》在"法权义务一般性划分"这一段落中有其回响这一事实，就连康德专家们往往也没有注意到。虽然这一段落在三个方面设置了全新的法权哲学标尺，但是它很少得到格外的关注。

首先，这一段落包含着对全部法权伦理学的一个最为精简的表述，并因此把后来的拉德布鲁赫《五分钟法权哲学》(1945/1990)压缩到了一半篇幅，压缩到了一张纸上。

其次，更为重要的是对欧洲法权思想中那些最为耳熟能详的命题的全新解释。如果我们跟随着流俗的解释，那么(伪)乌尔庇安的三条公式本质上说的是同一个道理，即"要有尊严地去生活"(*honeste vive*)这一命令主张的是这样一种法权正义：按照其消极规定，它应该"不对任何人做非法之事"(*neminem laede*)；如果对这一命令加以积极的运用，它应该给予每个人在法权上属于他的东西，即"属他之物"(*suum cuique tribue*)。也许已经是因为这一相同的含义，但无论如何是因为在第三个公式中已经浮现出某个

---

① 该文是在本书中首次发表。

"荒谬之处"（VI 237,4f.），康德拒斥流俗的理解，为每一个公式寻求本身的意义，并因此一如既往地批判了他自己前批判时期的立场。在1777年的夏季学期讲座《实践哲学》（伯瓦尔斯基记录）中，康德指出，乌尔庇安的第二个和第三个公式"几乎是一模一样的"（XXVII/1,144）。而在全新的解释中，每一个公式都对应着一个独特的法权义务，它们本身已经采纳了某种绝对法权命令的结构。因为对康德而言，义务乃是"责任的质料"（VI 222,31f.），而责任是"在理性的某一绝对命令之下一个自由行动的必然性"（Z.3f.）。

从内容上来说，康德在第一个公式中引入了某种全新的、本源性的尊严，它具有某种绝对命令式的预备作用之重要性（第一节）。另外两个公式很明显分别等同于私人法权与公共法权的绝对命令（第二节）。康德的论述是武断的，在有些部分上甚至是神秘的。如果说这些论述充其量不过是暗示出某种论证模式，这种说法也并非全无道理，因为这些主题在别的地方得到的是更为详尽的解释。只有第一个公式包含着某种粗疏的，此外也是误导性的思想。凭借这一思想，康德也就设置了第三个新的标尺。他指出，法权道德的基础是一个对法权而言尚显陌生的、恰恰具有"体系性冲突"的因素，是一个异常。也就是说，如果流俗的法权义务是外在性的，针对着其他人的话，那么第一个公式则本身包含着某种针对自己的内在性的义务（第三节）。

第一节　绝对的预备作用

为了能对普遍相容的自由这一道德性的法权概念予以"运用"，康德必须事先知道这一自由是属于谁的：谁是共存的主体，同时，谁是客体？显而易见的是，这一答案绝非唾手可得，而是必须要迎合其对象，也即（法权）道德的要求。原因在于，如果不能对一个普遍有效的道德的运用范围加以同样普遍有效的规定，那么空有关于这一道德的热情又有什么用呢？

只有当这一回答以道德性的法权概念本身为开端，进而以若非如此法权终将无的放矢的第一个运用条件——也就是"个人对个人的实践关系"（VI 230，9f.；参见第六章第三节）——为开端的时候，它才会不是任意的。反过来说，对个人予以定义的前提也是法权能力，是成为具有法权重要性的行为的发动者的能力，是责任能力（223，20ff.）。按照这一标准，属于每一个有法权能力的主体的，是这样一个第二阶的法权：认真对待自己的法权能力，从而能成为一个具有合法形式的整体生活之共同体中的一分子。每一个有法权能力的人都与其他所有人一道拥有对某个法权共同体的（道德）权利。这一根本性的"对法权的法权"反过来（e contrario）也需要某种奠基。在一个针锋相对的假设，一个仅仅是选择性的考虑中，问题就产生了：人们应该如何与那些被某个法权共同体排斥在外的人打交道呢？然而，"具有法权形式"这一在道德上唯一可行的答案已经放弃了选择，把一开始被排斥在外的人变成了这一共同体中的一员。

如此看来，康德对乌尔庇安第一条原理的解释似乎是与普遍的"对法权的法权"这一结果相矛盾的。因为它提出的并不是一个主观的要求，而是一个只有通过自己的努力才能获得的法权尊严（honestas iuridica）。人们通常把这一尊严理解为某种双重的洁净无瑕意义上的正义，也就是说，人们既没有违反法权禁令（"不对任何人做非法之事"),也没有违反法权命令("给予每个人在法权上属于他的东西")。从法律上来说,只要一个人在法律上没有做过可被追究的事情,他就是值得尊敬的。与之相反,康德使人们注意到了某个全新的,同时也更为深刻的维度,也就是一个本源性的,或者说原始的法权尊严。它并不满足于停留在不违法这一束缚之内,而是主张比单纯的守法更多的东西。康德的道德哲学把这一从合法性到道德性的升华看作一个额外作用。当然这里涉及的并不是这一升华,而是某个第三者。这一第三者往往不被解释者们所注意(在克斯汀²1993一书的第 A 和第 V 章中也只存在某些端倪),因为他们不论是在康德那里,还是在其他道德哲学那里,都没有发现这个第三者。只有当卢梭禁止自己被奴役时,他才构成了一个例外(《社会契约论》第一卷,第四章)。

值得注意的是,康德以颇具争议的方式宣称,只有那个主张自己享有法权的人才在本源的意义上是有法权尊严的。众所周知,自我主张原则在近代早期扮演着一个突出的角色。通常而言,这一原则在那个时代是以经验主义—实用主义的方式加以规定的:在内容上,这一原则被规定为把自身当作身体存在、当作身体性的自我保存的主张;在形式上,根据主张的方式,它被规定为前道德的法权(例如霍布斯的《利维坦》,第 14 章;普芬道夫的《自然法权》,1672,§7)。康德从两个方面对这一原则做了改变。从内容上说,它不再涉及身体性的,而涉及法权道德性的自我主张;从形式上说,它不存在于前道德性的权威之中,而存在于法权道德性的义务之中。这一义务主张,"在与他人的关系中,把自己的价值作为一个人的价值加以主张",而这就等同于这一义务,即"不要把他人当作自己单纯的手段,而是使其同时成为目的"(《法权论》VI 236,25—28)。只有那些对法权堕落加以拒斥的人,才在根本性的、对法权具有建设性的意义上是可敬之人。

在我们要讨论的段落中,这一堕落显示为法权性的物化:人决不能自甘堕落为单纯的手段,成为他人可随意左右的物什。"一般道德形而上学的划分"还谈到了"只有义务、没有权利的存在"(VI 241,20f.),并把它理解为"无人格性的人",也就是"农奴和奴隶"(Z.24f.)。如果愿意,人们当然可以把农奴和奴隶归到物的概念之下,不过由于他们拥有义务(即便是"只有义务"),因此更合适的做法是,把他们与单纯的物区分开来,把他们称作"带括弧的人"。在存在于他们之中的作为"剥夺权利"的法权性的堕落,与其他形式的法权性的堕落,也即法权性的"物化"之间,应该做出区分。

现在,针对物化和剥夺权利这两种形式,康德给法权道德性自我主张新鲜引入的这一义务所提出的反驳就不仅是口头的,而且也是活生生的。通过这一方式,即基础性的对权利的权利依赖的将不是某个基础性的他者作用,而是某个基础性的自我作用,与康德针锋相对的将是某个根本性的法权父权主义。相应地,他在《遗著》中也谈到了某种"天赋义务",当然,他并没有把它当作法权义务加以谈论(XXⅢ 462)。按照康德这一附带的观点,只有通过这一义务,才能从之前只是可能的法权能力中产生出一个现实的法权能力:人们把自己确立为,或者主张为现实的法权主体。

对这一根本性的法权尊严的洞见,康德也是较晚才获得的。在"德性论预备研究"(XXⅢ 386),甚至在"道德形而上学演讲"(1793/94 冬季学期,维基兰修斯记录)中,也就是《奠基》出版几乎十年之后，《德性论》出版之前的三年，他还把"要有尊严地去生活"（*honeste vive*）这一准则归之为法权的对立物。它把这一准则解释为"伦理学的原则"，而后者囊括了"伦理义务的全部"，并因此"把自己从法权义务中分割了出来"（XXVII/2,527）。因此，保留给法权的只是其他两个义务：针对私人法权的"不对任何人做非法之事"（"*neminem laede*"）这一自然状态，以及针对公共法权的"给予每个人在法权上属于他的东西"（"*suum cuique tribue*"）这一公民状态（XXIII 386）。《法权论》纠正了这一归类，不过不是通过某种倒转，而是通过某种区分来纠正的。康德把"内在的尊严"（"*honestas interna*"），也就是与对尊严的欲求相对的对尊严的爱（"虚荣"：《德性论》VI 420）与"法权尊严"（"*honestas iuridica*"）区分了开来，只把前者归之于德性论，而把后者归之于法权论（《法权论》VI 236）。按照伦理性的尊严，也即按照"自我珍重的义务"（《德性论》VI 462,27），人一般而言决不能违背其人格中的人性——人决不能把自己仅仅当作手段。（《奠基》IV 429）。按照法权性的尊严，这一自我堕落只是在关系到他人时才是被禁止的，也仅仅是因为这一有限的含义，它才能被整合到法权伦理学之中。

在这一章节中，我们不打算对具有法权重要性的自我堕落给出实例，不过解释者想在一个并非空穴来风的猜测上说明：如果有人听任那种"如若是动物"便被允许的事情——也就是成为某个人的私有财产——发生在自己身上（参见§55：VI 345,31f.），那么这无疑违反了第一条系统性的法权义务。此外对于"人是'自己的所有者'"这一观点，在第17段中也被康德用这样一个暗示给反驳了回去，即：人尽管是自己的主人（*sui iuris*），但并非自己的所有者,因为他"为自己人格之中的人性而负责"(VI 270)。此外正如上文已经说过的,当一个人把奴隶制或农奴制加诸自身时(参见《德性论》,§12),甚至当他屈服于一个完全被剥夺了法权的殖民主义时,第一条法权义务也就被违背了。

对奴化予以反对的并非要不要当奴隶或农奴这一兴趣,而是人负有使自己不被奴化这一义务。当然,盗贼必须使自己落入"奴役状态"(VI 329,36ff.),但除此之外,康德对包括自愿的奴化在内的奴役是明确反对的(例如:"……但是,如果一个契约使一部分人为了他人的好处而放弃自己的全部自由,并因此放弃成为一个人格",那么它就"什么都不是":VI 283;亦可参见 VI 348)。按照康德的观点,不论谁做出了违法的事情,都如此敏感地违背了法权尊严之义务,以至于他将"因为自己的违法行为而成为奴隶",不过,他的子女则不会如此(VI 283,29f.)。

如若有人肆无忌惮地"在战争中如同在狩猎一般,在战场厮杀中如同在举办声色犬马的聚会"一样,他可能也违背了法权尊严之义务。相反他必须要求这一权利,即"对任何一个特别的战争宣言,都要通过其代言人给予其自由的赞同"(VI 345,37f.)。

如此说来,法权尊严对法权的两个主要部分,即关于外在的"我的"和"你的"(反对奴隶制和农奴制度)的私人法权和公共法权(对每一个战争宣言的自由赞同),都具有重要意义。这样一来,包含在乌尔庇安第一条公式中的绝对法权命令也就强化了自己的系统优先性,因为它处在一个关于天赋法权,关于内在的"我的"和"你的"的(私人法权性质的)法权层面。康德本人把法权尊严与我们自己人格之中人性的权利联系了起来(VI 236,23f.),把它与那

个天赋的"每个人都可凭借其人性而有权享有的权利"结合了起来
（237，31f.）。曾经被放到括弧里去的正当性法则（*Lex iusti*）
（236，24）在"天赋权利"中被再次捡了起来（"正直之人"：238，2）。

　　法权尊严甚至可能包含着两种含义，即根本含义和具体含义。
按照根本性的理解，人们要拒绝接受"只有义务"这一状态——人
不应被奴役，而要把自己宣示为具有平等权利的法权共同体成员。
按照第二种，也即具体的理解，人们要防止自己在具体情形中有意
地、自愿地成为被欺骗和偷盗的对象。（当然，人们也可以大度地
把东西送给别人。）

第二节　私人法权与公共法权的
绝对法权命令？

　　把自己宣示为法权共同体成员这一义务尽管构成了一个系统
性的起点，但是仅凭它还难以对法权伦理学予以奠基。被绝对命
令着的法权主体性需要通过同样具有绝对约束力的法权主体间性
加以完善；原始的自我承认需要通过同样原始的他者承认加以完
善，而后者把每一个具有法权能力的存在看作一个拥有法权的存
在。由于康德把法权尊严与天赋权利联系了起来，也因为后者的
内涵——即普遍相容的自由——包含在他者承认之内，因此我们
可以在法权尊严中期待两样东西：原始的自我承认，以及同样原始
的他者承认。也许是为了使第一条公式不至于承担过多的内涵，
相反为了增加第二条公式的内涵，或者，为了把针对自己的"内在
义务"明确地与针对他人的"外在义务"区分开来（参见《法权论》Ⅵ

237，10)，康德放弃了对第二条公式中他者承认的讨论。按照一种重新变得具有原创性的解释，"做不法之事"（"*neminem laede*"）这一禁令是如此严格，如此容不得例外和妥协，以至于人们不得不"逃避与他人的一切联系，并从社会中逃离出来"（VI 236，31—33)。通过对非法的禁止，他人反过来（*e contrario*）变成了拥有法权的人格；通过这一禁令的绝对特征，他变成了一个拥有不可剥夺的法权的人格——从积极的方面看，这样就把个体转变成了一个具有平等权利的法权共同体成员。就此而论，绝对的非法禁令也就等同于某种原始的他者承认。

最后，在第三条公式"分享给每个人属于他的东西"（"*suum cuique tribue*"）中，康德把"给予每个人属于他的东西"这一广为流传的翻译当作"无稽之谈"给反驳了回去。当然，他的观点，即"不能给任何人他已经拥有的东西"（VI 237，5f.)，已经预设了，这一在法权上应得的东西事先已经在第二个原理之上得到了规定，因此只能承受对它的保证。康德主张要进入到为此负责的状态，也就是公共的法权状态之中去，这一主张不无道理。为了对此予以解释，在给予和保证之间做出区分也许是合适的：按照第二条公式，在人们互相不做非法的事情这一前提下，人们彼此给予权利；按照第三条公式，权利将会得到公共的保证。

包含在第二和第三条公式中的法权命令关涉的是什么呢？表面上看来，《法权论》可以分为私人法权和公共法权两个部分，然而第一部分的更准确的名称是"关于外在的'我的'与'你的'的私人法权……"（VI 245，4f.)，在它之前还有"关于内在的'我的'与'你的'的私人法权"，因此，这一著作实际上是由三部分构成的。只是由于针对内在的"我的"和"你的"存在着一个独一无二的法权,因此出于极简之故,就体系而言的第一部分就被"扔给了导论部分"（VI 238,21—24）,扔给了"法权论导论"。此外,这一三分法还可以被看作对霍布斯的批评。《利维坦》第 13 章差不多结尾处曾提到这一自然状态,即"不存在确定的'我的'和'你的',属于每一个人的只是那个在他能主张的时期内可以到手的东西"。在第 15 章中,霍布斯把"我的"等同于所有物。与霍布斯相反的是,康德关于某种内在的"我的"和"你的"的思想包含着对人而言天赋的始终无处不在的权利。

由于与第一条公式相关的是内在的"我的"和"你的",与第三条公式相关的却是公共的法权状态,因此居于其间的第二条公式似乎就属于外在的"我的"和"你的",这个三分体从总体上反映出《法权论》真正的组织结构,反映了一个三分法。第一条公式是关于内在的"我的"和"你的"的绝对法权命令,第二条公式是关于后天获得性法权,也即关于外在的"我的"和"你的"的绝对法权命令,而第三条公式是关于公共法权的绝对法权命令。不过已经有一个情况与这一归类相矛盾了,即:被第一条公式当作主题的只是天赋权利中的一个部分,即自我承认,但是不包括他者承认。因此第二条公式才包含着天赋权利,并对非法予以绝对禁止,这样一来,它就关系到了包括内在的和外在的私人法权在内的全部私人法权:

康德对乌尔庇安诸原理的全新解释,把法权伦理学从第一原理中的"内在的自我承认"引向了第二原理中那个全面的"外在的他者承认",并最终引向了第三原理中交互性的,同时也是以公共方式得以确立的承认。从"要对他人而言'同时也成为目的'"这一义务,以及更进一步的与非法之禁令相对等的"使他人同时成为目的"这一义务之中,产生了"进入一个共同的法权状态"这一义务。(我们可以按照布兰特的一个口头建议,把这一三分法与《纯粹理性批判》中的范畴表联系起来,把内在的自我承认理解为实体,把外在的他者承认理解为因果性,把相互承认理解为相互作用。不过,康德并没有做过与此相关的暗示。)

第二个原理是以一个乍看上去令人费解的挑衅之辞"……你应该……必须逃离一切社会"结束的。通过出自《和平》的一个著名命题,这一说法就可以得到理解了:我允许自己"需要"任何人,"或者与我一道进入到某个共同的法权状态之中,或者避免成为我的邻居"(《和平》VIII 349,20—22)。在《和平》中表现为权威("允许")的,在《法权论》中(VI 236,31—33)大约第42段中被表述为一个补充性的义务:人们或者允许自己在道德法权诸条件下进入到社会之中,或者要从一切社会中逃避开来。鉴于人们在第二种情形中往往自取灭亡,因此康德间接宣称,法权道德拥有相对于身体性生存的优先性:

道德存在所拥有的选择只是,要么进入到某种法权关系之中,要么根本不进入任何相互关系。这样一来,这一为道德存在所禁止的无法权的关系就与某种自然状态对应了起来,以至于始于霍布斯的那句著名的主张"必须离开自然状态"("*exeundum e statu naturali*")便依稀可闻了。同时,这一主张还包含着一个真正的法权道德性的、绝对性的含义。不论如何,这一主张还是说出了这一目标的根据和消极方面"不对任何人做非法之事"("*tue nimandem Unrecht*")。在这一消极方面之上,"必须离开自然状态"这一主张又可以分为两种选项。霍布斯没有考虑到的,以及在他最后的实用理论中也无须斟酌的东西,正好促成了康德真正的道德理论,即:通过从一切社会中抽身退步的方式,人也可以告别自然状态(亚里士多德专家们在这里会想起一个出自《政治篇》的选项,即:一个自给自足不需要社会的人,就像一个神一样:I 2,1253a28f.)。

紧接着第二个消极性的原理的,是第三个积极性的原理:不能从一切社会中逃离出去的人,必须进入到公共的法权状态之中。不过,这一义务并不像克斯汀(²1993,222)假设的那样,等同于"理性法权的自我确认",它的意思是:"你要服从你所生活于其中的国家的那些法律,你对每个人都担负着这一理性法权的责任,每个人都有权从你这里要求这一法权。"康德的第三个义务完全停留在理性法权之中。虽然它要求实现从私人法权到公共法权的过渡,但是通过此举他指出的仅仅是实证的立法者和实证的法庭工作于其中的一个场所。至于这一场所——也即公共法权——是如何得以构造的,存在哪些忠实义务等问题,第三条公式始终没有给出答案。

那么,第二个和第三个法权义务究竟是如何彼此区分的呢?在对第 42 段的注释中,康德区分了形式性的非法概念和质料性的非法概念。他用质料性的非法概念来理解诸如偷盗或杀人等违法行为,相反,他用形式性的非法概念来理解人始终停留在"野蛮的暴力"之中这一状态(参见《法权论》Ⅵ 308,5)。

当康德把第二条义务与第三条义务的内容清晰地相互分离开

来，要用第二条义务来囊括全部私人法权，而用第三条义务来囊括全部公共法权的时候，他恐怕不得不对第二条义务予以更准确的解释，即"不对任何人做质料性的非法之事"。而第三条义务将会把"不对任何人做形式性的非法之事"这一保证性的要求，与那个对此要求而言不可或缺的途径结合起来：假定人没有能力逃避社会，那么行之有效的便是"进入到一个公共的法权状态之中"。但是，由于在第二条义务中缺乏任何一种限制性的规定，因此对在其中被禁止的非法也就必须予以全面的理解——它不仅包括质料性的非法，也包括形式性的非法。第三条公式以显白且肯定的方式说出了第二条公式已经以隐晦而消极的方式说出的东西：只要法权关系仅仅具有私人性，那么就"没有人"能面对暴力而确保"他的"东西（§42：VI 308），因此他必须进入某种"状态"之中，"在这里，每个人都能够在面对每一个他人时确保属于他的东西"（VI 237,7f.）。这一要求不需要任何限制。因此，相应的公共法权状态也就涵盖了它的全部范围，它不仅涵盖着个别国家，而且也涵盖着国际法权和世界公民法权。此外，这一普遍有效性毋宁说更支持的是康德本人并非毫无保留地提出的那个状态，即一个世界共和国，而非仅仅是一个民族联邦（参见第十一章）。

　　凭借把第三条义务解释为"正义法则"（"*lex iustitiae*"）这一做法，康德才看到，对他具有决定性意义的正义得到了实现。正如今天在"司法"这一概念中流露出来的一样，理性所要求的对私人性任意和暴力的克服，只是在公共法权状态中才完成的——尤其是在它公正的审判机关，即法庭中才完成的："主管正义的道德人格，就是法庭"（VI 297,6f.）。

凭借对这三条法权义务彼此之间的逻辑关系的暗示,康德得到了如下结论。他认为,第三组法权义务包含着一个"通过归摄"而从内在法权义务的"原则"中得到外在法权义务的"推导过程"(Z.11f.)。为了理解这一令人费解的观点,我们有必要提及康德的理性推理理论,它是与不通过某个中介判断而得出结论联系在一起的(《逻辑学》IX 114,§42)。这种推理包括三个部分,即一般性的大前提,被归入其下的小前提,以及从二者之中产生的结论(《逻辑学》IX 120f.,§58)。也就是说,康德主张,这三个法权义务构成了一个推理,内在法权义务是大前提,外在法权义务是被归入其下的小前提,从这两个前提之中产生的是这一结论:因为人对他人而言应该成为一个法权人格,因为人不允许对任何人做非法之事,所以,人——在不能逃避一切社会这一前提之下——必须与每一个法权人格进入到某种法权状态之中。

这一逻辑整体对应着我们之前取得的结论:由于第一个原理针对的是天赋权利,第二个原理针对的是全部的"我的"与"你的",因此与这三条法权义务相对应的并不是法权论的三分体系,而是一个除此之外在文本中根本没有出现过的法权义务体系:原始的尊严代表着内在的法权义务,因为,法权性的自我主张断难被强迫。与之相反,关于天赋权利的其他那些视角却是可以被强迫的,正因如此,康德不无道理地没有把第一个原理与全部天赋权利等同起来,而是把它之中可被强制的部分归入到了外在法权义务中全面的非法禁令之中。在第三组法权义务中结合在一起的是法权禁令与非法禁令,这是因为在公共法权状态之中,二者可以得到保证。

第三节　与法权相悖的法权义务？

显然,康德把第一个法权义务规定为"内在义务"的做法,给只关注外在立法的法权伦理学带来了不少困难。但是,关于内在的"我的"与"你的"的思想还算不上什么困难,因为它意指的并非绝对内在的东西,而毋宁只是相对内在的东西——它指的只是在外在关系这一范围之内那个并非后天获得,而是先于一切获取过程的天赋的部分(VI 237,20ff.)。作为一切后天的,因而是完全意义上的法律条款之前提的,是对普遍相容自由的自由游戏空间的权利,而这一空间并非后天获得的,因而也不单单是外在的。困难的倒是关于内在法权义务的思想,因为它看上去是与普遍法权原则相矛盾的:"……不能要求,一切准则的原则本身反过来成为我的准则"(VI 231,3f.)。一个与之相应的矛盾并非儿戏,相反具有严重后果。它抛弃了康德在《道德形而上学》中的划分原则,抛弃了两个部分之间同样合理的并列地位,取而代之的是,把其中一部分,甚至是第一部分《法权论》归并到了第二部分《德性论》之下。同时,对法权的道德化也构成了一个威胁,因为法权义务可能不再单单是间接的伦理义务,相反毋宁说具有直接的伦理基础。

内在法权义务中的这一形式性困难也因为其内涵而得以加剧。通常意义上的法权义务要么是外在的义务,要么是针对他人的义务。相反的是,法权性的自我主张不仅是一个内在义务,而且更是一个针对自己的义务,因此从这两个理由来看,更属于德性论。尽管自我主张在事实上就是一个针对自己的义务,但是它也属于法权——不过不是作为后者的一个部分,而是作为一个对法权起着建构作用的预备作用。正因为如此,它才"系统性地违背"通常的法权义务,能够成为针对自己的法权义务的单个现象,而不至于表现为某个法权伦理性的反常现象。

尽管如此,这一内在特征始终是问题重重的:如果说这一"内在"的意思是一个人必须把这一法权义务当作其行为的准则,那么与这一义务相冲突的不仅是道德性的法权概念和原则,而且是只具有外在性的立法的思想。把第一条原理与第二条和第三条原理区分开来的并不是关于内在的形式种类,也即某个(司法性的)道德性,因为后者在所有三个原理中都是可以设想的,同样也都不是必需的。康德把乌尔庇安的三条公式理解为绝对命令式的法权正义的三个视角,它们对于人为什么要遵守法权正义这一问题还没有给出答案。毫无疑问的是,从倾向之中——如果允许以偏概全(*pars pro toto*)的话,可以说从私利之中——就可以发生如下可能:(1)大约出于荣誉,人们把自己宣称为法权人格;(2)大约出于对刑罚的恐惧,人们避免非法之事;(3)大约因为私人性的法权实施过于麻烦而且风险重重,因此人们想要法权状态。因此,"司法性的合法性,或司法性的道德性"这一选择对所有三种绝对法权原则都是适用的,然而,司法性的道德性并不排除任何一个原则,当然也没对任何一个原则构成命令。

即便是在人们习惯性地满足这三条法权义务——也就是说,使其成为某种品格特征,成为法权正义之德性——的地方,它们也能允许仅仅从倾向之中产生出某种一致性,也就是产生作为单纯的守法(司法性合法性)的一致性。就此而言,当康德把第一个,也即"内在的"原理与第二、第三个"外在的"原理区分开来的时候,他使用的是另外一个非形式性的,而是质料性的"内在"概念,即:在法权性自我主张中发生的东西尽管在行动中有其表现,然而就其内涵而言,其实已经原始地在内在性中发生了。尽管主体把自己与他人的关系变成了主题,使自己既不被物化,也不被剥夺权利,然而这一主题化也是从与自己的关系中产生出来的。谁不想被剥夺权利,也根本不想被物化,就把自己彰显为一个对法权有所主张的人格。

对于这一法权伦理学洞见,不论是康德之前,还是康德之后的法权理论几乎都没有看到其重要性:法权不是自然而形成的,而是必须培育而成的,这一必需的培育过程归功于法权主体的三重作用。从系统性的角度来看——也就是说,从康德的原始性尊严这一概念来看,在这一作用的范围之内,也就是在三种绝对法权命令之内,它的出发点是某种"内在的"作用,是有时候面临着社会反抗而实现的,把自己当作法权之载体的那个主张。这一自我主张的起点是天赋权利,是普遍相容的自由。内在的法权义务关注的不是与法权的外在方向相对立的内在方面,而是一个如果缺乏了它,任何法权主体,任何有责任能力的人格都难以被构造出来的自我关联。毕竟只有这样,才会有人们可以指控,同时可以对他做出非法之禁令(即第二条义务)的那个存在,人们才能从他那里呼唤那个使非法禁令得到保障的状态。此外,作为法权义务,所有三条公式触及的都是法权的主观方面,而不是其客观方面和制度方面。康德并没有把它们用于某个立宪者,而是使自然人服膺于绝对法权,而这个自然人在这里要求的,乃是不仅仅要把自己,也要把他的同侪承认为法权共同体的成员。

由于法权性自我主张的内涵存在于对无法权性的反对之中，因此在第一条公式这一背景上，就暴露出一个内在于个体的内在性冲突：遵循着求生原则的那个自我可能会在竞争中与那个与其目的特征相冲撞着的自我相对立；那个（法权性的—）道德性的自我可能会与自然的自我发生冲突。因为只有通过对自然自我之力量的反对，人才能实现法权道德性的自我，并因此进入一个超越了自然本性的，因而也在字面意义上具有超—物理性（meta—physisch，即形而上学的）维度。正如在一般的法权之中一样，这里当然不涉及理论性的形而上学，而是涉及双重意义上的实践形而上学——它涉及的不是知识的条件，而是实践的条件。而且，这些条件也不是简单现成的，而是只有通过对世界的实践作用才会出现的：只要每个人一直听任自己作为手段而被使用，那么就不会有法权，而没有法权，就不会有法权形而上学。

谁要在强调的意义上成为一个人格——当然，只是在对法权人格这一有限强调的意义上，就必须实现这一超—物理性的作用。拥有形而上学乃是一个义务（VI 216，31f.，参见《奠基》IV 389ff.），康德这一令人惊异的主张在这里也就是可以理解的了。同时，它包含着这样一个强烈的争议，即：一方面，这里涉及的首先是一个自我承认，而不是他者承认；另一方面，这里涉及的首先不是一个充满争议的知识论立场，而是法权道德性的预备作用。只是在次要的、补充性的意义上，康德才认为，这一作用具有先天综合知识的特征。至于这一补充性的主张是否切中要害，则是另一个问题。

第三部分　法权道德与和平[①]

①　本文之前曾发表于:赫费主编:《康德论永久和平》(《经典解读》,第 1 卷),柏林 1995,第 5—29 页。

第八章 被冷落的理想

第一节 宽泛的和平理论

在《纯粹理性批判》这一鸿篇巨帙中，康德证明了自己是一位举足轻重的理论思想大师。而他作为一位政治哲学家的名气，则归功于一篇刚好只有《纯粹理性批判》十分之一篇幅的文本，即《和平》。但是，短小的篇幅并没有抵消其哲学分量，相反，在简明扼要之中，流露着极其精深的运思。

由于哲学要献身于政治目的（当然是道德性的政治目的），要服务于所有国家之间不受限制的、同时毫无保留的和平，因此这一文本就是一篇不同寻常的政治论文。尽管这一文本显然产生于某个政治契机，即普鲁士和法国签订的《巴塞尔和约》（1795 年 4 月 5 日），但是它并非一篇政治学的应景之作。事实上，它包含着一门完整的法权—国家哲学的基本特征，而且还包含着将它转变为现实政治的诸原则。

这一运思的可靠性，与他长时间的研究密不可分。浮光掠影的读者只是在其晚期著作中才发现了这位政治思想家康德，而严肃认真的读者早在《纯粹理性批判》中就已经发现了"共和"这一重要概念（B 372 ff.；对该书的政治学解读，请参见本书第十二章）。
对其和平理论至关重要的第一篇公开发表的作品，即"世界公民观
点之下的普遍历史观念"（1784），其面世甚至早于第一本批判的道
德哲学著作，即《奠基》（1785）。在"对人类历史起源的臆测"
（1786）、"论谚语：'理论正确，实践无方'"（1793）涉及国际法权的
第三部分、《和平》之后出版的《法权论》（1797，§§ 53—62 以及"结
论"），以及在《学科之争》（第 2 节）中，也可以找到其政治思想的更
多线索。

　　早在"关于哲学中论及永久和平的论文即将完成的预告"
（1787）一文中，永久和平就被证明是康德的一个一般性目标；他也
在理论哲学中同样追寻着这一目标，以便在因为《纯粹理性批判》
（A iii）而广为人知的那个形而上学战场上，克服这里的理论纷争。
这里还要补充两个文本，就连康德专家可能都会对此表示意外。
担负着和平之重任的法权秩序，也即"一个世界公民整体，也就是
一个由所有国家构成的体系"，也出现在《判断力批判》（1790）之
中，"论作为目的论体系的自然之终极目的"（§ 83）这一标题之下。
《单纯理性界限内的宗教》（1793）一书也在其第一篇（III.）中谈到
了这样一个和平状态，即"在作为世界共和国的民族联邦之基础上
建立起来的和平状态"（VI 34）。如果说其他那些近代哲学家们对
此议题的沉默令人印象深刻的话，那么在康德这里，和平构成的则
不仅是政治思考，更是全部思考的根本动力。

　　正如我们对康德期望的那样，《和平》的思考不仅在概念上是
极其细致的，在论证上是深思熟虑的，而且它还浸透着历史经验，
并受到了此前所有关于和平的论辩的启迪。但是，康德并没有被

社会史和观念史的老生常谈带入细枝末节的论题，而是直扑在系统性上至关重要的主题。

这一著作的标题听上去像是一个边缘性的哲学主题，因为在康德之前，"和平"并不是一个基本的哲学概念。不过这件事情毕竟是令人吃惊的，因为对于饱受战争蹂躏的人类而言，铸剑为犁，铸矛为镰（《以赛亚书》：2,4），这一愿望从一开始就伴随着人类。康德的主题，即全面而持久的和平，毋庸置疑是一个具有道德意义的生存论使命。尽管如此，在哲学的论辩中，和平苟延残喘，像墙边小花一样鲜有人问津，大多数情况下遭到的是继子般的不公正待遇。诚然，在西方浩繁的和平文学中也曾涌现过著名的哲学家（参见劳默尔 1963，延森 1975，肖努 1994，赫费 1999，第 8 章），然而在经典的哲学文献中，"和平"这一表达从未出现在它们的标题之中。

即便在近代那些伟大的政治哲学著作中，这一缺憾也无处不在，霍布斯的《利维坦》如此（尽管该书把自己理解为一门普遍的和平理论），洛克的《政府论》和卢梭的《社会契约论》也不例外。当欧洲被战争连根拔起的时候，人们——比方在洛克那里（第 XVI 章）——尽管可以读出对战争理论而言值得注意的端倪，但有关国际和平共同体的理论却一直是付之阙如的。因此而言，康德的和平论文不啻为一个伟大的例外。

只有两位重要的西方思想家赋予了和平以某种并非边缘性的意义。在基督教神学的发轫期，奥古斯丁在其《上帝之城》的第 XIX 部中就提出了数世纪以来最为重要的和平理论。不过，被它推到前台的，则是道德—宗教性的主题，即人与人的和平，关键是人与上帝的和平，以及宇宙和平——与此同时，这一理论把人世间的法权和平贬低为一种不完善的摹本。而对第二个披荆斩棘的和平理论，人们不得不等待几乎 14 个世纪，直到启蒙哲学的顶点——康德——的出现。他成功地把之前各种各行其道或相互掣肘的关键性思想动机带入了一个整体，把柏拉图和亚里士多德以降的法权与国家思想与斯多亚式的世界主义结合在了一起，而没有沾染后者时常会有的反政治特征。他熟知近代早期的国际法权，也熟知奥古斯丁的永久和平思想，但是他不再把后者保留给彼岸世界，而是把它转变成了此岸世界的一个使命，进一步说，转变成了按照其道德概念而建立的法权此岸世界的使命。和平不再是神学的基本概念，而变成了哲学的基本概念，其重心就在法权—国家哲学之中。

通过这一方式，奥古斯丁的道德—宗教学的——此外还是末世论的——"永久和平"（*pax aeterna*）（《上帝之城》XIX 10—11）也就转变成了一个社会政治现象，成了法权—国家伦理学意义上的永久和平（*pax sempiterna*）。和平不再被推给"另一个世界"中的"不朽的生命"，而是"在这个地球上"就已经发生着了（"观念" VIII 30，Z. 28，18）。而且，它也不似伊壁鸠鲁派主张的灵魂安宁（*ataraxia*）那样逃避政治。它就存在于这个世界之中，而且不是在内在性之中，而是在人和人之间。最后要说的是，和平是所有人之间的主宰，而不像奥古斯丁主张的那样只是天才和被遴选者的专利，在此意义上，他也具有普遍性（关于奥古斯丁的和平理论，参见吉尔林 1997 和赫费 1999，第 8.2.3 章；关于《上帝之城》的一般性介绍，参见霍恩 1997）。

在康德这里,"永久的"一词意味着此岸世界的一个确定性质,因此它涉及的和平是没有任何保留的。仅仅从这一概念出发,康德便提出了对国际政治具有决定性意义的这一理想,即在全球化法权秩序这一基础上建立起来的一个真正全球化的和平秩序。

令人吃惊的是,尽管和平具有生存论上的重要性,也具有康德的卓绝功绩,然而它只是在康德这里才获得过基本哲学概念的地位。因为,虽然他涉及和平的法权—国家哲学在其后数年内得到了深入的讨论,但是不久之后它在德国观念论之内,以及康德之后的哲学中却被打入冷宫了(参见下文第八章第四节)。

在《和平》中,康德采纳了当时的和平契约的标准。他按照这些契约的格式撰写了一部契约式的著作,包括六个先决条款,三个正式条款,两条附论,以及一篇由两部分构成的附录。甚至,他还——尽管只是在第二版中(1796)——插入了一个秘密条款,并且还不无幽默地说,除了不再守口如瓶之外,他没有什么可要求的。

总体而言,这篇论文讨论了七个较大的,同时也是相对独立的主题域:

(1)尽管康德对战争怀有一般性的拒斥,但是他还是努力对这个被拒斥的对象——只要它还是现实的——予以改造。按照康德的观点,战争尽管不可被驯化——因为除了用于防卫之外,它始终是绝对非法的,但是人们应该如此引导它,使和平作为主导目标始终可能。这一思想,即为了和平而改变战争,或具有和平功能的战争改造,几乎前无古人。肩负着此使命的六个临时性规定——即"先决条款"——针对的是那些政治权势,针对的是国家元首、政府或议会,指出了那些为了支持和平这一目的而部分地立即("严格的禁令法")被放弃的违法行为,或部分地"包括着对全面开战予以延缓之许可,同时不会使上述目的轻易丧失掉"的那些违法行为(《和平》VIII 347)。在这一"延缓的权威"之中,流露出的是一种关于分寸感和当机立断的理论,它批评的是操之过急的政治措施,不过令人遗憾的是,这一理论直到今天也没有得到进一步的发展。

除了毫无保留的和平这一基本主张(第一条先决条款)之外,从第一个主题域之中至少还可以产生三个具有现实意义的规定,即:逐步解散常备军,也就是解除军备(而非军备竞赛)的原则(第三条先决条款);不允许武力干涉他国的宪法和政府,因为它们有自我改革的权利(干涉禁令:第五条先决条款);因为持久的和平以信任为前提,因此对那些"使未来的和平中的相互信任变得不可能"的敌对行为都要予以禁止(第六条先决条款)。

(2)那些终极性的规定——即"正式条款"——包括着康德和平理论的核心要义,即它的道德性的先天条件。康德在这里直接批评的不是政治权势,而是"社会体系",是法权—国家秩序;当然,他也间接批评了为此负责的立宪者、政府和授权给他们的国民。

康德勾勒了一种在法权道德性上具有完善性的公共法权理论:(2.1)第一条关于国家法权的条款处理的是个体与群体的相互关系;(2.2)第二条关于国际法权的条款处理的是国家间的关系;(2.3)第三条关于世界公民法权的条款处理的是私人(个体和群体)与其他国家的关系,以及——不同于(2.2)的——不同国家之间互不负责的关系。此外,第一条正式条款就包含了康德的第二个重要的和平伦理学革新,即,他把和平思想与那个时代被引入到美国和法国的共和制这一政治革新联系在了一起。当然,康德在《纯粹理性批判》中已经联系着柏拉图(《纯粹理性批判》B 372ff.;参见本书第十二章第一节)谈到了共和制。从共和制的角度看,他不仅受到了当时的政治演变的影响,更是受到了国家哲学这一传统的塑造。而第二条和第三条正式条款一起构成的是第三个革新,是对共和制与和平的世界主义视野,而这不论对柏拉图,还是对法国和美国而言都尚属陌生。

另外要说的是,实际上在十一年之前,康德已经在"世界公民观点之下的普遍历史观念"一文中提到了"世界公民"。不过,它勾勒出来的公共法权理论还是由两部分构成的:它讨论的首先是与国家法权相对应的公民社会(它负有对"能与其他人的自由并存"的那个"最大自由"的责任:"观念"VIII 22),其次是属于国际法权范畴的民族联邦(VIII 24—26),而对世界公民法权的讨论在这里是缺失的。

在一个在中间层面上被要求的全球和平共同体所追求的,不是仅仅去消灭一场战争,而是要"一劳永逸地消灭"所有战争(《和平》VIII 356)。这一积极的理念认为,如果按照国内和平保障的先例来看,可能会需要一个世界共和国(VIII 357),然而它毕竟不同于一个使所有国家都融合为唯一一个国家的那种"大一统王国"。康德认为,诸国家不会同意与此相应的主权消解,因此他赞成某种"消极替代物"(同上),赞成一个次好的道路,即一个不断扩大的民族联邦。

此外,这一思想并非 1790 年代才产生的,因为二十年前康德就曾说过"最终的完善性:民族联邦"这样的话(《反思录》1499,XV

783）。他在《和平》中理解的"民族联邦"是一个渐进的自由联合，它是在"相互，以及针对其他一些国家而保持和平"这一意图中得以构造的（VIII 383）。《法权论》（§61）也谈到了某种永久性的多国大会，与美国不同的是，它明确所指的是一个"由不同国家组成的一个任何时候都可以解散的总集会"（VI 351）。康德的榜样是荷兰的国会，后者隶属于当时的尼德兰联合共和国，是一个由七个省选举出来的代表组成的大会。不论如何，民族联邦不是联邦国家，而是一个国家联盟；此外，这一联邦在任何时候都可以被解散──不过，这与毫无保留的和平这一使命很难协调一致（参见本书第十一章）。

（3）作为公共法权的完成和终结，世界公民法权并不是对"国内"公民法权的替代，而是对它的补充。康德主张的不是排他性的世界主义，而是补充性的世界主义。由于这一世界主义避开了黑格尔在《法权哲学原理》一书中（§209）的批评，因此人们不禁要问的是，为什么黑格尔这位后来者没有找到一个与此不同的理论。即使黑格尔对康德和平理论的直接批评（§330—340，重点§333），也没有抓住哲学─政治学的关键节点（参见本书第八章第四节）。

如果国际法权处理的是某种关系形式──不同国家对此形式负有彼此承认的责任──的话，那么世界公民法权关心的则是无责任的关系，是宽泛意义上的交换（*commercium*）：是一切自愿的，并非仅仅是经济性的交换。当然，它涉及的不是实证关系本身，相反只是很小的但也有责任的一个部分，因为正如一切法权一样，它是与某种强制力权威结合在一起的。也就是说，康德的世界公民法权就存在于使上述关系成为一个提议，而不至于使它们遭到敌意对待这一权威之中。这样一种法权与其说以仁爱（博爱）为基础，不如说以互惠为基础。这一合法化基础从康德的所有权理论中构造出了这一定理，即：因为"所有民族都源始地生活在一个土地共同体之上，而不是生活在一个法权意义上的占有共同体之上……或对同一个东西的财产共同体之上"，所以它们全都拥有一个先行的主体性法权，即把自己向别人"出于相互沟通之目的而提供出来"。

康德在这里强调的是一个受到限定的合作法权，即：要允许商人提供自己的商品，研究者提供自己的知识，就连传教士也提供自己的宗教，但是，不能允许其中一个方面成为强制性的。一旦提议出现在陌生的疆界，提供者就只拥有探访权，而没有受款待权。不论这里涉及的是个体、群体、公司，或者民族和国家，也不论涉及的是经济的、文化的、观光的，还是政治的利益，都是一样道理。在任何情形之中，都允许一个人在别的地方投石问路，但是他没有擅自闯入的权利。正如培根的《新大西岛》所描述的那样，一个共同体可以把对陌生人的大度与对他们的迁入禁令结合在一起。此外，被禁止的不仅可以只是特定的商品和服务，甚至也可以是全部交易。同费希特（1800）、之前的卢梭（《科西嘉制宪建议》，1764）、后来的李斯特（《政治经济学的民族体系》，1840）一道，康德认为，尝试成为一个在经济上独立自主的"闭关锁国的商业国家"，这同保护本国经济免遭令人不快的竞争之伤害的关税体系一样，在法权道德上都是合法的。

虽然可能会有国民经济学上的质疑，警告这会导致长期伤害，也许还会有一些反证,担心这会危害经济、文化和政治独立,但是关键在于,一个国家对别的国家不承担任何举证责任。即使这一合作会产生某种压倒性的平衡之好处,也不会有亲自去感受这一好处的法权道德命令。康德主张的法权道德始终是非父权主义的,它允许对这一好处予以赠送,甚至允许进行自我伤害。不过毋庸置疑的是,闭关锁国并非正义战争的合法理由。对于鸦片战争(1840—1842)之后英国对香港的强制割据以及中国对其商业的港口开放,对于其后发生的美国强制日本港口向其商业开放,康德恐怕会做出严厉的批评。

不论是否会有合作,任何情况下都应该使两方面得到保护。不能允许对外来者进行屠杀、奴役或掠夺,反过来也不允许对原住民进行压迫、欺凌和奴役。与政治相关的事实是,康德与当时的殖民政治做了清楚的了断。按照康德的标准,从南美洲、中美洲到北美洲,一直到非洲和澳大利亚,近代历史中几乎所有的殖民机构都是明显非法的,因为,"它们视原住民为无物"(《和平》VIII 358)。

康德提出的有限的合作法权不仅仅是消极意义上对非法殖民的禁令,也不仅仅是积极意义上的一部国际私人法权,尤其不是商业法权。由于它包括着科学、文化和旅游业在内,因此不失为一条在今天这样一个全球化时代尤其具有时代意义的主张,即:所有人都拥有一个对全面合作共同体的有限的权利,也就是说,拥有一个普遍的探访权,而非受款待权,从而在另一个方面不必然导致个人特性和集体特性的丧失。如此说来,早在康德那里,对普遍合作的权利就已经和对差异性的权利结合在一起了。

(4)按照包含在第一条正式条款中的康德政治社会学命题,

支持全球和平联盟的主要是两个推动力：从消极的方面说，是关于战争之恐惧的经验；从积极的方面说，是共和主义。因为，具有宪政民主制度的共和国或民主化的法权国家在任何时候都不仅仅是权力分立的国家，它们应该具有更少的发动侵略战争的倾向。按照某种模仿原则在一国之内建立起来的共和宪政很快就会被别的国家所效仿。因此，康德并没有把民主制中的和平倾向回溯到其公民更高尚的道德上，他只是无比清醒地吁求公民们把自己的私利转化为工具的能力（对此的批评，参见本书第十章）。

（5）第一条附论（"论永久和平的保证"）把道德性的和平理论扩展成了一门目的论的自然理论。康德重拾其"世界公民观点之下的普遍历史观念"和《判断力批判》中的历史哲学思想，提出了一门关于人类的社会历史，后者虽然只研究人的本质，尤其是人类的纷争，但却是被作为终极目标的和平规定了的。在这里，一方面他在社会体系及其"自然必然性的发展"这一意义上针对着法权与国家秩序，另一方面也针对着政治家和政治理论家；因为它们为了自己的利益，不能再在全球化和平秩序上用所谓的不切实际来充当借口。

在赫拉克利特的著名残篇中，战争（广义的紧张和冲突）被解释为万物之父，被解释为全部的自然、非人的自然（蒂尔斯/克朗次，《残篇》22B80）。康德的探讨局限于人类，他一般是在纷争中探寻对文明演化具有决定意义的因素的（"观念"，第七条命题："对抗"；参见本书第九章）。纷争导致了在原本"荒蛮之地"上的定居（《和平》Ⅷ 363），还对文明做出了贡献（参见《判断力批判》，§83，V388ff.）；甚至，它还服务于道德之目的，因为它为了各自共同体的利益而促进了利他主义,关键是,它促进了从自然状态到法权与国家状态的过渡:战争使人们不得不"或多或少地进入到法律关系之中"(《和平》VIII 363)。

在这里,战争被证明是一个(人类之)自然的狡计,是实现废除战争这一目的的一个手段。当然,也用不着去担心什么社会熵,不用担心世界交往的热寂状态,因为多样性,语言、信仰或教派之间的竞争,商业竞争始终都会存在下去。无论如何,负有全球和平之重任的不只是全球化的法权与国家状态。除了政治关系之外,还有社会关系,尤其是经济关系。当然,人们对经济关系没有要求权,它是完全自愿的结果。康德提出的第二条关于世界交往构建的经济社会学命题就是:这里负有责任的其实是商业精神。由于"在一切被归之于国家力量的力量(手段)之中,金钱的力量可能是最可靠的"(《和平》VIII 368),因此在商业精神中——甚至人们可以推断,在从这种合作产生的好处中——就存在着全球化的推动力。当然,这一推动力带来的只是一个世界交往,而不是一个民族联邦或世界共和国。

《和平》以清晰的次序把和平保障的四个视角统合在了一起:(a)民族联邦或世界共和国构成了终极目标(参见下文第十一章);(b)树立这一目标有助于个别国家共和民主制的或宪政民主制的立宪过程。这一(民主化法权国家意义上的)民主化原则将会(c)在消极的方面通过"战争的折磨"(《和平》VIII 351)以及(d)在积极的方面通过商业精神而得以完善,因为后者"无法与战争并存",并且"迟早"会占领"每一个民族"(VIII 368)。"自然这位伟大的艺术家"服务于人类天然的纷争,以便"使和谐从对人类意志的违拗中浮现出来"(VIII 360):人类出于完全自私的动机而联合成个别的国家,后者反过来首先就彼此发动战争,不过一段时间之后,它们又由于对商业和繁荣的兴趣而共同生活在和平之中。

这四个视角在其共同作用中考虑的不单纯是对一切战争的无条件抵制。归功于商业精神,繁荣将会一直存在,因此消极的和平——也即战争的缺席——将会延伸到那个积极和平之上。对此,不同文明同样都不陌生:它是古希腊语中的 *eirênê*,是希伯来语中的 Schalom,是罗马语中的 Pax,是日耳曼人语言中的 Fride (参见延森 1975,以及赫费 1999 第 8 章中引用的更多文献)。

第二节　国王般的人民

(6)在第二条附论中,康德做了一个关于理论与实践之关系的讨论,讨论了哲学与政治力量这一分支关系。在"对永久和平的秘密条款"这一标题之下,他主张的无非是放弃一切守口如瓶,反之在关于"发动战争和支持和平的普遍准则"的讨论上允许自由而公开的讨论。从国际政治的实践来看,这一主张是革命性的,堪与《纯粹理性批判》中为知识和对象理论而采取的哥白尼式思想转折相媲美。康德不仅为当时占支配地位的秘密外交树立了公开性原则,而且他还按照《纯粹理性批判》中提出的那个公开性,即"一切"都要接受"自由而公开的检验"(A XI,"附释"),把这个一般性主张运用到了国内的法权和国际的法权之上。国家和国际间的每一条准则都应该接受对其内在尊严的检验。每一条只有在保密中才能取得成功,因而不能通过这一检验的准则,在法权道德上都应该被禁止。

(7) 作为这一理论—实践之讨论的延续,由两部分构成的附录"道德与政治"最后讨论了这一标题中的那个主题,即"做着美梦的"哲学家们与以熟悉世俗事务而闻名的政治家们之间的争执(《和平》VIII 343)。康德调停了这场争执,就此而论,他也促成了哲学与政治之间的和平。

这一对和平的调停在第二条附论中就已经开始了,在这里,它对柏拉图的哲学王命题(《理想国》V 473c—d)做出了回答,即:要么应该让哲学家成为国王,要么应该让现在被称为国王和执政者的这些人真正严肃地对待哲学,否则的话,这对国家而言就是无穷无尽的灾难。构成康德之回答的核心的是这样一个区分,它一方面肯定了柏拉图的意图,促成从理性到现实的转变,同时也肯定了这一意图的前提,即(道德)理论与(现实)实践的一致性(亦可参见康德的"论谚语:'理论正确,实践无方'"和《学科之争》)。另一方面,它把道德原理的规定与对它的现实实施区分了开来,让哲学家们只考虑第一个任务。通过这一方式,康德就把一个普遍主张的工作分工(参见《奠基》IV 388f.;以及"观念"VIII 21f.)移到了政治领域之中。哲学家们不用为政治统治本身负责,而是要为它的原理负责;同时,执政者们承担着对这些原理予以具体化和落实的义务:

由于它所具有的道德特征,哲学因素对其他所有因素都具有绝对的支配地位。不过,作为和平理论的原理,它们并没有准备好什么药方,相反,它们需要给政治现实赋予判断力——这一判断力据说在康德哲学中是缺失的,但是这里再一次证明了它的存在(参见本书第三章）。需要有一种服从"有利情况的性质"（《和平》VIII 378)的道德—政治智慧,但是要"这样抓住国家智慧的诸原则,使它们能与道德共同存在"(372)。康德在这一整体关联中谈到了一类道德政治家(VIII 372,377),并把他与政治道德家做了明确区分,因为后者"给自己打造出一种道德,使其有利于政客的好处"(372)。他把这一服务于私利的"道德"称为"一个非道德的明智理论的曲折"(375)。

在第二条附论的开始,康德主张把哲学家的准则纳入考虑之中,其后在文章的末尾,他又对柏拉图做出了清晰的回应:"不论是国王开始哲思,还是哲学家变成了国王,这都是不可期许的,也是难以如愿的,因为对暴力的占有将不可避免窒息理性的自由判断。"(因此正如康德在同一周给吉瑟威特的信中写到的那样,"学者"不应该"与职业政治家们称兄道弟":15.10.1795,《书信集》XII 45)紧接着这一回应,康德便确立了这一原理:"不论是国王,还是（按照平等法则主宰着自己的)国王般的民众,都不能使哲学家阶层陷入隐遁或沉默,而是要让他们公开说话,这对双方阐明其事业而言都是不可或缺的"(《和平》VIII 368f.)。

康德认为哲学家具有提供资政这一能力的观点(VIII 368f.；参见《学科之争》,第 1 节 4：VII 35),令人不禁想起柏拉图式的哲学王所具有的深思熟虑(euboulia)(《理想国》IV 428b)。不过不同于柏拉图的是,这一资政能力并没有覆盖全部统治范围,而只是延伸到了一个很小的,当然也是根本性的部分。这里便存在着康德关于哲学与政治之分工最早提出的那个知识论的论证,即:由于哲学家的认知能力不能被延伸到具体政治之上——既不能延伸到现实性的条件上，也不能延伸到属于它的经验和判断力上（包括对可为之事和权力的嗅觉），因此要把哲学与政治分离开来。正因为如此，康德同样不建议把哲学家聘为政治顾问，而是建议听取他们的"准则"，即"公共和平的可能性条件"（《和平》VIII 368）。作为人类共同生存的法权道德原则，这些准则对应着政治正义的原则，因此康德哲学王命题表达的愿景就相当于政治对基本正义原则的责任。

按照柏拉图的观点，对善这一理念的洞见也包括着对它的承认（《理想国》X 618c—d），也就是说，这一洞见引导着行为，行为也被这一洞见引导着。康德的第二个论证，也即关于腐败的论证，针对着主张判断原则（*principium diiudicationis*）与实施原则（*principium executionis*）之统一性的假设。即便哲学家具备无限的资政能力，也应该剥夺它们的统治权，因为否则的话，他们拥有的那个实实在在的能力，即理性的自由判断，便会被败坏掉。

对这一批评，柏拉图可能会用这一论证加以反驳："他的"哲学家拥有根本不可能败坏的理性，因为后者是灵魂的主导因素（《理想国》VI 484aff.）。柏拉图式的哲学家们以某种不断向善和正义靠齐的实践性的自我行为而著称。对特殊的利益，他们既不侍奉，也不臣服其压力，他们蔑视权力（参见《理想国》I 347d，VI 499b—c，VII 521b，VIII 539e）。康德可能会反对说，可以设想一个绝对可靠的理性统治，一个对权力的完全消灭而非单纯驯化，但是这在人类这样的有限理性存在这里却是不会发生的。在这里，康德表明自己是卢梭的追随者，因为后者在《社会契约论》（第二卷第七章）中曾谈到一个更高级的理性，它能看到人类的一切情感，却不被任何人所拥有——这个理性是留给诸神的。

归根结底,康德对柏拉图的反驳本质上具有人类学的性质,它扩展了道德哲学中那个不被康德本人纳入(经验)人类学的人类学部分(参见第五章第二节):即便人们按照柏拉图的观点来保护统治者,使其免于巨大的腐败风险,免于个人占有以及使其家庭的福祉先于共同福祉的风险,善的,也就是绝对不可能腐败的统治者在严格意义上同样是不存在的。另外在妇女、儿童和财产共同体中,人始终是"朽木"可雕的("观念"VIII 23;《宗教》VI 100),以至于"每当他一无所有的时候","总是会滥用自己的自由"("观念",同上)。相反,如果给予哲学家以权力,他就面临着丧失精神独立的风险。尽管柏拉图提示了由于权力而来的腐败(《理想国》a VI 491b—e),但是这并不是在与哲学家统治的关联中发生的,因此他对哲学家的统治并没有做出限制。一直到《法律篇》(IX 874e—875d;参见 III 631cff.,IV 713c—714a)中,他才认为,由于所有人都有腐败可能,因此法治才是必要的。

最后,康德的怀疑可以在关于根本恶的定理中获得奠基,而后者将会对柏拉图的这一期望,即道德和个人幸福即使在此岸世界中就可以得到调和,造成不可挽回的打击。按照康德的观点,人具有为了个人幸福而回避道德命令的倾向(参见上文第四章),这在相应的权力中确实会使理性的自由判断奄奄一息。

在另外一个问题上,康德也不同于柏拉图。当《理想国》认为只有极少数人适合哲学的时候,康德则认为"普遍的……人类理性"是人人俱足的(《和平》VIII 369)。对柏拉图主张的精神贵族制(归功于数学与辩证法的训练),康德用理性的民主制取而代之。

毫无疑问,如果没有训练,普遍的人类理性也无从谈起,但是康德并没有延续某种理智上的贵族制——哲学家不具有任何特殊能力或特殊洞见,因而也不拥有任何特权。既没有官职,也没有高人一等的洞见,他们只是"每个人在其中有发言权的那个普遍的人类理性"的辩护人(《纯粹理性批判》,"先验方法论",第一章,第二节:B 780)。《和平》同样重视这一"普遍的……人类理性"(VIII 369)。由于每个人都允许突显自己的声音,因此正如《和平》的第二条附论所要求的那样,一个一般性的言论自由乃是必要的。如果说柏拉图重视的是哲学式友爱——最高级的未成文学说甚至只对最亲密的圈里人公开——的话,康德主张的则是公开性原则,他甚至赋予了公开性以某种先验地位(《和平》VIII 381)。

当然,和平理论并不经常涉及理论理性,而是涉及实践性的、"以道德方式予以立法的"理性(《和平》VIII 369),因此,康德在关键方面还是追随着柏拉图的,这是因为,后者并没有把权利转渡给专门的哲学教师,而是首先给了善之理念。对于包含在这一理念中的道德应主宰公共事务这一主张,康德深以为然。在另外一个方面,康德也深知自己和柏拉图是一致的,也就是说,道德不是从经验中,而是从对它的抽离中产生的。因此康德在《纯粹理性批判》中恢复了柏拉图的理念,至少在道德领域内,那些超越了经验之可能性的概念是需要的(B 369—373)。按照柏拉图的洞穴比喻,人们只有在灵魂的转向(*periagōgē*)之后,才能赢得对理念的洞见,赢得对善之理念这一至高点的洞见(《理想国》VII 515c.)。与之相应地,康德把道德之统治与某种"思维方式的真正变革"("启蒙"VIII 36),与某种"意向中的革命"(《宗教》VI 47)并联在了一起。

对于服膺于这一变革并认同法权道德之原理的民族，康德颁布了一项荣誉头衔，它使哲学王这一命题的民主化得以完成。他把这些民族称作国王般的人民（königliche Völker）（《和平》VIII 369），因为他们使其共同生活服从法权，使法权服从为它负责的道德。与之相应的是《德性论》中的观点（VI 405），拥有真正的、理智性的德性的人不仅是"自由、健康和富足的"，而且也是"一个国王"。康德把那些真正有道德的人——或者是自然的（"人"），或者是集体性的（"民族"）——刻画为"国王般的人"。

在《和平》中，民族取代了柏拉图的哲学王，所有人，同时也是由负责的人的整体取代了出类拔萃的个体。当然，只有当一个民族遵守被法权道德所要求的标准时，它才配得上"国王般的"这一荣誉头衔。被康德赋予合法化的不是单纯的民主，而是负有法权道德之责任的，因而也只是那个"国王般的民主"。这一民主为了获得合法性，必须"按照平等法则"支配自己（《和平》VIII 369），并且也要注意，"没有一个人能以合法的方式与他人发生联系，同时自己却不遵循这一法则，能不被这一法则反过来以同一种方式所约束"（第一条正式条款：VIII 350）：

这样一来，当每个公民差不多都是国王——当然，不能是僭越一切法律而高坐皇位的专制统治者——的时候，一个民族就成了国王式的了。公民也不需要成为一个真正的有道德的人，只要他作为（直接的或以代表为中介的）立法者参与到那些与法权道德相适应的法律的制定之中，并作为"臣民"而顺服这些法律，就已经足够了。现在，这些条件就是为法权道德所必需的了，因而使"国王般的民族"出类拔萃的主要就不是具有非凡高度的教育水准（比如柏拉图那里的数学和辩证法），而是即使柏拉图也认为起着最终决定作用的正义——当然柏拉图对此有另一番规定。

康德所做的第四点革新，即对哲学王之命题的民主化转释，其实早在《和平》之前就已经获得了成功。在《纯粹理性批判》之中，也正是在他恢复了柏拉图的"理念"概念的地方，康德就已经把"一位诸侯如果不能分有理念，便绝无可能治理得好"这一人格要求转变成了一个摆脱了人格道德之负担的标准，即："一部按照那些使每个人的自由能与其他人的自由共存的法则而制定出来的，致力于最大化的人类自由的宪法"，是一个"人们……在一切法律中都必须当作基础的必要理念"（《纯粹理性批判》B 373）。早在《纯粹理性批判》中，一部被国王般的人民制定的正当宪法，已经取代了一位正当的国王的位置。

第三节　国王般的人类

由于人类自古以来就在期愿和平，因此康德的《和平》具有值得重视的，而且事实上也引起了重视的一些先驱，这一点并不令人感到意外。例如其中一位便是17世纪末出现的《论目前和将来的欧洲和平》（1693），作者是威廉·佩恩，一位贵格派教士，同时也是宾夕法尼亚州的建立者。而在几十年前，科莫纽斯这位波西米亚兄弟会的主教则给聚集在荷兰布雷达的"英国与荷兰和平使团"寄去了一封纪要，这就是《和平天使》（Angelus Pacis）（1667）。而在更早的年代，也就是三十年战争时期（1635），冯·苏里公爵制定了

"普遍的高度的基督化共和国"这一宏伟计划,它由一个有六十名成员组成的议会领导,通过一个最高法院对其纠纷予以调停。

一个多世纪之前,当德国被宗教紧张带入施马尔卡登战争的时候,人们就从塞巴斯蒂安·弗兰克的笔尖下读到了《为了和平的战争手册》(1539)。更早之前,伊拉斯谟曾经写过《被一切民族所抛弃并踩躏的和平的控诉》(1517)。在中世纪晚期,马西略·冯·帕多瓦的《和平卫士》(约1324)曾横空出世。当然,人们也不应该忘记但丁的《君主论》(约1310)、皮埃尔·迪布瓦的著作(1306)和波西米亚国王乔治·冯·波迪布拉德的著作(1462—1464),更不应该忘记奥古斯丁的《上帝之城》(413—426,尤其是XIX 10—13,26—28)。

关于和平的思想并不新鲜,而且它如此"自然",以至于没有一个作者能在什么时候就直接地"发明"了它。在康德生活的那个世纪,一位名叫圣皮埃尔神父的法国秘书在乌特勒支和平大会上提交了一封很快就引起广泛讨论的《欧洲永久和平计划》(1713—1717)。声名显赫的卢梭(1756/61,1756/82)对这一《计划》做过详细的摘引和评论,但在《社会契约论》中却未置一辞。在伏尔泰那里(《论永久和平》,1769),这一《计划》被嘲讽为与世隔绝的幻想。被嘲笑的倒不是和平理念本身,而是通过某个政治制度就能实现这一理念的期望。伏尔泰对政治制度持怀疑态度,但是也盲目地怀疑这一制度的价值,他相信的是渐进式的启蒙,是不断增加的宽容,以及来自已经改变了的公共言论的压力。

康德的特别之处并不是和平思想本身,而是这一思想的精细构架。属于这一构架的,有已经被部分提到的那些针对先前和平计划的革新;康德绝不追逐政治利益。进一步说,他提出的是一个纯粹哲学式的论证;伊拉斯谟和弗兰克对《新约》的借重,奥古斯丁把永久和平安放在彼岸世界的做法,对他而言都是格格不入的。宗教动机在康德这里从未出现过;在《单纯理性界限内的宗教》中,和平思想被特别地刻画为"哲学式的千禧年主义",从而与"神学式的千禧年主义"相对立(VI 34)。而且,康德抛弃了任何一种政治幻想,转而承认冲突这一政治因素。在虚假空洞的爱和友谊那里,在永远不会摆脱冲突的地方,和平绝不会成为主宰;反之,它只出现在人们按照法权道德原理来平息冲突的地方。这里涉及一个清晰的限定,即:康德阐发的和平被规定为一个只用以保卫生命与自由的法权使命。

至于其他的限制,则被这位哲学家武断地放在了一边。迄今为止人类对和平的认识,只不过是暴力与战争的冰山一角,在时间和空间上都有局限。家庭和睦甚至公民友好相处的地方,却没有一国之和平;即使有后者,也没有涵盖所有国家的和平;即使在某种国际视野中,一种"世界范围的",涵盖所有国家和文明的和平也是不可思议的。自从对它的革新被宗教分裂及其他欧洲内部的战争问题转移视线之后,康德的先驱们就只考虑欧洲,甚至只考虑基督教国家。索洛维约夫在其《反基督短论》(1900,⁵1984,54)也只谈到了"所有基督教民族和国家的和平协作"。但是不论如何,还是有人像圣皮埃尔神父那样对由"24 个欧洲的基督教国家"组成的永久和平联盟予以大度地扩充,使其能够允许"尽可能地把那些穆罕默德式的王公们也包括进来"。

针对所有这些限制,康德为法权道德性的、和平道德性的普遍主义做了辩护，为一种全球化的、同样在时空上具有普遍性的和平做了辩护。康德的这一著作能成为最负盛名的和平计划，并不是历史偶然。这一著作中由四个革新构成的整体，尤其是政治革新（这在当时是共和国）与真正的全球性的结合，创造出了在政治上最有胆识的计划。有朝一日当人类认可了这一计划，不仅在各个国家之内，而且在它们之间按照道德原理创设出一个法权秩序时，它便作为一个整体而达到了国王般的地位。

康德的《和平》不仅对政治思想做出了贡献，而且还包含着一个社会乌托邦——更好地说，一个出于以下两点原因至今仍不失其吸引力的（现实主义的）愿景。首先，它之所以具有吸引力，是因为它从根本上唤醒了乌托邦式的能量，并借此克服了那种使生活黯然无光、使世界陷入贫乏的令人绝望的希望与愿景之缺失。"人类在总体上——或者，尤其是发动战争的国家首脑——是永远不可能满足的"（《和平》VIII 343）这一经验，是与以道德方式进行立法的理性针锋相对的，而后者"对作为法权过程的战争是绝对谴责的"（VIII 356）。

其次，它之所以具有吸引力，是因为它面临着一个危险：正如当时的评论家和革命理念的热情追随者舒茨所担心的那样，"永久和平的思想……没有能力对现实提出任何要求"（转引自迪策/迪策1989，299）。康德对这一危险洞若观火，然而他还是谈论着一个只有哲学家们才会"梦想"的"美梦"（《和平》VIII 343），谈论着这一目标"只是个幻想"的可能性（VIII 368）。但是在《和平》中，它并没有迷失在具有愿想之烙印的幻象之中，既没有迷失于对人类之善的幻象，也没有迷失于对摄政者之智慧的幻象。相反，他特别强调，永久和平绝非"言之无物的思想"（VIII 372）和"空洞的理念"（VIII 386）。即使怀疑康德的论证是否成功的人，也无法否认，只要满足了康德提出的条件，实现的机会就会大幅增加：

第一条对实现有利的条件就在于对一个大全式的乌托邦的放弃。与奥古斯丁和柏拉图的第一个城邦等级（《理想国》II 369b—372c）相比，康德并没有为一个无所不包的和平理想提供辩护。在柏拉图的初级城邦中，人们不仅与他的同侪和平相处，而且与自己、与诸神，也许还与自然和平相处（参见赫费1997，第4章）。康德把大多数诸如此类的和平维度束之高阁了。如果说柏拉图把社会性的和平与内在的、个人性的和平结合在了一起的话，那么康德则把它安放在了不涉及个人态度的法权领域之内。始终没有被讨论的是：(1)人与自己的和平，即内在的、个人性的安宁；(2)对和平的扩展和深化，即在上帝之中或与上帝之间的宗教和平；(3)在自然之中、与自然之间的和平，即生态的和平；(4)自奥古斯丁以来变得如此重要的俗世和平，在这一和平之中，在一个等级森严地构建起来的世界秩序中，每个物都有与其相适应的位置（《上帝之城》XIX 12f.）。被（康德）保留下来的只有：(5)社会性的和平。

即便对这一维度，也应予以有限度的理解。在德语中，"和平"（Friede）这一表达与"自由的"（frei）、"使自由"（freien）、"朋友"（Freund）等表达具有亲缘关系。"Friede 一词"引申自印欧语言中的词根"pri"（爱、关爱），其本意为"爱与关爱的状态，只不过对主动的相互帮助和支持这一因素予以特别强调，使其有别于某种情感性的联系和爱好"（延森1975，543）。后来，它的含义被局限为(6)消极性的社会和平，指的仅仅是（大多数情况下在时间和空间上有限的)对暴力活动的排除。康德(7)关于和平的政治概念——更进一步说,法权概念——完全忽略了前四个维度,并把自己安置在了无所不包的社会性和平概念和对它的极端限制之间:一方面,暴力活动应该遭到毫无时限保留的、毫无地域限制的排除;另一方面,尽管这里还补充了一个主动帮助的因素,但是它仅限于一个唯一的使命,即对法权的保障。在《和平》的三条正式条款中,起主导作用的是一个消极性的和平概念,即法权保障。

在法权概念之中存在着第二条对和平之实现有利的视角,这就是所谓的对摆脱冲突这一田园牧歌的放弃。按照与之相关的那个人类学概念,即在第一条附论中得到确认的"非社会的社会性"(ungesellige Geselligkeit),诸如"荣誉欲、统治欲或者支配欲"等属于人类的情感,尽管自身"不值去爱",但是作为对"懒惰成性"的"反抗",正是这些情感把人类"从荒蛮带向文明"("观念",命题5)。康德不仅认同冲突的存在,甚至还对它表示欢迎;不过,他拒绝把暴力当作平息冲突的手段。

作为另一个对和平之实现有利的视角,第一条争论引入了"伟大的艺术家:自然",它效力于人类的自然冲突,以便"使和谐从对人类意志的违拗中浮现出来"(VIII 360):人类出于完全自私的动机而联合成个别的国家,后者一开始就发动战争,不过一段时间之后,它们又由于商业利益而共同生活在和平之中(参见上文第八章第一节)。

第四个对和平之实现有利的视角是在与之前的乌托邦思想的比较中产生的,这些思想包括托马斯·莫尔的《乌托邦》,以及无数在16和17世纪争先恐后追随这一榜样的那些国家小说。由于这些乌托邦放任社会的和政治的想象力,因此称它们为"想象力之旅"(*voyages imaginaires*)、"虚构的旅行"也是恰当的。当康德明确地让以概念和论证为业的"哲学家们"做"美梦"时,他已经彻底地与这些乌托邦思想划清了界限。他走的不再是一条想象力之路,而是一条纯粹实践理性之路。纯粹实践理性把永久和平推到了"直接的"法权道德义务这一地位(《和平》VIII 356,4;参见 362,9;364,9;378,19—22);如果对自我防卫忽略不计的话(345),"对作为法权过程的战争是绝对谴责的"(356)。凭借这一绝对和平命令,道德视野中的永久和平本身也就可以实现了。大多数国家都乐于追捧源于罗马军事理论家韦格蒂乌斯(4 世纪)的一句口号,即"如果你想要和平,那就为战争而武装自己吧!"(*Si vis pacem,para bellum.*)而康德事实上用一句话来反对这句口号,即:"如果你想要和平,那就考虑一下政治正义吧!"(*Si vis pacem,para iustitiam*)。用他自己的话说,就是:"首先要努力追求纯粹实践理性的王国,以及这一王国的正义,然后目的(永久和平的善行)就会向你们自行显露出来"(《和平》VIII 378)。

第四节　短暂的影响

康德的这一作品不同寻常地受到了迅速而热烈的欢迎。如果说,《纯粹理性批判》在面世六年之后才获得重印的话,那么《和平》尽管印量翻倍,还是在区区数周之内迎来了重印:在一开始 2000 本的基础上,又重印了 1500 本。第二年,该书的第二版就已经出现在了书市上。《纯粹理性批判》可能是近代哲学中最为重要的著作,叔本华甚至说它是"在欧洲被写出来的最重要的著作"(《书信集》,Nr.157),但是在出版上取得成功的并不是它,而是《和平》这篇政治纲领。在康德生前,1804年之前的十年内,就已经出了四个新的版本。在第一次世界大战爆发之前,又出了十二版;而在接下来的四十年中,至少还有二十个新版本印行(劳默尔 1953,162),在此之后,新的版本更是层出不穷。

毫无疑问,在这一著作出版之前,它的作者已是大名鼎鼎了。康德也知道这本书的价值:每出版一本《纯粹理性批判》,他要求 4个帝国塔勒的分成(弗兰德 1992,第 9 章,81f.);而在《和平》上,他要求的是 10 个(1795 年 8 月 13 日给柯尼斯堡出版商尼克洛维斯的信,《书信集》XII 35)。即使这个数额"没什么钱",但也差不多与一个小学教师的月收入相当。

重要的是,这一作品得到了广泛的阅读和集中的讨论。吉瑟威特、埃尔哈特、施道伊德林、"耶拿的女教授"索菲·迈勒奥等朋友们的书信透露了这一点。更为重要的是,一些评论也在德国和邻近的国家刊行了,其中一些评论的作者实属文笔优良之辈(参见布尔/蒂驰 1984,61ff.)。不论这一作品如何广为人知,甚至有时候得到了热情洋溢的评价,也不论它如何得到了威廉·冯·洪堡谨慎的评价("总体而言,我无法认为这一作品是非常重要的",见于 1795 年 10 月 30 日给席勒的信,类似的评价也见于 1795 年 12月 11 日给席勒的信),它在知识分子的圈子里已经成为人们茶余饭后的谈资。法国大革命的领袖们甚至把康德看作他们中的一员(参见阿祖维/布雷尔 1991,65—83)。

紧接着书评这一阶段而出现的,是所谓的"1800 年古典德国和平讨论"(W.蒂策 1989,58),它在很大程度上被解读为与康德的切磋交锋。在《哲学杂志》上,作为双主编之一的费希特就写到(1795/1966,221):不能被"这一演讲的轻松而惬意的特点"所误导,从而不把"据我们的观察而具有的重要性"赋予这一作品——也就是说,"它存在于理性的本质之中,而理性则绝对要求对它的实现,因此,这一作品也属于那个尽管在不断停留着的,但却无法消灭的自然之目的"。如果费希特只想"再说几句的话",那么他也在两点上与康德拉开了距离:他给执行性的暴力又增加了"另外一个督查",一个长官,并且比康德更为明确地指出,民族联邦"对维护和平而言"还"只是一个过渡状态",真正的目标是一个"多民族的国家"。

　　就在同一年,施莱格尔也抓起了笔杆。在"以康德永久和平论文为契机论'共和主义'概念"一文中,他向康德的命题——民主必然是一个专制主义,共和主义只能通过渐进的改革而缔造出来——燃起了批判之火。施莱格尔先对康德的作品做了高度热情的评价,紧接着便展开了商榷,并在其中显示出与康德的强烈分歧,因为他认为后者对法权自由或公民自由的定义都只是一个"最小值"。而那个——当然实现不了的——"最大值将会是法权与国家公民之责任的绝对同一,而且,它将会给一切统治和依附关系划上句号"(《批评版施莱格尔文集》Ⅶ 13)。这一包含在前半句中的批评完全是有说服力的;针对康德对主动的国家公民权的限制,他提出的是这样一个对立的观点:"贫困、臆想的贿赂、女性特征,以及臆想的软弱,都不是把人们从投票权中完全排除出去的合法理由"(同上,17)。不过值得怀疑的倒是这一统治理论上的评价,即法权的同一性相当于无统治性。无论如何，施莱格尔的尝试——即不论是在一国之内，还是在诸国家之间，对任何一种统治都加以废黜，以便建立起一个由自由而平等的诸民族构成的无统治的世界交往体——都是与康德的这一评判相冲突的，即："没有暴力的法律和自由"将会导致无政府主义（《人类学》VII 330），后者与创建一个公共的法权秩序这一命令也是相违背的。

在费希特和施莱格尔提出批评的两年之后，年轻的 J. 格雷斯也发表了观点。他没有认识到该书真正的道德价值，而是从绝对法权命令出发，只得到了一个社会实用性的命令。如果不是这一事实，即边沁的《一个普遍的、永久的和平的计划》（1786）是在他死后以《国际法的原则》（1843）为标题出版的话，人们可能会认为格雷斯是受到了功利主义者边沁的影响。格雷斯赞同边沁关于集体福祉的基本思想，即："每一种和平的目的都是造福民众，实现这一目的的第一个要求就是：时间。一种和平……只有能为民众的全部无限制的生存而提供幸福保障时，才能使其名号与法权相适应"（引自迪策/迪策 1989，315）。对康德而言，对幸福的兴趣始终是和平的原因之一。但是，它真正的目的却不在于集体福祉（即"造福民众"），而在于法权，后者为尽管是普适性的，但也是个人性的自由承担着责任。其他目的只有以如此定义的法权为中介，也就是说，成为"法权功能性的"，才具有合法性。

不论格雷斯、施莱格尔和洪堡是否这样认为（洪堡在上述写给席勒的信中断言，康德主张的是一个"总体看来花里胡哨的民主主义"），当时的德国知识分子已经难以接受康德的共和主义，又难以接受对作为人而具有的自由原则，为国家公民享有的共同立法及平等(《和平》VIII 349f.)之权利而负责的公共暴力——它直接负责的无非就是这一权利。就连 F.根茨这位康德当时的学生,也与他针锋相对。尽管他写过一篇叫作"论永久和平"的论文(1800),也曾受到埃德蒙·伯克对法国大革命的保守批评的影响,还把"对法国大革命的反思"(1790)翻译成了德文(1793),但还是对康德的理论基柱——即共和主义——提出了批评。

那个时代的其他知识分子(比如谢林)一开始根本就不接受国际法权与和平秩序的思想。黑格尔在其自然法权论文中(1802/1803)中就已经提出了相反的主张,即:不仅和平是"绝对必要的",战争也是如此。由于他把战争与"民族的道德健康"相提并论,因此也认为,永久和平将会把诸民族带入一个"持续的宁静"之中(《全集》II 481f.)。黑格尔一直保留着这一评价。几乎二十年之后,他又在《法哲学原理》(1821 §333)中几乎逐字逐句地重复了这一评价,并且通过这一方式给自己的法权哲学原则加上了一个细微的限制。在一国之内行之有效的,在国家之间将不再有效——这就是作为法权的自由。

这样一来,人们就可以批评康德说,他——当然是在《和平》之外——仍然置身于一个传统之中:从卢梭和百科全书派(参见"论战争状态"这一论文)到亚当·斯密,一直回溯到拉丁时期(例如塔西佗的《日耳曼尼亚志》第 7 章)和古希腊(例如亚里士多德的《政治篇》VII 15,1334a26),这一传统在战争中也能发现某种道德上的益处,即一个使道德得以再生的因素。但是,这些作者赞同的并不是"对战争的原始赞美",而只是对战争中必需的德性——即勇敢——的赞美,对战争的赞美也是因此才"有用的"。有的人(例如斯密）尽管没有对诸如此类的战争予以辩护，但是却在其中看到了对严苛的自我克制这一重要德性予以操练的绝佳机会。按照他的说法，人性之中最温柔的德性之花，大都最美地开放在未被打扰的宁静暖阳中（《道德情操论》1759，第3部分，第3章）。

事实上，康德在《判断力批判》（§28）中同意"对战争者的尊重"。然而，他的明确要求无论如何使人想起斯密，这个要求就是："此外人们还要求，他同时还能证明……战争的所有德性，如温柔和同情心"。只有凭借这一补充，我们才能理解，康德在战争中甚至能看到"某种崇高的东西"。这是因为，"长期的和平"虽然有利于单纯的商业精神，"但是它将会使低级的自私自利、阴险狡诈和懦弱成为主宰，使民族的思维方式倒退"。当然，诸如此类的战争不是没有道德价值的，正好相反，它是"对人类的鞭挞"（《学科之争》VII 86）。即便如此，按照康德的说法，为了能使战争具有"某种自在崇高的东西"，它就必须满足严格的前提，至少"是凭借公民法权的秩序和对它的神圣敬意而发动的"（《判断力批判》，§28）。

正如在黑格尔这里一样，一种关于全球化和平秩序的思想在后观念论哲学中——比如在叔本华或马克思的哲学中——没有扮演任何角色。尼采甚至还让查拉图斯特拉在"与国王的对话"中训导说："你们应该爱好和平，它是挑起新战争的手段；应该爱短期的和平，胜于长期的和平！"（《批判研究版尼采文集》IV 58）即便在罗尔斯受康德启发而写成的《正义论》（1971）或他的第二部巨著《政治自由主义》（1993）中，要找到一门关于国际法权秩序的理论，也是徒劳的（不过在罗尔斯1993a和1999中则并非如此）。

令人惊异的是，同样的情形也适用于另一门在爆发了两次世

界大战和无数地区战争的这个世纪内主张释放出乌托邦能量的理
论上,这就是批判理论(当然也适用于布洛赫)。不论人们阅读的
是马尔库塞、霍克海默还是阿多诺,甚至不论人们是否读过哈贝马
斯的法权哲学(^{4}1994),他们在国际和平秩序这一主题上始终守口
如瓶。(最近才有了哈贝马斯1995这部著作。)导致这一缺陷的理
由并不仅仅是偶然的。不论是在批判理论中,还是在罗尔斯那里,
对公共暴力的合法辩护——也就是国家伦理学——都言之过简。

　20世纪的法权哲学著作也没有大的不同。国际法权这一主
题尽管也出现在了拉德布鲁赫的《法权哲学》(^{3}1932,§28)、凯尔
森的《纯粹法权论》(1934,^{2}1960,第 VII 章)和哈特的《法的概念》
(1961,第 X 章)中,但是令人诧异的是,它们竟然都没有包含全球
和平的思想。(在凯尔森这里只有一篇期刊论文,即"和平的策略"
1994。)甚至,在卢曼的法权理论中,国际法权与和平思想这两者都
是付之阙如的。在某种非思辨性的、越来越变得琐碎的意义上,这
一结果印证了黑格尔的那句名言,即"密涅瓦河畔的猫头鹰要等到
黄昏到来之际才会起飞":哲学给生活世界中的紧迫问题没有提供
什么预先准备,以至于在面对相应的问题时,以道德化的方式(而
非伦理的方式)予以应对的风险也加大了。

第九章 "世界公民观点之下的普遍历史观念":法权进步[①]

当代文明给启蒙的文明宗教——也即进步——培育了一个矛盾性的关系。如果对卢梭的怀疑加以强调的话,那么它怀疑的不仅仅是科学技术进步在净化道德方面的贡献,而且卢梭尚未注意到的是,这一怀疑发现,这一进步由于危险的副作用而失去了价值。从另一方面来说,当代文明有力地助长了科学、医学和技术,而这只有通过对某种平衡性进步的期望才能变得合法化。除此之外,当代文明也致力于发展更好的法权关系和国家关系,尤其是,致力于使法权而非暴力成为国家间领域的主宰。当然无论如何,它在这里也期待着显著的进步。

对这一矛盾性的关系而言,康德不失为一个对话伙伴。这是因为,他的历史哲学把对进步的怀疑与某种进步乐观主义结合在了一起,同时又驳斥了两方面的排他性主张。《纯粹理性批判》在理论哲学中,在理性主义和经验主义/怀疑主义之冲突中寻求的东西,也是"世界公民观点之下的普遍历史观念"一文在对进步的思

---

① 本文系初次发表。如果不加说明,本文中的引文均出自"世界公民观点之下的普遍历史观念"一文(VIII 15—31)。

考中寻求的,这就是:在乐观主义与怀疑主义之冲突中的和平。通过内容上的某种中间立场,方法上的某种反思意义上的简短批评,和平再次达到了恰当的知识形式。如果说这一过程——也即包括着对法权进步的偏爱在内的批判性进步思考(第一节)——令人信服的话,那么这里的怀疑针对的则是下列具体规定,即:法权进步只是以一个民族联邦为目标(第二节),自然机械论与道德化在进步的推动力中相互结合(第三节)。

第一节　对进步的批判性思考

1. 法权进步

　　与卢梭的"第一论文"(1750)一样,康德同样拒绝艺术和科学的进步有益于道德的改善这一假设(参见命题 7:26,17ff.)。不过,他还是纠正了卢梭的狭隘观点。"观念"一文的第一条命题,即"一个造物的所有自然条件都已经决定了,自己总会得到完全而合目的的发展",就已经把人类的艺术和科学概括在内了。不过,由于康德认为存在着三种对自然条件予以发展的方式,即教化(Kultivieren)、教养(Zivilisieren)和道德化(Moralisieren),因此对艺术和科学的解释也就相对化了。

　　这三种方式是按照等级排列的,这使人想起康德的三条命令:康德在技艺的意义上理解艺术(*technê*, *ars*)(参见《判断力批判》,§43),并把它联系于"对实现所有任意目的的手段的运用"(《奠基》IV 415),因此通过艺术与科学而实现的教化就相当于某个持续的技艺进步。如果我们不把第二种方式,也即伦理的教养,逐入一个恰好"不堪重负"的地步的话,它也将有益于"荣誉感"和"体面感"(26,25),因而至少间接地有益于社会福祉,同时自身也将获得某个社会实用性命令这一地位。最后,绝对命令带来的是第三种方式,即道德化,也即在"道德上的善良意向"这一方向上对公民的"思维方式的内在教育"(Z.28,32)。

这样一来,康德就接受了前两个进步阶段,直截了当地赞成了第一个阶段,他说:"在很高的程度上,我们是通过艺术和科学而得以教化的";不过对第二个阶段,他则带着批评性的弦外之音:"我们是被教养的,直至不堪重负"(Z.22)。"但是要认为我们已经被道德化了,则谬之大矣"(Z.22 f.)。同时,他还避免了一个未来主义错误,即认为自己所处的时代不论是好是坏,都是对一切时代的一个补充。他既不认为存在着某种不断演进的堕落,也不认为当下就是"历史的终结"。

这一来自艺术与科学、来自当下之成就的双重相对化,使得康德能从自己出发对于卢梭对进步思想的怀疑同样表示怀疑,并且把它与一种开明的,同时也是温和的、批判性的形式对立起来。使这一反向怀疑得以简单化的是第三个视角,从二十世纪的经验来说,这一视角尤其具有现实意义:康德追求的是法权进步,以及它在国际和平秩序中的至高地位。相反,在那些使 门历史哲学显得问题重重的因素中,缺乏的则是按照某种思辨逻辑对历史的建构,或对个体的漠不关心。

2."有理由希望"

"进步"是一个历史概念,因此历史学家们不应对此缺席。但是，只要他们还是在某种一般历史的意义上信任这一进步问题或相关联的问题，就会牵涉到他们的流俗对象上去，牵涉到个别事件、事件链和事件束上去。由于在这一微观视角中几乎难以发掘出任何意义，于是像柯塞勒克（1997）这样的历史科学家便鼓吹一个无意义性，但他鼓吹的并不是什么消极意义和灾难中的进步，而是要告别意义问题。尽管人们可以建议采纳宏观视角这一选项，把眼光对准更大的时间范围，甚至可以对准全部的人类历史，不过正如这位史学代言人正确地指出的，作为一门科学的历史学对此无能为力。尽管如此，当历史学家韦勒（1999）说到"历史哲学的傲慢"时，还是有点言之过早了，这是因为，这里涉及历史哲学的"定义力"（Definitionsmacht），也即涉及它的这一主张：对"历史描述何以有效"这一问题作出独立决断。

在这里，康德同样不失为一位体系性的对话伙伴，因为他早就经受了这一批评。他致力于在最高级的宏观视角中研究"普遍的世界历史"（29,2；参见30,29），但是却明确地使后者摆脱了"一门真正只是以经验方式编撰的历史学"（参见30,30f.）。康德把世界历史交给了"一个哲学头脑能够研究"的那种"不同立场"（Z.32f.）。针对历史已经恶化为一种"野蛮的思辨"这一浅薄的批评，他主张的却是，一个哲学头脑"必须熟知历史"（Z.33）：即使哲学采纳的立场不同于流俗的历史科学，它也不能放弃那个共同的最小条件，即浸淫于经验之中。而世界历史的"不同立场"清楚地表明，它不仅注意到了许多历史哲学所犯的重大错误，即"思辨"和"经验"的相互堆叠，而且已经做了反驳。

这一哲学历史学甚至提供了"对未来的愿景"（30,14f.），但并没有在上述两种流俗意义的任何一种上提出先知式的要求——在"观念"一文的导论中，康德甚至提到了某个未来的开普勒和牛顿（18，14—17）。尽管如此，他想到的并不是一个"理论性的"、道说着真理的先知预言——基于一个可与自然科学相媲美的社会研究，这一预言据称能客观地预知未来。这一客观预言拒斥着这样的一个对象，即"人类意志之自由的游戏"（17，7）。同样，康德提出的也不是那种在宗教文本中常见的"道德—实践性的"，或者说着智慧的先知预言，因为后者凭借着某种实用意义上的糟糕未来这一恐吓，主张从道德恶劣的当下产生出一个"幡然醒悟"（Metanoia），一个有利于善的、彻底的态度转变。

而且，虽然康德在法权这一决定性的角度上认为当下是坏的，但是并不认为它完全是坏的。它之所以是坏的，是因为在国际层面上，也就是在国家之间，暴力和战争还是主宰；它之所以不完全是坏的，是因为在国内层面上已经有一些国家是被法权所规定着的了。第二个，也是更为根本的区别在于，更美好的将来（"令人欣慰的愿景"；30，14）不能指望于道德和宗教的固有作用，即"幡然醒悟"，而是要指望于一条卸去了个人道德之重负的道路；人们"在其奋斗中并非只是本能地像动物那样，也并非像理性的世界公民那样按照某个既定的计划而整体前行"（17，27—29）。这一道路因此也与那个屡遭诟病的"神圣历史的终结"毫无瓜葛。

康德的选择——一个既非准机械论的，也非有计划的进步——就是自然的意图，这一选择存在于人类之本性与他的自由之间的道路上。它使人想起黑格尔所说的"理性的狡计"，而且表明，后者从根本上说来并不是什么新的想法；它提供的同时是一个较为温和的选择。在行动主体之后,康德假定了一个终极性,一个终极性的自然因果性。按照这一因果性,在微观视角中存在的全都是或然性的意义。相对于那个不断照亮现实的乐观主义,康德却发现,"在一个巨大的世界舞台上……尽管有昙花一现的零星智慧,但是终究看来,一切在总体上都由于愚蠢、幼稚的空虚,当然还有幼稚的恶行和破坏癖而混杂在一起"(17f.)。尽管如此,他还是在"人类事务的荒谬进程中"试图发现自然的意图(18,8f.),并认为这一发现是一个真正的真理。这一通过自然的意图而发挥作用的进步既不是客观知识,也不是道德固有作用的对象,事实上,它是"有理由希望"的对象(30,14;关于"希望",参见 17,6 和 23,37)。

　　针对康德的历史哲学,人们可能会批评说,它还没有达到在第三批判中才提出的"目的论"概念这一批判概念的高度。而事实上,在写于 1770 年代的《反思录》文稿中就已经包含了关键思想,例如在 Nr. 1.369 中他就写到:"通过公民性的强制力,一切萌芽在其发展上都没有任何区别。这是人类的天命,但绝非个体的天命,而是这一物种的天命"(XV/2 608)。在《反思录》Nr. 1.423 中他写到:"人是一个需要教育的动物……一代人必须教育另一代人。只有这一物种——而非个体——才能实现其天命。他被教育成了能够自我保存的动物,成了能适应社会的人。在一个社会中,他只有通过强制力才能获得安全和平静,他需要一个主人"(XV/2 621)。就连法权—国家理论这一目标,其实早在 1770 年代就已经有了表述。在给同时代人类学同事的书信稿中可以找到这一笔记:"当人民给自己建立起法律和公共暴力的时候,对外的安全也就建立起来了",这样,"民族联邦"就会取代"野蛮人"的位置(XV/

2 790,《反思录》Nr. 1. 501)。

这些关键思想在先于第三批判,甚至先于第一批判时代就已经萌芽了,从这一实情中不难推断出,这些思想具有前批判特征。在相应的 1770 年代,批判哲学正在逐渐获得其形态。重要的是,这一批判特征的关键不是诸如"物种的进步"这样的内容性陈述,而是其方法论规定,对此,前面指出的《反思录》并没有表明观点。相反的是,"观念"一文诉诸的是《纯粹理性批判》中的相关见解,是对象批判与知识批判的相互交错状态:

按照这一对象批判,目的论不会被解释为历史过程的客观属性,自然也不能凭借本体化而以拟人的方式被解释为自己设定并追随目的的主体或准主体。就此而论,人类的自我评价,也即他的理性要求,不会在物种之标准中遭到否定(这与施耐德巴赫 2000,54 的观点相反),但是,把人类这一物种解读为一个理性主体的做法将会遭到反驳。《纯粹理性批判》所规定的目的论,只是一个调节性的(而非建构性的)、仅仅具有启发意义的理念(B 715 ff.)。在同样的意义上,"观念"一文中的自然的意图反映的只是一个"主线",它对"真正只是以经验方式写成的历史"并不排斥(30,30f.)。此外,"自然的意图"这一概念还包含着一个终极的自然因果性,后者再一次令人想起亚里士多德(参见本书第二章),因为它对应着亚里士多德"自然"(*physis*)概念的三重含义:在康德这里,它涉及(a)一个在其中一切都已经被安放好的萌芽;(b)这一条件的展开;(c)展开的完成。

从知识论的角度说,这一认知关系反过来是通过认识上的局限性刻画出来的,即:服务于进步的自然的意图是希望的对象(《纯

粹理性批判》B 832），是与求知截然相异的（理性）信仰的对象
（B 848ff.）。康德虽然没有写过《希望批判》这样的书，然而这里
展开的却是一个与作为情感的希望明确对立着的希望（参见《人类
学》VII 251—253；《实践理性批判》V 74；《学科之争》VII 86），它包
含着典型的理性特征（参见康拉特 1999）。《纯粹理性批判》虽然
把这一理性更多地联系于道德和宗教，然而事实上，它对历史和法
权也是适用的。

3. 作为理念的民族联邦

对"理念"的这一方法论规定（24，28）赋予了民族联邦以某种
地位，在《和平》中，获得这一地位的恰恰不是民族联邦、而只是世
界共和国。康德深知，这一"理念"在之前的提出者——如圣皮埃
尔神父和卢梭——那里"被讥笑为幻想"（Z.28）。尽管如此，这里
似曾相识的"幻想"之指责甚至在宗教改革运动时期就已经人人皆
知了，因为后者致力于在精神的虔信中实现坚信礼、严格的教规和
财产共同体等目标，并要在尘世中实现上帝之国。对康德而言，与
"幻想"之批评的交锋自《纯粹理性批判》始，继而在某种宽泛的并
且非单纯宗教性的理解中，一直是一个重要动机。作为"最普遍的
含义上的""人类理性按照原理而做出的僭越"（《实践理性批判》，
"论纯粹实践理性的动机"：V 85；参见《人类学》VII 191），或者作
为"意欲超越一切感性的界限而看见某物的妄想"（《判断力批判》
V 275），这一幻想简直就是胡言乱语和感觉错乱（《人类学》，
§10），而后者在一个"已被启蒙的时代"，一般而言是"不可能产生
的"（《导论》，"附录"：IV 383）。在《纯粹理性批判》的"论一般理

念"这一节中，康德还特别对一个国家理论上的幻想做了探讨。他引用了"已经变成了名言的"那个关于柏拉图式的理想国的观点，即认为后者是"一个臆想出来的、具有梦想般的完善性的令人瞩目的例子，它只在空洞的思维中才有其位置"，并进而对这一观点进行了反驳（B 372）。

　　早在《纯粹理性批判》中，康德就已经从内容上把国家之理念定义为"按照那些能够使每一个人的自由能与其他人的自由共存的法则而制定的、关于最大化的人类自由的宪制"（B 373）。从方法上来说，这一理念是梦想的对立面，也就是说，它是一个"只在知性之中有其源头"，并且如此这般超越了经验可能性的纯粹概念：这一理念是一个"理性概念"（B 377），它使"经验本身……终究成为可能"，"尽管它从来不能在它［经验］之中得到完全的表达"（B 375）。康德进一步认为，这一国家理论式的理念乃是一个原型，它"不出自经验"，必然被立法机关和政府要求，"在最大可能的完善性中"（B 373f.）与理念相一致。

　　这样一来，如果第七条命题中所说的民族联邦作为一个理念是成立的话，那么康德强调的就是共存中的那个理性，是法权及其公共保障——它们表现为使民族联邦获得清楚的国家特征的两个决定性因素，即："按照统一的意志之法则进行决定"，以及"统一的权力"（24，26f.）。因此，第七条命题已经预设了，这一"理念"概念是因为《纯粹理性批判》而为人熟知的，因此对幻想之指责加以反驳也就够了（Z.28ff.）。第九条命题支持了这一反驳，它驳斥了认为"观念"一文所理解的历史是一部小说（29，10），是一个虚构的臆断（"单纯的虚构"：VIII 109 开始部分；参见《判断力批判》，"根据

§29 的总注释”：V 273,6)。康德在“观念”一文中和与托马斯·莫尔的《乌托邦》(1616)附着在一起的国家小说传统划清了界限，因为后者在“想象力之旅”、“虚构的旅行”中为社会和政治想象力创造了空间。与这个传统——包括拉伯雷的《巨人传》(1532—1552)、康帕内拉的《太阳城》(1602/1603)、哈林顿的《大洋国》(1656)，以及后来斯威夫特的《格列佛游记》(1726)、施纳贝尔的《岩堡岛》(1731ff.)和斯托尔贝格的《小岛》(1788)——不同的是，康德并不把他的目标，即民族联邦，理解为一个想象力概念，而是把它归入法权道德和相应的“理性”之中(参见 24,Z.21)。

按照《纯粹理性批判》，理念还有这样一个特征，即：人们可以不断地接近它，但是根据 B 373 处的说法永远不能完全达到它。同样在“观念”一文中，康德说：“我们与生俱来的禀赋，只是接近这一理念”(23,24f.；参见 27,28f.)。与此相关的是这样一个著名的命题：“从产生了人的这块朽木中，难以打造出什么完全是直的东西”(23,22—24)。对康德的知识诉求来说，这一点情况也是重要的，即：“观念”一文中的主张都叫作“命题”，因为康德不把它们理解为随便一些或然判断，而是理解为一些必然判断(《逻辑学》，§30)。

尼采在《不合时宜的沉思》之第二篇“历史学的利与弊”(1874)中曾提出一个一经问世便被引用不绝的关于三种历史思考的区分，即纪念碑式的、好古的和批判的历史学。康德的历史哲学毫无疑问不属于第二种。因为，“信任与爱戴”“虔诚与感谢”“对自古以来便有的东西”的眷顾，都不适用于康德(《批判研究版尼采文集》I 265)。倒是纪念碑式的历史学使人觉得，法权进步这一原则可以为"主动欲求之人"设置某种他可以全力为之奋斗的目标。不过,康德指的并不是"榜样、师者和安慰者",既不是历史中的伟大政治家,也不是例如古希腊共和国和罗马共和国这样的制度性成就。相反,他强调的是战争带来的窘迫,以及存在于这一窘迫中的和平意愿这一潜能。在这一意义上,康德的历史哲学不仅仅在本来的理性批判意义上,而且在尼采的理解中都属于批判性的历史学。它和尼采一道允许那些承受着苦难的人和寻求解放的人"去打破和消灭过去"(同上,269)。不过对康德而言,对战争之过去要通过(永久)和平这一未来加以消解,但是这一消解不同于尼采的方式,即"不同于以几乎后天的方式把自己交给人们想要从中产生出来的过去这一尝试,把人交给人实际上从中产生出来的过去"(同上,270)。因为,康德并不是要改写历史,而是要指出人类本性中的推动力——从这些推动力出发,上述的克服才是"有理由希望"的。

第二节　民族联邦中的一个矛盾

康德面临的困难还存在于别的地方,但不在于对进步的方法论规定,而在于对它的内容规定——同样在后者这里,它也不在于"观念"一文中一开始就被仓促重复的那些主张。康德提出的首先是一个进化定律,当然,它不是一个与达尔文唱对台戏的关于全部自然的进化定律,而只是一个关于个体和种属的进化定律:一个造物的一切自然条件都决定了它们迟早要得到完全而合目的的发展(第一条命题)。在此之后,他把这个一般性的定律运用于人类,并认为在人类之中,自然条件不是在个体之中,而只是在人这一个种之中才会得到发展(第二条命题)。自然的意愿乃是,人类从其自身中产生出一切(第三条命题),而为此负责的推动力就存在于非社会的社会性之中(第四条命题):无拘无束的、野蛮的,甚至是残暴的自由虽然表现为人们之间相互的("非社会性")对抗,但是由于作为其后果的分歧,人们却可以接受某种对自由予以限制的社会化过程("社会性")。值得注意的是,康德尽管只关注自发的、完全自私的情感,但是后者的集体性协同作用却可以产生出全新的东西。康德的天才般的出发点就在这里:

那些进步怀疑论的平庸证人,例如自私、竞争和战争,都可以用"对抗"这个名称来概括,现在都成了进步的推动力。这一社会性的非社会性获得了一种天意般的力量:"一切为人类增光添彩的文化和艺术,以及最美好的社会秩序,都是非社会性的果实,它强迫自己对自己进行训练"(22,32—34)。

在前面四个较为一般化的命题之后,后面的命题涉及具体的目的。与宗教上的末世论相反的是,这一目的就存在于完善的公民联合体之中,存在于"这一个尘世之中"(30,18;参见 Z. 28),因此第五条命题便开始了法权哲学的讨论。在此框架内,第七条命题用两个差不多同样长的段落讨论了民族间的、国家间的法权与国家秩序。第一个段落大体对应着《和平》的第二个正式条款,即"国际法权应该建立在自由国家的联邦这一基础之上";第二个段落对应着第一条附论,即"论永久和平的保障"——与此同时,世界公民法权还是付之阙如的。这样一来,在全球法权秩序和相应的推动力这两个方面,进一步的规定便遇到了困难。

近代哲学把缺乏法权形式的共同生活称作自然状态。康德没有引入这一表达,他把与所寻求的世界主义("世界公民的")状态相对立的状态定义为国际自然状态。后者指的是"未联合起来的自由"(24,10),是"人类——甚至大的社会和大的国家共同体——的不合群"(Z.13),还有"战争"以及"高度紧张而永不缓和的备战"(Z.16f.),"已建立国家中的野蛮自由"(26,1),最重要的,"没有法则的状态"(Z.22f.;参见 25,29:"没有法则的自由")。

由于法权在"已建立国家中"起主宰作用,但也只是在国家内部才是如此,因而国际自然状态只是一个剩余自然状态。如果人们把没有任何一种法权的共同生活称为原始的自然状态,把缺乏公共暴力的共同生活称为第二性的自然状态(参见赫费² 1994,第10 章;以及赫费 1999,第 4.1 章),那么"观念"一文中的剩余自然状态就是第二性的。从"民族联邦"这一与之相对的概念中我们可以得到结论,即:康德认为"安全和法权"虽然是给定的(24,14;Z.16 和 35 中只提到"平静和安全"),但还是不仅依赖于自己的判断,而且也依赖于自己的力量。对"安全和法权"的决定不取决于法权本身,而是取决于政党,因此在国际自然状态中,私人法权部门从两个方面——即对"安全和法权"的解释,以及对它的实施上——起着主宰作用。

把相应的主体刻画为无教养之人(24,23),这一做法透露出的也许是第二个缺陷,即一个除了法权缺陷之外的发展缺陷:在教化和教养上的缺乏。但是,康德理解的"无教养之人"只是那些不愿被强迫的人(Z.33),因此他在这里突出的只是法权缺陷,也就是无法则的自由。

康德把作为"未联合起来的自由"(22,21f.)的替换项称为"世界公民状态"(26,10),这一做法从《和平》和《法权论》看来似乎是一个误解。这是因为,世界公民法权在后者那里乃是国家间的或超国家的法权的第二个部分,而"观念"一文讨论的恰恰是另外的那个部分,即国际法权。康德把拉丁语的"societas civilis"(法语:"société civile";英语:"civil society")翻译为"公民性的社会"(bürgerliche Gesellschaft),他理解的"公民社会"不同于我们今天理解的市民社会(Zivilgesellschaft)或公民社会(Bürgergesellschaft),而是一个具有法权与国家形式的一般性共同生存。而"世界公民的"这一表达则把这一社会形式延伸到了全部世界:一个包含着全世界的公民性的社会就是"世界公民的",它是一个全球国,一个世界国家。

康德对"世界公民的"这一表达的运用支持了这一解释。在"观念"一文中,这一表达除了在标题之外还出现了三次——尽管在最后三个"命题"中只是各出现了一次:(1)第七条命题把"世界公民的"称为国际法权状态,并交付给它"公共性的国家安全"这一使命(26,10f.)——但是它并没有把这一使命交给每一个具体国家,而是交给了一个根据"按照统一的意志之法则进行决定"这一标准而行动的"统一的权力"(Z.26f.);(2)凭借"普遍的"这一补充(28,34),第八条命题强调了与圣皮埃尔神父(参见第八章第三节)的区别:康德并不满足于某种欧洲的解决方案,而是要突显出"在前世界中无先例可循"的东西(28,29),即一个全面的、全球化的解决方案。凭借着"世界公民的意图"(31,4),第九条命题在全球化的解决方案中看到的是某种"具有朝向最高意图的自然"的东西

(Z.34)。在"观念"一文中所有这三个位置,"世界公民的"指的既不是一个主观性的法权,即《和平》中所指出的那个世界公民法权,也不是一个客观性的(世界公民)法权,即支配着主观性世界公民法权的诸法则的总合。"世界公民的"具有双重意义,它指的既是被赋予公共性国家安全之重任的全球化法权与国家状态,也是建立这一状态的意图。

按照第五条命题,"完全合法的公民宪法"是以某个双重最高级为特征的。法权的一般使命,也即"外在法则之下的自由",不仅应该"在最大可能的程度上",而且应该"与难以拒抗的暴力相结合才能被发现"(22,16f.)。按照第七条命题,这一使命依赖于某种合乎法则的、外在的国家关系,因此这一关系——也就是这一世界公民状态——也应该对这一双重最高级有所贡献。为此,存在着两种思考的可能性。如果要克服伴随着战争而来的对个人法权的威胁,那么世界公民状态对国内的法权就具有某种辅助性的,同时也是补充性的意义。它有助于国家完成法权保护这一使命。不过,第七条命题并不包含诸如此类的因素,相反,它体现的是第二个可能性,即:对所有国家——甚至连最小的国家也包括在内——的"安全和法权"的责任(24,24)。康德解释说,只有当这一被法则规定了的公民宪法不仅存在于个别的人当中,而且也存在于国家之间时,它才是完善的。

倘若康德的观点能够令人信服,那么困难也只会在如下更深入的规定中才浮现出来:由于国际自然状态只是一个剩余自然状态,因此那个扬弃着它的国家——即世界国家——也就只承担着某种剩余责任。按照这一责任,已经存在的国家不应该被消灭,而是要被带入一种具有合法形式的共存之中，这个辅助性的世界国家也因其辅助性之故而获得了某种联邦特征。但是康德谈论的并不是某个虽然具有联邦性，然而也具有国家形式的世界组织，而是一个在《和平》看来（参见第十一章）根本不具备国家特征的民族联邦（24，23，26）。这样一来，一个"无国家的世界国家"或者超小化的世界国家就无法完成第七条命题提出的要求，即"即便是最小的国家也能从某个统一的权力中"期望获得"它的安全和法权"（Z. 24 ff.）。康德建议的民族联邦这一解决方案是与他的任务——即公共法权保障——相矛盾的吗？

康德把这一民族联邦解释为"各民族的近邻联盟"（foedus amphictyonum），因此也是对古希腊城邦国家或多民族共同体组成的联合体的反映。这些联盟（如著名的皮雷—德尔菲近邻联盟）从国家法权上来看与其说是联邦国家，不如说是松散的国家联合体。但是，由于它们经常拥有共同的法律和武力，因此"观念"一文中的民族联邦相比《和平》中的民族联邦而言更是一个野心勃勃的组织。参照近邻联盟这一先例，民族联邦也具有国家特征，它的确拥有两个一直到康德后期的法权哲学中——比方说在《法权论》§8中——都定义着公民状态及国家性的因素，即一个集体性的普遍意志，以及另外一个为每一个人提供了所需安全的权力意志。作为对这一思想的预演，"观念"一文不仅谈到了"统一的意志之法则"（24，27），而且也谈到了"统一的权力"（Z. 26）。只有凭借着被如此给予的国家特征，民族联邦才能满足"公共的国家安全"这一使命（26，11），并且与单个国家相类似，不仅能够负责消极性的和平（即对战争的逃避），而且能够负责和平中的积极性部分：在这一部分中，"每一个即便最小的国家也能期望只从这一大的民族联邦中——而非从自己的力量或自己的法权裁断中——获得其安全和权利"（24，24—26）。从另一方面来说，一个近邻联盟拥有极其有限的权能，它不干涉其他联盟国家的内部事务，只具有最小化的国家性。

这样一来，第七条命题的第二部分就使我们注意到了存在于世界公民状态中的危险，即："人类的力量……沉睡了"（26，11f.）。如果所有的文化进步都摆脱了这一对抗，而后者也在世界公民状态中至少是被驯化了，那么一种沉睡事实上就是可畏的。但是康德并不是说，所有的力量都面临着陷入沉睡的危险；他毋宁是认为，世界公民状态本身"并非没有危险"（Z.11）：由于紧接着的、最后的"因此"这个词的缘故，这就意味着，这一状态始终是受到威胁的。这一持久性的威胁把世界公民状态和通常意义上的公民状态区分了开来，并且同时包含着这一个严重的法权缺陷，即：人类并不能确保全球化的国家安全。为了"使人类的力量不要陷入沉睡"这一发展理论上的目的，康德对内在于民族联邦的脆弱性做了探讨。

如果这一解决方案要有说服力，就必须对个别的国家是有效的，而后者为了能阻止这些力量的沉睡，恐怕也同样必须满足于成为一个脆弱的国家。这是因为，凡是不敢接受威胁的东西，终将遭到威胁——如果法权的统治受到威胁，那么就不会有法权国家。与此相反，诸法权国家仅仅对国家使命做了如此限定，以便能为竞争、从而也为力量的展开保留足够的空间。同样的策略也可以被沿用到世界公民状态上。如果给一个（始终是联邦制的）世界国家只让渡有限的国家使命,那么国家之间就可以相互竞争,你追我赶地阻止那些力量的沉睡。

如果对关于民族联邦的更深入的阐释加以观察,那么康德在"观念"一文中似乎并没有达到最终的明晰性或决心:存在着一个不仅仅是契约的"与立法的共同约定"(25,6f.),这一评论赞成的乃是一个(最小化的)世界国家。这一形态"对一个公民性的共同存在而言"——也就是说,对一个国家而言——是"相似"的(25,6f.),但是并不至于与后者相矛盾。因为,这一世界国家由于其最小化的国家性而达不到一个普通国家的完全的国家水准,因此它与后者只是相似而已。听上去具有怀疑意味的倒是这个暗示,即这一形态"就像一个机器人一样"能自我维持(Z.8)。而按照这一说法,责任就不在公共暴力一方,而是在某种"秘密机制之中"(29,13f.;参见《人类学》,后者在人种史这一整体关系中曾经谈到了某种"天意的机制":VII 330)。这一机制被理解为一个"作用与反作用"的系统(25,21;参见 26,13f.),它服从"平衡法则"(Z.9),相当于一个"力量的和谐"。而相反的是,出现在这一行文字中的那个对国家性而言的典型因素,即"统一的暴力"(同上),却只获得了某种第二性的、辅助性的职责。因为它给予这一平衡法则的只是"强调"(Z.10),康德也就赋予了这一法则以初始性的责任:力量平衡关心的首先是诸国家的安全,其次才是民族联邦。

从当代政治学中的现实主义这一意义上来看,这一等级化的解决方案可以说是现实主义的——后者把国家看作国际舞台上主导性的角色,它赋予国际机构的最多不过是一个附属性的角色(例如摩尔根道 1948,华尔兹 1979;对它的批评参见赫费 1999,第 9.1

章)。康德所说的平衡只是在偶然情况下才会发生,此外它常常难以将所有国家包括在内。尤其是,小国可能会成为大国的替罪羊。而且这一平衡也缺乏稳定性;一旦失去了平衡,那么只具有次要责任的民族联邦就没有能力再造这一平衡。最后,这一平衡也缺乏国家之间的那种法权状态,而公民宪法所寻求的完善性就存在于这一状态之中(参见 24,2f.)。因此,有必要对康德的排序予以倒转:世界公民状态只有在民族联邦中才能实现——当然前提是,它是被作为最小化的、联邦制的世界国家而建立起来的。在辅助性的意义上,人们仍然可以期望一个作为预备阶段的全球平衡境况,因为在这一境况中,赢得诸国家的同意要容易得多。

第三节 机械论与道德化

"观念"一文中的第二个困境出现在实现世界公民状态的推动力之上,因为它将道德性一并纳入其中。康德正确地看到,自然条件并没有在教化、教养这两个较低的阶段中完全展开来,而是在最高的阶段,即道德化这一阶段中才是如此。于是便产生了两个问题:首先,由于法权和国家将自己限制在"服从外部法则的自由之下"(22,16),它们如何与最高级的进步——公民在思维方式上的内在教育——结合在一起(26,28)? 如何使公民获得"道德上善的意向"?(Z.32)其次,道德意向,也就是一个具体人格的作用,如何以一个社会秩序——首先是一个具有强制力的秩序——为条件?

康德把发生在世界主义法权秩序之中的法权完善与道德性中的人格完善结合在了一起,也就把两个根本不同的形式——即社会性的完善和人格性的完善——相互结合了起来,这一做法从三个方面来说都是成问题的:第一,它是与第二条命题相冲突的——至少,它也限制了这一命题,即:人之中那些以理性使用为目标的自然条件只有在人这个类中,而非在个体中才能得到完全的发展。道德意向属于个体,对属于他的那些自然条件,也即欲求能力而言,它展示出的是那个在理性洞见中起着关键作用的发展过程。第二,民族联邦可能会在坏的意义上成为一个乌托邦,只有当许多人,甚至所有人都有了道德意向的时候,这一联邦才会产生。第三,对法权与道德、对司法上的合法性和司法上的道德性所做的有意义的分离,将会因此受到损害(参见上书第五章第三节)。

　　首先,在推动力中的前道德部分——也即机械论——中就会产生这一问题,即:这一"机器人"的产生在多大程度上是极有可能的? 对于有利于世界公民状态的力学机制而言,曾经造就了存在于个别人之间的法权形式的那同一个原因——也即"非社会性"(24,7)——也应该是奏效的:只要不同国家彼此处在一个"未联合起来的自由"之中(Z. 10),那么支配着它们的就是"不合群"(Z. 13)、"不可避免的对抗"(Z. 15)和"分裂"(25,24)。从它们自身之中产生的便是这些严重的后果:"战争""高度紧张而永不缓和的备战",以及因为后者之故而产生的"就连在和平之中才会有的"困境、力量的销蚀和枯竭(24,16—21)。正因为这些恶的存在,人们才试图找到"一个和平和安全的状态"(Z. 15f.)。由于这一状态就存在于一个被正面理解的自身利益之中,因此第一个前道德的推动力就具有实用性——从单个国家的立场上来看,甚至具有个别的实用性。但是,开明的私利却难以实现对康德而言至关重要的东西,即:"每一个即便是最小的国家"都能指望获得安全和法权(Z.24),因为较强的国家可能会把较弱的国家变成自己的替罪羊。

康德进一步考虑了三个可能性,它们合起来对应着那些在人类背后、独立于人类的选择而产生出来的发展过程。第一个纯粹因果机械论的可能性依赖的是"运气事件"(参见 25,28:"盲目偶然性的统治")。起作用的不同原因之偶然性的共同作用创造出一个诸国家的局面,而这一局面又"能够自我维持其形式"(Z.13),这一"伊壁鸠鲁式的汇合"(Z.9)毕竟是不大可能的。(按照伊壁鸠鲁的原子论,一切物质性的东西都是原子复合物,它们产生于原子之间纯粹偶然的汇集。对这一观点,康德早在其前批判阶段的《普通自然史与天论》中就做了批评:I 227。)

第二个更苛刻的可能性假设了一个天意般的自然,这一天意在康德的第二部历史哲学著作"人类历史的一个臆断性的开端"中就得到高度重视(VIII 120ff.)。自然之"合规则的进程""把我们这个物种从动物性的最低等级一步一步带到了人类这个最高等级",后者"在一个貌似野性的安排中完全合规则地"发展了他们的"源始条件"(25,16—20)。由于人类的这一发展是有益的,因此康德在这里展示出的也是一个社会实用性的或功利主义的立场。

根据第三个可能性,"从所有这些作用和反作用中",整体看来产生不了对人类福祉有利的"任何明智的东西"(Z.20—22)。甚至"在一个如此文明的状态中还会有恶之地狱最终向我们"产生出来,因为"文明之中迄今为止所有的进步都将因为野蛮的摧毁而再次消失殆尽"(Z.24—27)。这一可能性中的一个部分——即不存在什么进步这一观点——可以与门德尔松的《耶路撒冷》(1783)一书相提并论,但是不能相提并论是那个关键部分,即"在一个如此文明的状态中还会有恶之地狱"。

康德本人赞成的是一个居间性的选择,也就是说,正如在(作为个体的)野蛮人中间一样,在国家之中的"野蛮的自由"也能产生恶的后果:军备、战争、持续的战争意愿都迫使人们"找到一个平衡的法则",引入"一个为了公共国家安全的世界公民状态"(26,1ff.)。不过他在这里跳过了一个问题,即:在不同国家的开明的私利之间是难以取得一致的。即使每个国家都有兴趣放弃一切战争,这仍然足以使那些强国结成一个"列强的民族联邦",同时把所有那些由于软弱而无法对强国产生威胁的国家都排斥在外。

对于能给每一个尚且弱小的国家提供"安全和法权"之保障的国际组织而言,当然还存在着一个合法性缺陷。为了克服这一缺陷,人们恐怕要提出一个道德化的要求。尽管道德化对法权—国家理论而言表现为一种陌生的因素,但是在"观念"一文中并非如此。第六条命题(23,23)就已经认为,作为卓有成效的道德化的结果,善良意志乃是必不可缺的。它把局限于外在行为的制度,也即法权秩序,与道德性这一内在条件结合了起来。当然,它的发生是与第五条命题中指出的"完善而合法的公民宪法"(22,18)这一使命难脱干系的。第七条命题中的合法性缺陷只有通过一个不同寻常的道德化,一个由诸国家实施的道德化才能得以克服。基于某个关于集体性主体,也即诸国家的司法道德性,也就是说,基于某个"集体性的、司法性的道德性",那些强权国家恐怕首先要有意愿对哪怕最小国家的"安全和法权"予以承认。

就算这一关于道德性的假设不会与作为外在立法的法权相矛

盾,它至少也与摆脱了道德性之束缚的对抗难以协调一致。此外还会产生对原因和结果的追问:这一集体性的、司法性的道德性如何既是合法的法权秩序的原因,又是它的结果? 这是因为,在第六条命题中出现了一个作为预备条件的"善良意志"(23,29),在第七条命题中出现的则是它的对应物,即作为一个合法的宪法之结果的道德性的善良意向(26,32);按照康德的观点,为了使这一道德性的善良意向能够产生出来,每一个共同体都必须致力于对其公民的教育(Z.28,31)。对于这一相互关系——一方面,在道德教育上处在初级阶段、较为式微阶段的公民迫使国家放弃"空洞的、充满暴力的扩张目的"(Z.26f.);另一方面,那些变得不再具有侵略性的国家又带给其公民以某种不断增加的道德教育——康德并没有提及。

另外一个问题存在于合法性和道德性之间缺失的区分之中:当一个全球法权状态纯粹产生于"荣誉感"和"体面感"时,为什么还是不够的? 一旦这些国家放弃将它们的所有力量都运用于"空洞的、充满暴力的扩张目的",并且给予最小的国家以"安全和法权"的保障,那么要追求的世界公民状态也就实现了。至于这一批评,即"一切善,如果不能下沉到道德上的善的意向,也就无异于空洞的假象和发着残光的贫困"(Z.32),相反具有某种道德化的特征,而这一点则是与康德本人在《法权论》(§C)中的如下观点相冲突的,即:"伦理学给我提出的要求是,要把法权行动转变为我的准则"(VI 231)。

实事求是地说,《法权论》暗示的解决方案要比"观念"一文提供的方案更具有说服力:如果不论是在个别国家的"公民状态"中,还是在它们的共存，也即它们的世界公民状态中，占支配地位的仅仅是法权，而道德性这项王冠荡然无存，那么人类的整体发展事实上就还是尚未完成的。但是，它也可以避免内在于道德性要求之中的那个幻想之危险，即：人们给"这个尘世上"（30）"朽木"般的人类这一存在（23）提出的要求是很难满足的。无论如何，康德在其后的《和平》中对共和主义给予了更大信任，因为这一思想能使公民的私利转变为工具。不过，这一解决方案同样面临着不少困难（参见本书第十章）。

这样一来，也许我们就能欣然接受这一弱化的康德命题，把法权看作道德性的一个非充分，但是必要的条件。按照苏格拉底的"宁愿承受不正义，也不做不正义之事"（参见《理想国》I 353d3—354a11）这一格言，当一个共同体缺乏正义的时候，人仍旧能够拥有一个道德上的善良意向。毫无疑问，法权为道德性准备了一个极其有用的，但非必要的条件。此外，苏格拉底的格言对任何人都不具有约束力，因为不论是对个体还是对国家，都不能提出承受不公的要求，而是要提出对安全和法权予以承认这一要求。

第十章 《和平》一论:共和主义者是 爱好和平的吗?[①]

在"观念"一文发表十一年之后,道德化不再作为条件而出现了。康德虽然在《和平》中谈到了"在民族之间任性的关系之中令人不堪直视的人性之丑恶"(VIII 355),但"道德之善"这一相反的概念在这里也依稀可闻。不过,对直指这一目标的教育过程,即道德化,这里并没有提及。相反这里出现的是一个新的思想和命题,它将在国际关系理论中变得引人注目,并且人们也在这一理论中在观念史上将其追溯到康德《和平》的第一个正式条款之上(例如朵尔1983)。这一命题在当代政治科学中的基本形式是:民主制是爱好和平的。这一谨慎的命题把民主制看作一个比较性的概念,并且主张,在一个国家的民主尺度和它对战争的拒斥之间,存在着某种因果关联——通常而言还附带着一个更为谨慎的补充,即认为这一关联只在民主政体之间才有效。

这一命题包含两个方面。本来意义上的爱好和平命题主张,民主制(在前述限定之下)的确是爱好和平的;而另外一个来自排他权的命题则主张,只有民主政体是这样的,而独裁国家则不是(关于更多争论,参见森格/斯茂 1972/1982,朵尔 1995;关于此问题的概况,参见茂兹/鲁塞特 1993,布朗/林-琼斯/米勒 1996;舒姆皮特 1919 的著作其实就已经相当重要了;亦可参见赫费 1999,第 9.3 章)。

出于两个理由,这一对康德的援引并不是不言自明的。一方面,康德讨论的是一个共和主义宪制,他反对人们"(就像普遍发生的那样)把它与民主制度混为一谈"(《和平》VIII 351,21f.)。另一方面,他的和平理论乃是规范理论,甚至道德理论——也即法权伦理学——的一个组成部分,这是与政治科学的经验论起点相矛盾的。按照康德的观点,共和主义宪制对应着"法权概念的纯粹源泉"(Z.2)——为了将这里的争执推至极致,甚至可以说,它对应着一个在形而上学之框架内才登堂亮相的道德概念。相关的章节也清楚地包含着形而上学的因素,他的确也谈到了"更高的本质"(VIII 350,25f.)、"一个超感性世界中的国家公民"(Z.27),以及"神圣的……法则"(Z.28f.)。如果今天对康德的援引不是从一开始就错的话,那么康德倒是需要满足两个条件:他的共和主义宪制——简单说:共和制——概念必须使其与现代民主概念协调一致(第一节);另外,他的论证必须始终独立于法权伦理学的大部分内容,尤其独立于后者的形而上学部分(第二节)。只有当这两个条件被证明是可满足的时候,人们才能进入更深入的客观讨论之中(第三节)。

第一节　康德的"共和"概念

康德的"共和"概念初看上去是一清二楚的,第一条正式条款中的第一句话就已经通过三个因素对它做出了规定。但是,这一概念却在其后失去了明晰性,因为随着文章的进展又出现了另外两个规定,而它们彼此之间以及与前三个因素之间并没有被统合起来。康德给这一概念规定起了三个头,共引用了五个因素,但是他并没有对这三个开头和五个因素做过深入研究。

与前三个因素对应的,是自然人在法权角度上占有的三个根本角色。按照这一隐而未发的连带主张,这里涉及的是三个仅仅可以设想的角色:(1)作为(前法权性)社会成员的自然人,作为人,他们相互创造出一个法权关系;他们也变成了法权共同体成员;(2)他们以同样方式服从法权关系这一媒介,服从这一唯一的共同性立法("臣民":《和平》VIII 349,11);他们是具有同等权利的法权共同体成员;(3)平等是这一被附带创造出来的共同体之中的主宰;服从这一立法的人都是具有同等权利的国家公民(参见 VIII 351,14:在共和主义宪制中,"臣民"也是"国家公民")。

在给这三个角色中的每一个分配一个规范性因素之前,康德提出了一个对它们而言"作为基础"的"预设"(VIII 349,12f.),即一个普遍的法权—国家命令:自然状态基于其"无法状态"(Z.19)而损害了"安全"(Z.17),因而有为了"一个共同体的法权状态"而扬弃这一自然状态的法权道德性的义务(参见"必须":Z.23)。因为主宰着这一法权状态的不是私人性的任意,而是共同的法权,不是私人的执法("私人性司法"),而是公共暴力,因此它涉及的就是一个法权与国家秩序。如果按照他对乌尔庇安的第二条和第三条公式的解释,康德几乎能精确地提出这一选项:人要么逃避一切社会,要么与他人一道进入一个社会,每个人在其中都使其所有物相应于他人的所有物而得到保护(参见本书第七章)。康德已经凭借属于这一社会的那个主体——人（或者也是民族）（VIII 349, 16f.）——足够清楚地表明,有待克服的自然状态不仅存在于人和人之间,也存在于民族和民族之间。

准确地说,上面的选项事实上还会出现:诸民族要么逃避与其他民族的一切交往,甚至因为"各个国家由于它们相互毗邻已经受到了伤害"（354,5）而逃避毗邻关系（Z.21f.）;要么它们与其他民族一道进入法权状态之中。第二个选项,即那个不但不回避社会,反而以法权形式构建社会的选项,也就是那个对自然状态予以扬弃的公民宪制（349,24）或法权宪制（Z.25）,甚至还包含着三个方面（Z.25ff.）。因此,还存在着一个三重化的自然状态,而普遍的法权—国家命令也需要在三个分命令这一形式中才能完成。与这三个分命令相对应的,是三条正式条款:人和人之间的自然状态可以通过国家公民法权用共和主义加以克服;（作为国家的）民族之间的自然状态可以通过国际法权,以及自由国家之间的联邦制度加以克服;最后,相对于"观念"一文的一个新颖之处在于,"人和国家"（Z.31）之间的自然状态可以通过世界公民法权用好客原则加以克服。

在第一个分命令的框架内,构成原始的"共和"概念之出发点的是"自由诸原则",它们相对于这样的一种"权威",即:除了那些我能给予同意的法则之外,不服从任何外在的法则"（VIII 350,16—18）。与这个第一标准对应的是一个具有最严格的出处的共识理论,是一个要求着同意——准确地说,是每一个当事人的值当同意（"能给予"）,而非事实上的同意——的合法化个人主义。尽管康德本人没有明确说出来,但是第一个标准本身可分为两个部分。

这一标准取决于当事人,这一说法在形式上意味着,一切暴力最终都是以当事人、以国家理论意义上的人民为出发点的。外在的法则——尽管是全部的外在法则("不服从任何外在的法则":VIII 350,17)——都必须是值当同意的,这一说法的意思是,这一标准不仅要在形式上,而且也要在内容上予以满足:每一个法则都承担着一项证明义务,表明它是配得上当事人的同意的(这一观点在"启蒙"一文中就已经表达过了:VIII 39,13—15)。由于康德说的是"我"和"我的同意",因而这一标准也应被理解为个人性的,而非集体性的:它依赖于每一个个别当事人的,而非仅仅是所有当事人的全体同意。

第二个标准——即"依赖性原理"——对应着法权国家性原则,因为它使所有法权共同体成员都服从同一个"共同的立法"(《和平》VIII 349,11)。按照第三个标准,即"平等法则",国家公民是具有同等权利的立法成员,对康德而言,这一点是通过他们的代表而实现的。这样一来,康德主张的共和制也就通过这三个标准的结合而变成了我们今天理解的民主制:按照第一个标准,一切暴力在形式上都以当事人和人民为出发点,共同体在质料上也具有一个自由特征。按照第二个标准,属于它的是一个法权国家性质的宪制。按照第三个标准,所有公民在立法中尽管只是以代议制的方式,但是都以同样的权利在共同发挥着作用。

在《法权论》中(§46,类似的还有"谚语"VIII 294),康德法权伦理学中的那个自相矛盾的因素,即与现代民主制相冲突的,把许多法权共同体成员贬低为只具有被动性的国家公民的做法,尽管已经出现了,但是《和平》所要求的"所有国家公民间的平等"却不能容忍诸如此类的歧视——在这里,康德比在《法权论》和"论谚语:'理论正确,实践无方'"中都"更民主"。同样在后来的《实用人类学》中,对共和制的定义也不包含上述的歧视。康德完全改变了存在于"法则""自由"和"(公共)暴力"这三个概念之间的相关性联结,但并没有因此谈论只具有被动性的国家公民。如果说无政府主义存在于"缺乏暴力的法则和自由"之中,专制存在于"缺乏自由的法则和暴力"之中,而暴政则存在于"缺乏自由和法则的暴力"之中的话,那么共和制这一唯一"真正的公民宪制"则是以"暴力、自由和法则"这三个概念的联合为其标志的(VII 330f.)。康德用(公共)暴力这一因素把共和制从无政府主义那里区别了开来,用自由把它从专制那里,用暴力和法则的联合把它从暴政那里区别了开来。

就《和平》而言,不仅那些在第一条原则中提到的自由法权,而且所有三条原则对康德而言都具有"与生俱来的、必然而不可剥夺地属于人类的法权"这一地位(VIII 350,23f.)。按照这一在系统性上具有优先性的定义,共和制是通过人权得以规定的,而后者在这里包含的不仅仅是自由法权。同时,康德主张的是复数的人权,如果说《法权论》只提到了其中一个人权的话,那么在《和平》那里存在的实际上是一个复数(参见本书第一章第三节 2 和第六章第五节)。

在第二个开头处,康德引入了对权力的划分,当然,也只是作为"把执行性的暴力(政府)与立法性的暴力分割开来"这一划分(352,14—16)。也许是因为独立的审判制度实在是不言自明的,因此它并没有被特意提及。由于第二个开头忽略了最初的那些规定,因此其因素显得具有排他性。而事实上,政治科学家们偶尔会把这一因素当作一个独一无二的因素强调出来。因为之前的开头不论从文本角度还是从体系性的角度来看,都显得更为重要,因此把第二个开头看作第一个开头的完善,而非它的替代项,这似乎更有意义一些。这样一来,规定了共和制的就是两个原则,即人权和权力分立。

康德也许只能在原则上表达出这一同意思想,即:法律——尤其是宪法条款——必须在所有的方面都是能被同意的。不过在对共和主义的和平意愿的阐述中,康德要求的则是国家公民的"一致同意",而这则构成了第五个定义要素:政府对诸如战争等事务的重大决定有必要获得国家公民实实在在的同意,因此在康德这里,民主制已经获得了一个显著的参与性特征。由于这一因素再次获得了一个补充性的特征,因此便产生了下面这一居间性的平衡:

康德是通过五个因素——甚至由于第一个因素所包含的双重含义,而通过六个因素——对共和制予以定义的。在某种只有轻微改动过的表述中,这六个因素存在于:(1)一切暴力在人民中的起源;(2)自由(法权);(3)法权国家性;(4)人民分享立法;(5)权力分立;(6)由于这一被特别强调的分享而具有的显著意义上的参与。康德的共和制与其说对应着社群主义的共和主义,不如说对应着一个在法权上具有较高要求的民主制宪政国家:一个自由的、法权国家性的、参与式的民主制。当代政治科学家并没有把康德关于共和制之和平意愿的命题不合时宜地运用于当代民主制之中,但是他们恐怕必须严格地补充这一观点,即:光有最狭隘的意义上的民主,也即单纯的人民自治,是远远不够的。

第二节　一个可分离命题

按照"观念"一文的观点,作为全球和平秩序的机构,民族联邦不太可能通过某种道德作用、某种道德化产生出来。更为重要的是那个开明的私利:为了从根子上克服各个国家由于对抗而被驱入其中的贫困和灾祸,人们离开国际自然状态,建立民族联邦(参见本书第九章)。按照这个论点,所有国家都有和平倾向,而且出于私利才具有和平倾向。对这一论点而言,关于共和制之爱好和平的命题在两个方面是与它相矛盾的:

首先,爱好和平的不再是所有国家,而只是一些共和国。由于共和国是通过道德标准而自我定义的,因此它在私利之外还需要道德。被康德引入《和平》之中的道德,并不是"观念"一文中那个与法权相排斥的道德,也即善良意志,而只是一个关于法权制度的道德,即法权道德。凭借这一法权道德,康德提出了一个相对"观念"而言的新的观点,但是他并没有彻底否定后者的论证模式,而是对它做了完善——也就是说,它弥补了一个未被"观念"一文注意到的论证缺陷:当康德在"观念"中诉诸贫困和灾祸这两种有助于和平的力量时,他忽视了,贫困和灾祸的始作俑者,也即为此负责的政治家们,不必一定成为贫困和灾祸的牺牲品。相反的是,康德在《和平》中确信,他那个时代的战争——也就是所谓的内阁战争——向我们表明了,那些担负着责任的政治家们"不会因为战争而使其筵席、狩猎、夏宫、宫廷生活以及诸如此类的东西受到丝毫影响,他们做出战争的决定,就像出于微不足道的原因而举办一场声色犬马的聚会一样简单"(VIII 351;参见《法权论》,§55:"他的臣民……在战争中如同在狩猎,在战斗中如同在举办声色犬马的聚会",VI345)。

相反,共和政体是爱好和平的,因为当事人必须给予他们的"一致同意",即要给予明确的、建立在内在信念之基础上的同意(参见格林 1854/1984,I,1398)——也就是说,"必须自己对战争造成的一切苦难作出决断"(比如:努力尽其所有来负担战争的费用;艰难地修缮战争留下的满目疮痍;除了无处不在的灾祸外,最终还要亲自承受使和平本身雪上加霜着的、[由于新的战争]而永远无法消除的债务负担)(《和平》VIII 351)。在此意义上,《法权论》(§55)采纳了这一论证中的一个部分,即:一个必须挥霍其财产乃至生命,或者将它们付诸游戏的人,拥有"针对每一个特殊的战争声明,通过其代言人给予其自由的同意"的权利(VI 345f.)。按照这一观点,这一点适用的将不再是个体意义上的每个个体,而是集体意义上的民族——尽管是以多数决定的形式:人只能自愿地以其财产为担保,并且必须付出其血汗钱。

具有典型意义的是,在关于民主制的和平意愿这一命题上,康德并没有诉诸民主制中公民的更高道德:他既没有诉诸一个综合的,将包括国家之间的冲突在内的一切冲突交付给一个中立的第三方的法权意识,也没有诉诸某种真正的和平意愿。康德对此抱有清醒的态度,他认为公民及其政党、联盟和机构都不应对任何一种暴力抱有根本厌恶。他放弃了"观念"一文对道德性的需要,只对开明的私利抱有希冀,以便使后者的重要性不是遭到限制,而是得到强化。同时,他突出强调的不是行动中的积极利益,而是与

"观念"一文的第七条命题相一致的那个消极利益,即:人们一定要避免战争带来的困境。

康德并没有求助于苛刻的公民德性,没有求助于与和平意愿结合在一起的法权意识,或者一个共和制的或民主制的纯洁性;相反,他满足于民主制所具有的这一能力,即它有助于使公民的私利成为不受限制的主宰。如果说在非民主制中做出战争决定的是一些个人,而他们却绝少承受战争之痛的话,那么在民主制中,做出这一决定的则是承受苦难者自己。正是在这里,康德看到了对共和制的另一个合法化,也就是说,除了对它的道德合法化之外,还存在一个具有和平功能的合法化:"除了其起源——即从法权概念这一纯粹的源泉处源流而出——的纯正性之外,还有一个对所期愿的结果,即永久和平的展望"(《和平》VIII 351,1—4)。为了使承受着军备竞赛和战争苦难的人发出自己的声音,他们必须成为发动战争的集体性主体——也即国家——中的具有平等权利的主体。当然,这一论点只考虑到了侵略者,也即发动了战争的国家,而没有考虑到被侵略的国家。

因此对经验性的政治科学而言,康德关于共和制之和平意愿的命题是很有吸引力的,因为它的规范性部分如此之温和,此外在规范性上也几乎没有争议之处。这一命题——几乎完全是——建立在对开明的私利的论证之基础之上的。所有那些康德的高度复杂的、此外也是形而上学的法权—和平伦理学,如关于自然法权及其相对于实证法权的优先性的理论、关于(唯一的)天赋权利的理论、关于私人法权和公共法权的理论、关于理智占有物的理论、关于作为所有人类原初共同占有物的地球的理论、关于惩罚正义之绝对命令的理论——所有这些和许多其他的思想（参见本书第六、七章）始终都没有被关注过。同样，在第二条和第三条正式条款中被强调指出的那些主张——如：实现一个民族联邦，把世界公民法权限定为探访权，而非受款待权——都没有起到什么作用。这里指出这一包含两个部分的观点就可以了：在共和制中，战争应由公民或者其代表来决定；也正因为如此，他们的私利就可以成为工具。从规范性上来看，如果和平意愿建立的基础只是这一私利的话，那么它也可以在没有道德的情况下产生出来，因而也就不属于康德关于法权与和平的伦理学。唯一得以保留的道德因素是一个制度性的道德因素，一个民主要求，即：当事人必须同意。

第三节　质疑

对民主政体的和平意愿，当今的政治科学争论主要分为两种解释模式。按照所谓的"规范性解释"，民主政体是按照解决内部争端的同一个模式来解决外部争端的。在国内，它们习惯于某种具有法权形式的，因此也是摆脱了暴力的冲突解决方式，并把这一模式挪用到外部，以和平方式对国家间的冲突做出应对。按照第二种模式，也即"结构性解释"模式，在民主政体中起着主导地位的决策结构对战争持排斥态度。

当人们习惯于把康德归入规范性解释这一模式之中时（例如茂兹/鲁塞特 1993,625），《和平》这一文本本身却拒绝如此。具体说，这一文本所依据的并不是对共和政体而言具有典型意义的冲突解决模式，即用法权消除暴力。关于这一模式能否沿用到外部的问题,属于该文本的第二和第三条正式条款,因此在第一条中没有发挥任何作用。如果有人把规范性解释的错误推论到结构性解释上,就只是适用于《和平》的一半内容。这是因为,一方面,康德把战争决定与当事人的"附带同意"相提并论;另一方面他又认为,出于私利之故,当事人是反对附带同意的。正是凭借着这一"另一方面",它对这一和平意愿命题做了微妙的限定,而且连自己也没有注意到这一点。相反的是,康德对和平意愿抱有如此强烈的信任,以至于他在第二条正式条款中说,共和制必须"按其本性而倾向于永久和平"(《和平》VIII 356,18f.)。

康德的观点只有在以下两个角度上才是合理的:首先,他关于民主中的同意的论点——简单地说,他的民主论点——是正确的,也就是说,只有共和宪政或民主宪政才会把对战争的决定交给承受苦难的人——当然正如上文已经说过的,只是从侵略者一方,而不是从被侵略者一方说是如此。其次,他关于对战争之质疑的观点——或更为一般地说,关于私利的观点——是正确的,按照这一民主观点,战争不再是"世界上最不可质疑的事情"。不过,从这两个观点之中却难以得到所期待的那个要求甚高的和平意愿:"对所期愿的结果,即永久和平的展望"(《和平》VIII 351,3f.)。按照第一条先决条款的说法,永久和平可以说存在于一个无保留的、持久的和平之中,而按照"展望"这一表达,还必须有一个较大的机会才行。不过对这一期待,康德的观点并没有揭示过。与之相反的是,他在下面两个方向上对关于和平意愿的命题进行了限定,即:"民主政体根本而言是爱好和平的"这一假设,以及"只有民主政体才是爱好和平的"这一排他性的主张。

让我们从第二个限定开始下面的讨论。至少在今天这样的条件下，战争即使对那些非民主的政体而言也绝不是"世界上最不可质疑的事情"。这是因为，如果战争危害了和平的好处，危害了经济、科学和文化的繁荣，那么康德的经验性前提——即：元首"不会因为战争而受到丝毫影响"——也就难以成立了。另外，如果一个国家的贫困也不能阻止它的政治精英们过着穷奢极欲的生活，那么随着收入的波动，税收也会萎缩，由于战争的作用，其他的财政来源（比如对矿藏的开掘）也会受到影响，这样一来，"最微不足道的东西"这个最高级毫无疑问就是错误的。就连那些非民主的国家也越来越多地承担起公共服务的任务，并且作为对此的补充，承担起对经济政策的责任。这里还会出现第一个相反的论点，即：现代武器和持续的高度军备耗费巨大，因此如果没有繁荣的经济是难以为继的。关键在于，诸如原子弹这样的现代武器具有毁灭性的后果，因此即使对那些独裁者而言，这样一场相应的战争也不再是他们"出于微不足道的原因"而能决定的"声色犬马的聚会"。简言之，不论是国家使命的发展，还是武器的发展，都已经弱化了民主政体对和平意愿的排他性权利。

另一方面，共和宪制担心的只是，人们将会对发动一场战争"非常怀疑"，而这还远谈不上是完全的和平意愿。"对战争的怀疑"最多只触及被开明的私利所掩盖着的那个和平意愿的尺度。如果人们（1）信任武器超过了信任军队；（2）在军队里雇佣的不是负有防卫义务的士兵，而只是自愿的士兵；（3）只对弱小得多的对手发动战争；（4）此外还在突然袭击中坐收渔利；（5）期望通过军火交易或掠夺富饶的矿藏获得经济上的利益，或期望在更大的势力范围内获得地缘战略利益;(6)甚至通过盟国来支付战争费用,也许甚至让盟国承担超额费用,那么这里的私利就绝不是反对战争的。

因此第二个居间性的平衡也就是显而易见的了:一方面,从康德的上述论点中可以推论出一个更温和的,同时更现实的命题。由于民主政体有助于使其公民的私利得以实现,而很少有战争能承诺取得平衡之利益(Per—saldo—Vorteil),因此民主政体虽然对待战争是犹豫不决的,但并非从根本上反对战争的。另一方面,如果毕竟还要有某种根本性的和平意愿的话,那么除了开明的私利之外,还需要一个真正的道德因素。而这一因素可能就根植于民主国家的公民之正直感和法权意识、正义意识之中。但是,由于这一意识在民主政体中的大多数人那里很少达到高度可靠的程度,因此值得推荐的还是那些摆脱了道德负担的措施,尤其是国际性的规则体系和组织(参见本书第十一章)。

有鉴于第一个限定,当代政治科学家们热衷于对康德较为繁复的论证予以简化:假如一个法权—国家伦理学的命令能使独裁专断的政体转变为自由的民主政体,那么战争也就消亡了。不过为了反驳"通过世界范围的民主化而实现世界范围的和平"这一命题,存在着两个论证序列(详见赫费1999,第9.3.2章)。

第一个序列是,历史经验告诫我们要对此保持怀疑。法兰西第二共和国就已经用一场战争席卷了整个欧洲,但是后者根本没有摆脱霸权主义的兴趣。而美利坚合众国这一较早的民主政体在向西扩张的时候,也几乎不考虑到那里的原住民;此外,它不断吞并,从得克萨斯、亚利桑那、内华达、犹他一直到加利福尼亚和新墨西哥，把它们变成了值得炫耀的合众国。同样，英国的民主发展也未能阻止其世界霸权计划。康德甚至假设，每个国家对霸权都有一分天然的兴趣。"每个国家（或其首脑）都要求以这一方式——尽可能主宰全世界——为自己奠定持久的和平状态"（《和平》VIII 367；参见《宗教》VI 34），这一相应的要求绝非在下面这一意义上是帝国主义的，即：人们想要的无非是扩张霸权。对于理解这一主宰世界的要求而言，霍布斯的著名说法"自然的安全兴趣"就已经足够了，因为后者导致的是"对权力的无休无止的追求"（《利维坦》，第 13 章）。康德把这一自霍布斯以来一直为人熟知的思想沿用到了不为人熟知的国际关系这一领域，这一做法是合理的。值得注意的倒是，他没有看到这一后果：他恐怕不得不对共和制的和平意愿保持怀疑。

前面提到的这些反例——以及其他许多来自中世纪和古代的反例——难以满足今天对民主的要求，但尽管如此，"只有自由主义的民主政体才是爱好和平的"这一新限制还不足以失去其效力。这是因为，上述战争至少在开始阶段还是受到了如此之广泛的民众支持，以至于就连"更民主的民主政体"也对此表示了赞同。

的确，出于辩护理论的理由，这一经验之"实然"还无法使私利这一规范性原则之"应然"失去其力量。但是它告诉我们，或者并非每一场战争都与公民阶层的私利相矛盾，或者这一矛盾还没有充分地暴露出来。民主政体具有的充其量不过是对和平的倾向；正如上面所说的，它们对战争迟疑不决，但是并非敌视战争。在特定情形之下，所谓的民主和平主义甚至会翻转为它的对立面，成为民主帝国主义。有时候，一件事情是在另一件事情的名义下发生的：人们嘴上说的是民主，心里想的是经济利益。

统计学也证实，民主政体至少和非民主政体一样，是无法免于战争的。自1945年以来，英国、法国和美国占据了战争第一阵营（甘策尔1995），但是在从1816年到1980年这段时间内，这一阵营是由法国率领的，紧随其后的则是英国、俄罗斯、土耳其、意大利和中国（森格/斯茂1982,294）。即便对这一因此而弱化的命题——即民主政体并非绝对地，而只是相对于其他政体是爱好和平的——而言，马上也会涌现出如下反例：在法兰西革命之后为其提供了经济支持的并不是更民主的国家英国，而是它的对手普鲁士；再比如，1812—1814年爆发了英国与（相对）民主的美国的战争，而后者反过来通过战争阻止了南部各州的独立；另一个例子是，19世纪的英德之争并不是从国家形式的对立中产生的，而是从与民主制毫无关系的利益竞争中产生出来的；还有，印度和巴基斯坦的军备竞赛也不是从军队开始在巴基斯坦掌权才开始的。

按照第二个序列的相反观点，康德的部分论点不具有说服力，部分论点没有给出其经验性前提：当战火还没有烧到国境时，公民对这一困境的感受要弱很多；当战争针对的是一个明显弱得多的敌国时，这一感受就更弱了。长此以往，他们就可以从战争中渔利了，进而听任威权和权力的增长，或者把它们从国内政治的困境中引开。另外，从武器发展这一不依赖于民主制的原因之中，也不会发生战争：由于二次打击能力所产生的毁灭性后果，在核战争中只有输家。最后同样重要的是，一旦我们熟悉的那些对立——不仅仅是东方和西方的冲突——消失殆尽，大多数国家成了民主国家，那么民主政体此前所具有的和平意愿也会减弱。今天已经很明显的是,那些残存的霸权力量正在失去对其自身利益有利的支配地位。

因此,一种怀疑式的整体平衡就是不可避免的了:不论是迄今为止的民主经验,还是前面已经介绍过的观点,都无法使我们确信,从世界范围的民主化中就可以期望得到世界范围的和平。就算所有国家的民主化是完全有益的,而且这一民主化出于法权道德方面的原因也是必需的,在缺乏全球有效的规则体系、同样全球化的组织及其对公共暴力的权利的情况下,世界和平几乎就是不可预期的。

第十一章 《和平》二论:民族联邦, 亦或世界共和国?[①]

第一节 一个矛盾?

在《和平》的三条正式条款中,尽管永久和平的诸条件都按照公共法权的三种基本形式——即国家法权、国际法权和世界公民法权——得到了完全表达,但是正如每一个相应的章节和先决条款的标题所流露的,这里涉及的主要还是"国家间的"和平(VIII 343,348)。由于第二条正式条款就是以此为主题的,因此它的三页半内容(354—357,18)也就构成了全部作品的核心部分。但是,它的基本断言——即应该有一个民族联邦,而非一个民族国家(354,8f.)——则是有问题的。

其实第一个论点,即"作为国家"的民族和单个的人之间的类比性,就已经支持着民族联邦的观点。第二个段落虽然指出了一个历史性、事实性的阻力,即每个国家都将其主权设定为"不服从

———————

① 该文此前发表于:赫费:《康德:〈论永久和平〉》(《经典解读》,第 1 卷),柏林 1995,第 109—132 页。

任何一种外来的法权强制"(Z.24),但是第三个段落却给出了一个折衷的根据,即人性之恶。第四个段落仅仅区分了三种国际关系,而后者在民族联邦中达到了其顶点。第一种关系——即:或者战争,或者征服——其实是自我消解的:哪里没有法庭,哪里相互冲突的法权要求就不会通过程序和法权,而是通过暴力被加以裁断。第二种关系"和平契约"(*pactum pacis*)尽管带来了显著的进步,但是还是不够的,因为它终结的"只是一场战争,而不是战争状态"。相比而言,第三种国际关系——也即某种"特殊的联盟"、某种"和平联盟"(*foedus pacificum*)——则是合适的,它寻求的"不是终结一场战争,而是一劳永逸地终结一切战争"。

但是,接下来的第五和第六两个段落不仅支持着这一和平联盟,即民族联邦,而且,它们还指出了其中的严重缺陷,即:由于缺乏公共法权,这一和平联盟是作为一个"自由的联邦"而出现的,它最好能"在公共的强制性法权中安顿下来",并因此转变为一个世界共和国。在第二条正式条款的最后一句中,这一地位遭到了很大程度的削弱:民族联邦只不过是一个消极的替代项,而且第四种关系也会出现,也就是说,要用民族国家(VIII 357,10)或世界共和国(357,14)来取代民族联邦。不论如何,对第二条正式条款而言,关键的问题在于:"要民族联邦,而不是民族国家"这一引导性的命题如何与"作为消极的替代项的民族联邦"这一结论性的命题相一致?(关于最新文献对这一问题的探讨,参见卡瓦拉1992;亦可参见赫费1995,盖尔哈特1995,默克尔/维特曼1996。)

首先要对几个没有争议的因素加以提示:在"国际法权"(Völkerrecht,拉丁语的 *ius gentium*)这一表达中,人们可能会按照字面意思误解该表达的第一个部分，即"*gentes*"，也就是把它理解为具有同一个族源的共同体，理解为民族学意义上的同质性族群。如果这一理解是正确的话，那么康德致力研究的就是各个民族的法权了，也就是说，他研究的是部落、族群和其他"自然的共同体"的法权。其中一个法权可能就会是：从某个国家联合体中退出来，建立自己的国家。不论这样一种权利在当时是否具有现实意义（比如在后来的美国独立战争中是否如此），这都不是康德谈论的主题。他感兴趣的不是"血缘共同体"这一意义上的"*gentes*"（族群），而只是"作为国家的民族"（《和平》VIII 354，3），是"*civitates*"（公民共同体）——他感兴趣的是公民共同体意义上的那些民族，如果用宪法语言对这些共同体加以描述的话，就是："一切暴力以民族为出发点。"至于这些国家在民族上是同质性的还是异质性的这一问题，在康德这里没有任何意义（关于"启蒙的民族国家"这一概念，参见赫费1999，第6.3章）。为了避免这些误解，我们可以不说"国际法权"（Völkerrecht），改说"国家间的法权"（Staatenrecht）（参见《法权论》，§53），并把后者理解为那个约束着个别国家之共存的法权。康德对不必要的词义引申持怀疑态度（参见《纯粹理性批判》B 368f.；亦可参见《实践理性批判》V 10），但还是遵循着这一通常意义：把国际法权理解为专门回答国家之间诸问题的法权。

　　按照格劳秀斯影响卓著的著作《论战争与和平的法权》（1625），以及对经典国际法权而言具有重要意义的《威斯特伐利亚和约》（1648），诸侯们所拥有的最高国家暴力——即主权——包括了发动战争的权利（*ius ad bellum*）。结果是显而易见的，那些动不动就上升到主权的国家提供的是这样一幅场景:"在一个装满野兽的竞技场,每个野兽都要独占一方,它们做不到相互消灭或驱逐,便无休无止地在不耐烦中咆哮着、咕哝着,相互撕缠打斗"(拉德布鲁赫[3]1932/1999,§28)。

正如《和平》从总体上坚决地拒绝了这种法权一样,第二条正式条款亦是如此:"作为一种通往战争的法权的国际法权概念,从根本上是不可思议的"(VIII 356,35f.)。凭借这一拒绝,康德建立了一个全新的国际法权,用一个具有和平功能的法权——即和平国际法权——取代了战争国际法权的位置。尽管说先决条款处理的仍然是战争和战争进程,以至于人们可能会推断某种"通往战争的法权"的残余,乃至"战争中的法权"(ius in bello)的残余,但是这些条款其实无异于在和平功能之目的下对战争的改造。针对战争中的法权的第六条先决条款建立的仅仅是禁令,而非许可:它禁止的是一切通过破坏信任而使和平不复可能的做法,是那种使"敌意……演变为一场毁灭性的战争"的做法(VIII 346,31f.)。第五条先决条款坚决反对把两个可能使战争得以合法化的理据——一个是其他国家的糟糕示范,另一个是国内战争——当作合法化论证:"任何一个国家都不应该"——这里的"应该"应被理解为"允许"——"粗暴地干涉另一个国家的宪制和治理"。

此外要说的是,针对今天面临的人道主义干涉这一现实问题,这里并没有提供充分的论证。因为康德既没有阐发种族灭绝的可能性,也没有阐发过其清晰的初步阶段,如以种族或宗教为目标的大规模人权破坏行为(如强奸、掠夺、驱逐、屠杀)。在这些情形之下,具有替代性的可能是一个关于紧急救助的例外法权(参见赫费

2000；有关相反的判断，参见卢茨 1999/2000，默克尔 2000）。

康德明确地拒绝任何一种导致战争的国际法权，为此他有一个很好的理由：任何一个采纳了导致战争的法权的人，都违背了法权伦理学中的这一基本原则，即关于"普遍有效的、外在地限制着任何一个个体之自由的法则"这一基本原则（《和平》VIII 356，37f.）。反之便是"片面的准则"，而且法权也是屈服于"暴力"的（357，1）。由于只有总体上较为强大的一方才能赢得战争，也由于战争和征服只是由既定的力量来决定的，因此理性也就会对作为法权过程的战争予以一味的谴责（356，2f.；参见 349，35ff.）。康德主张的绝不是一个从来都不认为自我防御具有合法性的极端和平主义。一个国家的公民可以带着武器"保护自己和自己的祖国免于外来侵略"（参看 VIII 345），这一点在第三条先决条款中是不言自明的。撇开这一点不论，平时冷静的康德还是凭着一个哲学家的满腔激情对战争做了谴责，也即，"从最高的道德立法之权威这一王座上自上而下地"进行了谴责（356，2f.）。

当然，我们也可以按照 1780 年代康德的历史哲学著作推断出另一种立场，因为在这些著作中，康德在战争中看到的不仅仅是灾祸和贫困，而且还有对人类文化进步的贡献（"观念"VIII 24，26；《开端》VIII 121）。在《和平》中，这一积极的贡献始终是现实存在的。即使从道德角度来看，战争绝对是应该谴责的，但是必须始终承认的是，它迫使每一个民族"内在地构造出一个国家"（《和平》VIII 365，36f.）。同样在《和平》中，战争被证明乃是"自然的狡计"，是废除战争的手段。只有当康德在《法权论》中联系着战争对某个三重化法权——"为了战争的法权"（§56）、"战争中的法权"

(§57)和"战争之后的法权"(§58)——予以阐释的时候,他才回避了这一单纯的和平—国际法权问题。所有三种情形涉及的都不是严格的道德性法权概念,而是那个对相应的自然状态而言具有典型意义的东西,即暴力(关于§5,参见 VI 346;关于§58,参见VI348,14;§57与第五条先决条款的一致之处在于,它们处理的都是使自然状态的克服成为可能的战争原理:VI 347,5—9)。

凭借着对战争法权的拒绝,康德也就与当时的主权主张断然拉开了距离。除此之外,他是以"保守的方式"对待这些主张的,至少他还坚持民族联邦这一选项,因为他并不主张这些国家放弃其主权。不过,存在于国家和个体之间的类比性是与此相矛盾的——按照这一类比,存在着某种国际自然状态,它完全可以像通常意义上的"国家的"自然状态一样被克服,也就是说,通过公共法权状态加以克服。由于"这些国家已经通过其比邻而居而在相互伤害着",因此其中的每一个国家都"能够而且应该""为了自己的安全而要求其他国家"建立某种使"每个国家的法权都能得到保证"的状态(《和平》VIII 354,5—8)。或者就像康德在具体的正式条款提出之前评论的那样,它们就不得不"回避我的毗邻关系"(349,21f.;这一要求对应着康德对乌尔庇安第二条规则的解释,参见本书第七章第二节)。

根据这一国际自然状态的论点,已经存在的国家之间需要某种国家形式的整合——在理想情形之下,需要一种以共和制的方式缔结起来的,由各个共和国组成的联邦。在某种法权道德性的意义上,这一组织是应该具有的。作为对国际法权状态的克服,它并非不同国家彼此"仁慈地默许"的东西,而是属于它们可以彼此

"要求"的东西（354，6）。从个别国家与个体之间的法权伦理学类比性出发，我们无论如何可以得出结论，即国家之间彼此有义务建立一个第二阶的共和国——一个从已经具有国家形式的共同体之中整合产生的共和国，换言之，一个国家或世界共和国之意义上的世界共和国。

如果连某种最小化的国家性都缺乏的话，这一世界共和国是不可能产生的。尽管康德提出的民族联邦应该是一个与"公民性的"——这里的意思是"国家性的"——宪制相类似的宪制（Z. 7），但是它还是缺乏国家性。按照其统治结构，民族联邦是一个超小化的世界国家（UMWS），但这样一来，在第二条正式条款的命题（也即自由国家的联邦主义）和作为其基础的类比性之间，就存在着一个显而易见的矛盾。国家性在前者那里是被拒绝的，而在后者这里则是被要求的。这是因为，正如一个由个人构成的法权共同体只有通过他们对自由的放弃才能产生出来一样，一个由单个国家构成的法权共同体同样也只有通过相应的对其主权的放弃才有可能产生。

第二节　适度的世界共和国

在第一条附论中（《和平》VIII 367，14），康德曾经谈到某种"大同君主制"，并把它理解为一个被提升到全球高度的单个国家。这样一个同质化的世界国家（HWS）或世界帝国，并不是康德所主张的世界共和国。第二条正式条款反对"不同的国家……融合成一个国家"（354，14f.），这不无道理。这是因为，这些国家在国内已经为法权道德上所必需的法权安全提供了保障,因而不存在自我解散的法权道德命令。相反的是,为了法权安全之故而必需的世界共和国则是众国之国(*civitas civitatum*)。按照其国家伦理学的核心规定,这一众国之国就在于某种第二性的、补充性的国家性之中。

这些国家的权能就存在于康德所做的类比之中。只要像考察个体一样来考察国家,那么国家—个体——也就是诸原初国家——就可以按照自己的意愿行事,当然前提是,它们不干涉其他国家—个体的法权。对于这一与此相关的问题,即:它们的法权究竟存在于何处?第一条正式条款做了回答。不论是从自然个体中产生出来的原初共和国,还是从国家—个体中产生出来的第二性的共和国,一切暴力都是在民族中产生的,当然在第二性的共和国这一情形中是在原初共和国之整体中产生出来的。作为存在于这些共和国之间的"共同体的法权状态"(VIII 349,21),其突出标志是自由法权、法权国家性以及民族对立法的参与,另外还有权力分立和重点参与(参见本书第十章第一节)。甚至在这些原则之整体之上,还有与生俱来的法权这一法权道德性的要求。

这样一来便出现了一种新型的人权,当然说它是新型的,并不是就内容而言,而是就接受者而言的。这一法权存在于"国家的人权"(简称为:国家权)之中,包含着两个方面(关于系统性的详细讨论,参见赫费1999,第III部分):正如个体彼此之间一样,国家之间彼此也有对身体和生命的法权,有对财产的法权;第一个国家权主张的主要是领土完整。除此之外,国家—个体也有对政治和文化自决的法权。正是因为原初国家,也即单个国家必须满足多重使命,因此第二性的国家,也即世界共和国只需要拥有极少的权能——它是一个最小化的世界国家(MWS)。

在法权道德性的基本使命之范围内,对面临的冲突不是按照暴力尺度加以解决的,这样一来,实际上留给国际法权共同体的只有一个很小的剩余责任,而那个剩余自然状态将通过这一责任得以扬弃。对于我们熟悉的那些国家使命,如对民法和刑法的关注,对劳动和社会福利权的关注,关于语言、宗教和文化的法权,均属于原初国家的责任,并不包括在第二性的国家——即世界共和国——的国家权能之内。当然我们必须对此观点加以限定,即:从第三条正式条款中指出的世界公民法权之中,也可以产生额外的权能。

如果我们停留在第二条正式条款之范围内,那么按照康德的前提,只有一个国家性是合法的,即那个在国内意义上(intra national)被称为守夜人国家或最小化国家的国家性——这是一个被极其严格地限定起来的国家使命范围。一个声称拥有更多责任的世界组织侵害的是(政治或文化)自决的国家间的法权(Staatenrecht)。康德把这一法权看作一个基本的法权,因此在先决条件中就已经对它做了表述。按照第二条前提条件,“没有一个自为存在的国家……允许被别的国家通过继承、交换、买卖或赠与的方式而获得”。按照第五条前提条件,任何国家(包括众国之国)都不应该“粗暴地干涉另一个国家的宪制和治理”。不过按照国家和个体之间的类比性,当个别国家违反了与国际法权联系在一起的那个关于普适性自由的法权伦理学原则时,世界共和国却是可以予以干涉的。

第三节 理想,还是替代物?

尽管关于人权尊严的国际法权使命——也即对领土完整和政治自决的保护——提出的是一个最小化世界国家(MWS)的主张,但是康德还是拒绝了这一方案。不论是在第二条正式条款的标题还是在其第一部分中,他关注的都是一个不放弃主权的民族联邦,一个超小化的世界国家(UMWS),它既不提供共同的公共法权(《和平》VIII 356,13f.),也不提供一个被赋予权威的(仲裁)法庭——民族联邦是从那些全方位地保卫其主权的主权伙伴中产生出来的。对其冲突予以斡旋的不是一个中立的第三方,而就是这些伙伴,这些单个国家本身。

这一方案的其中一个优点是显而易见的。在一个缺乏国家形式的共同体之中,不用担心那种在一个国家之内时时威胁着的权力滥用。不过,人们寄于国家暴力的希望,对更安全的法权保护的期望,同样也会落空。对于那些严守其主权的单个国家而言,它们会对一切公共暴力的缺失表示欢迎。但是,这一方案是与康德的国家伦理学基本命题——即:法权纠纷应该通过一个既是中立的,又具有足够权力的第三方加以裁决——相冲突的。毫无疑问的是,协商是比直接暴力和战争更好的选择。但是,由于对被协商的事务的合法保护缺乏合适的手段,因此发生的便是缺乏保障的法权方案,因而也是有保留的法权,而被用来解决真正的使命——也即对法权予以国家形式的保护——的那个权宜之计,只展现为一个过渡阶段。

　　对世界共和国的一般批判会对其优点和缺点予以比较,并得到一种成本与效益之间的平衡。但是康德的观点更为彻底,他主张的是二者之间的矛盾(VIII 354,9f.)。听到"矛盾"这一说法,康德专家会不由自主地想起前两个《纯粹理性批判》中的那些二律背反。但是,由于康德在《法权论》中认为永久和平是政治至善(VI 355,30),而"至善"这一概念又导向了"纯粹实践理性的辩证法"(《实践理性批判》V 110ff.),因此人们满可以期望得到一个相应的种类,即"纯粹法权—实践理性的辩证法"。不过在《和平》中,却难以找到相应的暗示。如果这一矛盾越来越非思辨化,它就应该存在于"多民族国家"这一概念之中(《和平》VIII 354,9ff.)。因为在诸如此类的一个国家之中,诸多民族服从的都是一个唯一的立法者,它们也就会融合成一个唯一的民族。不过这一点却是与我们讨论的使命——即不同民族的共存——相矛盾的。

　　但是,正如单个国家之内的个体一样,不同民族也必须被允许在同样的意义上保持其独特性,这一观点则是正确的。不同的国家民族"融合"为一个唯一的、在国家性上具有同质性的国家民族是不允许发生的。就此而言,一个自称为普遍主义的立场从康德这位普遍主义伦理学的奠基者这里开始便遭到了批评。凭借这一观点,即单个国家只具有某种引申性的(衍生性的)重要性,而原始的法权只属于(自然意义上的)个体(拜茨 1979,53,181f.),这位(超级)"全球主义者"只把个别国家的存在看作一个过渡阶段。但是假以时日,它们可能会失去原初的法权统一性,将其暴力独裁交给一个世界国家。与这一观点相反的是一个法权伦理学的论点,即:一个相应的世界国家剥离了单个国家之中的那个合法化的自决权，也就是那个从个人的原始法权中产生出来的，在诸单个国家中自我组织的法权。这一法权的边界仅仅存在于其他个人群体，以及组织着这些群体的单个国家的相应法权之中。对这一边界——在第二条正式条款之范围内，也只有这一边界——而言，或者说对于这一存在于国家之间的法权冲突而言，世界国家才是有其职责的。

按照另外一个对世界国家观点有利的论证，今天的不少国家都要归功于偶然的发展，其中一些发展至今仍然受到当事人的抵制。不过从这一事态中产生的只是一个对相应的国家联合体予以修正的法权，而非对那些期望在其公民中得到压倒性赞同的国家予以质疑的法权，也非为了世界国家而从根本上把所有单个国家融合为一的法权。相反的是，一个在国家性上具有同质性的世界国家伤害的是国家间的法权（Staatenrecht）。与之相对，在多民族国家之中，原初的国家民族将不会被解散（只是，它们对国家性的排他权将会面临争议），而那个关于在国家性上具有第二性的国家的概念——也即关于众国之国的概念——相反将会得到构造。

如果有人已经在这里发现了一个矛盾，即：第二个因素（即众国之国）实际上消解了第一个因素之中的国家特征，也就是单个国家的国家特征，那么他就设想了一个过于简单的选择：要么是完全的主权，要么根本没有主权可言。而事实上存在着许多中间阶段，多民族国家所刻画出来的国家性，也因为较小程度的主权放弃，而与单个国家的独立主权相去不远。在"多民族国家"这一概念中出现的并不是矛盾，而是长期以来已经为联邦制国家所熟知的那个有等级的主权。由于当时已经存在着显著的例子，例如荷兰、瑞士、美国,还有德意志帝国,因此令人感到意外的是,康德一口"咬定"了超小化国家性(即民族联邦)和同质化的世界国家性(普遍君主制)这一组选项,而对作为中间阶段的联邦制世界国家这一选项,没有做过任何考虑。

如果康德对国家和个体所做的类比是正确的话,那么就只存在两个可能性。一个可能性是,告别自然状态时那个必不可缺的对自由的放弃,已经包含着个体之中的矛盾。这样一来,人们恐怕就必须带来法权—和平保障这一优点,同时不带来放弃主权这一缺点,从而满足于某种无国家的,只建立在契约基础之上的共同生活。另一个可能是,必须通过放弃主权这一途径来实现法权保障。这样的话,在关于多民族国家的思想中存在的就不再是矛盾,而是对国家间的法权统治而言的那个不可放弃的条件。在第一种选择,即无暴力的联邦中,康德变成了无统治性乌托邦或无政府主义的辩护人,而后者的代表是诸如年轻的伯克(1756)和施莱格尔(1796)等声名显赫的思想家;在施莱格尔那里,这一思想甚至"是以康德的《和平》为契机的"(参见本书第八章第四节)。尽管后来的普鲁东、马克思和法兰克福学派等都曾致力于对它的研究,但表现出来的却是一个非政治的,甚至与政治无关的乌托邦。关键在于,这一思想遭到了康德本人的严厉拒绝。他看到,法权保护在无政府主义中消失殆尽了,正因为如此,从道德角度看,随便一个国家都好于根本没有国家(《和平》VIII 373,30f.)。出于同样的理由,他认为"无法则的自由"乃是野蛮人的标志。如果说野蛮人对"野性的自由"的偏爱胜于"理性的自由"的话,那么那些已经"各个自为地联合为一个国家"的"道德民族"恐怕不得不"加快步伐",即使已经处在这一相互关系之中,也更要从"这样一种被抛弃的状态中走出来"(354,16ff.)。

在这一意义上,康德在第二条正式条款的最后部分总结道,关于国际法权的积极理念本身就可以在世界共和国或多民族国家中得以实现,而民族联邦只是一个"消极的替代项"(357,13ff.),也就是说,是一个无法恰如其分地发挥完全作用的替代品。由于"对法权的警惕、敌意倾向之浪潮"(同上)流于泛滥的危险持续威胁着我们,因此我们缺乏的正是《和平》这一标题所要求的东西,即毫无保留和平。此外康德本人也说,"对出于相互关系之中的国家而言,要走出包含着赤裸裸的战争的无法则状态,按照理性只有一种方式,那就是,它们正如个别人一样放弃自己野性的(无法则的)自由,在公共的强制性法则中安顿下来,并建立起一个多民族国家"(Z.5—11)。这一解决方式甚至配得上某种道德地位("按照理性")——尽管是唯一的方式("只有一种方式")。从"这些国家在国内已经具有某种法权性的宪制"(VIII 355,36f.)这一实情之中,难以推断出,这些国家"已经走出了来自其他国家的强制,即按照后者的法权概念被带入某种扩大了的法权性宪制的强制"(Z.37f.)。它们走出的仅仅是这样一种强制,即:使其内部的宪制听任外来国家的指使。凡是在自然状态已经被克服的地方,这些国家在内部关系中就是自由的;凡是在自然状态一仍其旧的地方,它们在外部关系中就不是自由的。

这里声称的矛盾难道不会发生吗?毫无疑问,至少有一个矛盾是存在的。从历史和事实上来看,极少有国家心甘情愿放弃这一必要的主权。就 20 世纪集权统治的经验而言,人们也不能把这一缺失的意愿简单地贬低为一个国家性的恣意妄为。只要在世界尺度上还缺乏切实遵守已成为共同法权意识的共同的法权道德意识或意愿,世界国家就难免被权力,而非被法权统治的危险。甚至,之前在对外政治中发生的冲突由于已经转变成了国内政治冲突,因此也许会被当时的多数派根据自身利益以越来越草率的方式加以决定。最后,就连从外部推翻独裁统治这一希望也将落空。

在这一危险和其他危险的背景之下,康德显示了值得注意的问题意识。这是因为,反对世界共和国的那些重要论点对他而言都是实际存在的。他没有对这一简单的非此即彼——不是国际战争状态,就是世界共和国——予以讨论,而是考虑了对战争状态的三种可能选择:除了超小化世界国家(UMWS)也即民族联邦之外,还有联邦制的最小化世界国家(MWS),最后还有作为同质化世界国家(HWS)的普遍君主制。即使今天人们对其他的表达情有独钟,而且还引入了一些次一级的规定,但是除了这三个从单个国家那里而来的著名选项之外,却难以找到其他本质上不同的可能性:或是自然的个体,或是联合体,或是单个国家。要么是,相关之人缔结自由的协定,同时不放弃自己的行动自由;与民族联邦相对应,他们只是缔结契约,并遵守政治学家们钟爱的"无国家的统治"(罗思诺 1992)。要么是,他们同意放弃其行动自由中的一个相当明确的部分,并因此缔造出一个法权—国家共同体。最后,他们甚至会放弃所有的行动自由,并导致独裁或专制的出现,而后者在国际层面上,在与国家法权的关系中对应着一个同质化的世界国家。

针对第三个选项,也即普遍君主制,康德提出了三个永远不失其时效性的论点。首先,如果说一个"没有灵魂的专制主义"(《和平》VIII 367,16)和一个"自由之墓地"(Z.26f.)是值得畏惧的话,那么今天人们可能会说,可怕的是一个集权主义的专制。其次,一个普遍君主制"最终将在无政府主义之中"土崩瓦解(Z.17),而每一种法权保护都将因此而丧失殆尽。最后,一个全球化的统一国家是不可治理的(Z.14—16)。

作为实用性的质疑,这些论点具有有限的说服力。它超越了政治明智的要求,即只借助高度谨慎的手段来构造国家关系的要求。但是,它们也谈不上是更彻底的质疑。独裁和不可治理的危险同样在单个国家中也构成了威胁,但尽管如此,也不会有损于它的国家性。它们追求的只是可靠的保护措施,而在一个世界国家中,这些措施也将伴随着更大的风险而得到更为彻底的实施。但是,它们并没有包含着比实用的告诫更多的一个原则性的反对观点。凭借着世界共和国中的共和主义因素,康德自始至终主张的都是一个道德性的理想,这一理想从一开始就排除了"没有灵魂的专制主义"这一风险,并因此杜绝了与之紧密相关的风险,即普遍君主制分崩离析为无政府主义的风险。此外,"明智的制度"也能克服不可治理之风险。

对康德提出的这一矛盾,因此只存在两种不同的解释,但是二者都是不足为信的。按照第一种解释,康德在第二条正式条款中的多民族国家和第一条附论中的普遍君主制之间画上了等号,尤其是,他在两个地方都提出要注意某种融合(VIII 354,15;367,12f.)。但是事实上,在一个承担着最小化国家使命的多民族国家和一个在国家性上具有同质性的普遍君主制之间,需要做出严格的区分。与国际法权这一理念相矛盾的只是一个同质化的统一国家,因为只有后者才放弃了"对许多相互独立的毗邻国家所做的分类"(367,8f.)。与之相反的是,最小化的世界国家支持的则是对具有广泛国家自主性之形式的区分。

按照另一种解释,康德思考的乃是这样一个事实性的矛盾,即:各个民族按照"它们的"国际法权理念——也即按照绝对的国家主权——"完全不想要"这个多民族国家(VIII 357,10—12)。这一矛盾事实上是存在的。为了不至于因此而"失去一切",康德在第二条正式条款的末尾处又提供了一个消极性的替代项。为了在各个国家对放弃主权加以抵制的时候,使纯粹的战争状态不成为主宰,康德又提出了一个"次好"的道路,也就是通过不包含国家特征的契约式协商,建立起一个民族联邦,而不是一个多民族国家。

协商总比战争状态好,这是毫无疑问的。但是,由于对被协商的东西,即世界和平而言,都缺乏合适的手段,因此起主宰作用的那个和平是有保留的,按照第一条正式条款的说法,它就是一个单纯的停战状态。凡是缺乏"正义之剑"的地方,都停留在某个(变化了的)自然状态上。取代了远大希望的,是那个敷衍了事的方案,即对共和制的和平意愿的信任,而对这一信任,不论是从康德的论点出发,还是从历史现实出发,都是难以辩护的(参见本书第十章第三节)。

不再敷衍了事的,也只有一个辅助性的、联邦制的世界共和国。在这一共和国之内,人不再是那种排他性的,同时颇成问题的理解中的世界公民,而这一理解与黑格尔的《法哲学原理》(§209,"附释")"结合在一起,与具体的国家生活相对立"。在同质化的世

界国家中,人是世界公民,而不是国家公民。相反的是,联邦制的
世界共和国则摆脱了"单个国家的,亦或是世界主义的"这一肤浅
的选择。它的世界公民性并没有消解国内的公民状态,而只是对
它的补充完善。如果要以阶梯化的方式来说的话,那么人们首先
是德国人、俄罗斯人、塞涅卡尔人或美国人,其次是欧洲人、非洲人
或美洲人,再次是世界公民——一个联邦制的世界共和国的公民。
如果要按照欧盟的模式引入一个大陆性的中间阶段的话,甚至还
存在一个三重化的国家公民属性。康德提出的这一温和的政治世
界主义(克莱因盖特 1998,347),更准确地说是一个补充性的,同
时也是辅助性的世界主义。

第四节　民族关系中的恶

康德在《和平》中使用了一个可能包含着针对世界共和国思想
的反论的概念——即便康德并没有明确地引入过这一概念。这就
是自 20 世纪以来几乎从哲学话语中销声匿迹的(参见本书第四章
第一节),因此被大多数解释者(拉贝格 1992 除外)忽略了的"恶"
概念。这一表达在康德这里并不是附带地出现的,相反它出现在
四个重要的地方:

在第一条先决条款中,康德已经提到了"恶的意志":它"利用
第一个有利的机会",以便再次发动一场战争。第二条正式条款谈
到了"人性的邪恶",它在公民—法权状态中被统治的强力深深地
掩盖了起来,但是"在民族之间的自由关系中"相反却"一览无余"
(VIII 355,3f.)。几行文字之后,康德希望人们"总有一天会成为"

驾驭人性中的"恶之原则"的主人(Z. 13f.)。在"附录一"中,康德最后强调到,在一个国家之内,"植根于人性之中的邪恶"可能"还会遭到质疑",然而"在不同国家之针锋相对的外部关系中,它完全是以昭然若揭的、毫无抵牾的方式进入我们的视野的"(VIII 375,25—31)。而《单纯理性界限内的宗教》一书则把这一邪恶性与它关于根本恶的思想结合了起来,因为它在"外在的民族状态中"为后者找到了清晰的证据。

那么,在"恶"这一概念中存在着反对世界共和国的论点吗?不论是在个体还是国家之中,康德指的根本恶(radikal Böses)都不是一个极端的恶,而是一个从根源上(拉丁语 radix,"根")就是如此的恶。由于它是与生俱来的,因而展示的是一个不可克服的因素。但是它意指的并不是一个条件(Anlage),而仅仅是这一倾向,即:在冲突情形下,使(道德)义务服膺于(感性)倾向;在共同生活中,使暴力优先于法权。在一国之内,人们忌惮于有震慑力的制裁,至少会习惯于遵守道德义务中的那个司法部分,就此而言,这一倾向是"深藏不露"的。但是在国际关系中,由于缺乏"共同体的外部强制",这一倾向也无从谈起。不少战争已经足够清楚地为这里讨论的"源于根本的恶",为这一暴力意愿提供了例证(关于"人类暴力活动的准则"与"他们的邪恶"的关联,亦可参见《法权论》,§ 44)。

如果有人因此在国家之间看不到任何和平机会,他就忽略了这一点,即国家只是邪恶的,而不是在道德上已经死寂的;而且,邪恶并非条件,而只是倾向而已。康德并没有天真地期望,这些国家——个人终有一天会从根本上完全放弃它们的暴力意愿。对于这样一种不切实际的乐观主义,这位和平怀疑论者恐怕会轻而易举地把它与自己的现实主义对立起来。而实际上,康德对政治现实的观察入木三分,他注意到,这些国家"至少在口头上"是承认道德性的法权概念的。与其说它们是在赤裸裸的犬儒主义中不假思索地发动战争,不如说它们"总是在忠心耿耿地"援引特定的合法化根据(《和平》VIII 355,13),而后者也是与某种残存的道德感,甚至是与某种残存的法权理性之事实结合在一起的。

启蒙时期的欧洲人把自己理解为"道德民族",他们对"混战不休的""野蛮人"(354,17)——美洲原住民——充满了深深的歧视。正如本书"导论"中已经提到的(第一章第四节),康德反驳了这一正面的自我评价和负面的他者评价,他用这一不偏不倚的立场表明自己是一个坚定的世界公民。同时,他也没有与那些在虚伪的同声共气和人云亦云中沾沾自喜的同僚一道,落入相反的诸如"善良的野蛮人"(bon sauvage)这样的陈词滥调之中。相反,他假定了某种"无法则的自由"之状态,并看到,欧洲人其实也是活在这一状态之中的。于是他便谈到了"欧洲的野蛮人",他们与那些美洲野蛮人的区别不是更高的道德标准,而只是更多自私的计谋。如果说有些野蛮人把他们的敌人"当成美餐"的话,那么欧洲人则懂得"更好地利用被他们征服的人",把他们变成仆从,借助他们发动"更大范围的战争"(354f.)。

这样一来,欧洲人的战争意愿不仅仅是"深藏不露"的,而且也是"不加掩饰"的,因为"共同体的外部强制"是缺失的。相反的结论便是,全球化的国家性被证明是不可或缺的:为了像抵制自然人中的根本恶一样抵制国家—个人中的根本恶,为了尽管不能使其消亡,但是要阻止其赤裸裸的登台亮相,至少,为了赢得司法上的合法性,一个被法律制裁武装起来的法权秩序乃是必需的。在一定意义上,第一条附论中的一段话对现在需要的这一国际国家性是适用的,即:"建立国家这一难题尽管听上去很艰难,不过对一个由魔鬼组成的民族(当他们只拥有知性时)也是可以解决的"(《和平》VIII 366,14f.)。为了能建立起一个多民族的共和国,各个民族也不必非要克服其"天然的自私","完完全全地消灭掉根本恶"。"观念"一文第七条命题说到的对国家的道德化,实属不必。如果能追随"魔鬼"这一表达所影射的那个开明的("知性")私利,就已经足够了。这是因为,按照霍布斯在《利维坦》(第13章)中的观点,一个国家不能太过软弱,以至于它不能"通过计谋或通过与其他国家的联合"对列强——即使不能消灭——至少予以威慑。

如果我们承认康德的法权伦理学原则,承认法权和国家的道德必然性,进而承认第二条正式条款中提出的合法化根据,即个体和国家之间的类比性,那么在面对国家的邪恶时,超小化的世界国家(UMWS)也被证明是一个有意义的过渡目标。但是,它还不具备成为主导目标的资格,因为它缺乏一个国家性。与之相反,康德考虑的第二个选项,也即同质化的世界国家(HWS),则对国家性有太高的要求。因此而论,需要的是那个中间选项,即具有最小化世界国家性(MWS)的那个多国家共和国。这一相应的世界共和国当然要求对主权的放弃,不过它并不要求放弃太多。但是,个别国家的安全和自决权,这是世界共和国不能推卸的责任。它的主权是在国家之间,而非在国家之内的冲突中被赋予的:这一法权的冠冕是世界法权,而公共法权保障的冠冕则在于为此负责着的辅助性的、联邦制的世界共和国之中。

第十二章 《纯粹理性批判》：一种世界-政治学解读

第一节 三个动机

康德把政治学理解为"实践着的法权论"，而后者作为国家智慧的总合，需要与道德——更进一步说，与法权道德——相一致。如果有人拒斥这一要求，并且"给自己打造出一种道德，使其有利于政客的好处"，那么这个人就是"政治道德家"；相反的是，认可这一要求的人则是"道德政治家"（《和平》VIII 370ff.）。因为，"不是法权必须适应政治，而是政治任何时候都必须和法权相适应"（"权利"VIII 429）。按照第一条正式条款的说法，道德性的政治要求"公民宪制在每个国家都应该成为共和制的"，与后者对应的与其说是社群主义的共和主义，还不如说是民主制的宪政国家或一个先验民主制（参见本书第十章第一节）。这样一来，"政治的"这个词就意味着一种解读，它把这一要求向《纯粹理性批判》提了出来，并检视后者讨论的理性是否也具有这种共和主义特征。由于康德的法权道德只有在世界主义维度——也即在国际法权和世界公民法权中——才能实现，因此这一政治学的解读也就转变成了一个世界-政治学的解读。

　　一个世界-政治学的解读乍看上去似乎令人吃惊,因为对《纯粹理性批判》予以推进的是《自然科学的形而上学始基》,而非包含着法权道德论述的那本《法权论的形而上学始基》。此外,尽管《法权论》牵涉着《奠基》和《实践理性批判》,但是如果抛开总体性批判蓝图而言,它很难回溯到《纯粹理性批判》之上。按照《纯粹理性批判》对理性知识的划分(B 868),《纯粹理性批判》针对的是被理解为"一切实然"的自然,而《法权论》针对的则是"一切应然的东西"。尽管如此,还是存在着三个支持这一政治学解读的动机,即:文本动机("语文学的动机")、体系性动机,以及哲学史动机(对于其他理论中的共和主义特征,如《奠基》一书中的"目的王国",以及《单纯理性界限内的宗教》中的"精神王国",这里并没有给予关注,但是出自《判断力批判》中的"通感"则是个例外)。

　　1. 由于《纯粹理性批判》内含着政治学的暗示,因此已经为一个世界-政治学的解读提供了契机。在这一文本中,诸如"柏拉图式的共和国"(B 372—374)、"公民立法"(B 358,372ff.)、"为了最大化的人类自由的宪制"(B 780)、"永久和平"(B780)等重要的关键词一再出现。当然,这些暗示还是浅显的,是过于偶然的,还不足为一种自足的政治学解读提供合法化辩护。

　　而另一个暗示——即我们"就自己的此在而言"把自己预设为"立法的"(430)——虽然与道德有关,但是却与法权道德无关。同样的结论也适用于《纯粹理性批判》中为我们所熟知的那个兴趣,即清除掉通向道德的障碍,并承担起"连根斩断……唯物论、宿命论和无神论"的重任(B xxxiv)。但是接下来的这个暗示却不再是偶然出现的，而是完全政治性的，即"如果诸政权甚至能很好地处理与学者有关的事务，那么对于它们给予科学乃至人类的明智关怀而言，对这种批判的自由予以支持，就是更得体的事情"（B xxxiv f.）。当然，这里涉及的只是一个政治前提，只涉及康德多次吁求的科学自由（例如：《单纯理性界限内的宗教》"第一版前言"；《和平》"附录 II"；《学科之争》第 2 节）——凭借这一自由，便能单独地获得一个坚实的立足点（B xxxv）。而不论是理性本身，还是它的工作方式，并没有因此被触及。

2. 对康德的道德政治学而言，存在着三个关键因素，分别是：（1）关于自然状态的理论。与霍布斯相一致（B 780），这一理论把自然状态描述为一个战争状态（B 779），一个"不公正与暴力"的状态（B 780）；（2）对自然状态的克服，是通过法权、通过凭借某种具有共和特征的公共法权对这一法权的保障而实现的；（3）这一宪制的意义就在于那个不再是不可靠的，而是毫无保留的永久和平之中。在一定意义上，这三个因素在《纯粹理性批判》中都是存在的，其起点就是被称为形而上学的"无休无止的争执这一战场"（A viii），在"先验方法论"第一章"纯粹理性的训练"的第二节中，康德甚至明确提到了（1）"自然的状态"（B 779f.）与战争；（2）"法权状态的和平"这一选项；（3）以及后者的功用，即"永久和平"（B 779f.）。

当理性不再通过战争，而是通过某种程序使其"主张和要求"变为现实时，这一法权状态也就实现了。理性是在法庭程序这一形式中得以落实的，这一点是为人所熟知的；但是不为人熟知的是，共和主义的理性已经在这一程序中出现了。自然状态中的、复数性的形而上学将被替换为法权状态中的、单数性的形而上学，在这里，相应的法庭程序也由于其在基础哲学中的重要性而本身携带着形而上学特征。人们同样没有注意到的是，对于"谁来制定规则"这一相关的问题，也必须通过政治关键词加以回答："先验方法论"的第三章"纯粹理性的建筑术"曾经提到"理性的统治"（B 860）、理性的"立法者"和"立法"（867f.），也曾提到理性的"司法职能"（B 875）和"检查职能"（B 879）。值得一提的还有把形而上学作为"一切科学的女王"这一名言（A iii），正是它赋予了批评理论以统治职能（"女王"）。如果把这些文字放在一起来看的话，《纯粹理性批判》的确包含着数量可观的政治暗示。

就连康德的追随者也常常怀疑康德的建筑术的价值，有时候他们在《纯粹理性批判》中看到的甚至是某种多余的学究气。不过对康德而言，真正重要的倒不是优雅、简洁、完备等外在视角，而是那个内在于理性之中的目标，而后者同样具有政治特征。由于理性不应该服膺于任何与之相异的东西，而应该自己据有摄政权，因此伴随着这一"理性之统治"的要求（B 860），康德也就成了柏拉图的追随者。当然，他在这里从哲学的学院概念——也即从"作为科学的……知识体系"——过渡到了哲学的世界概念，也就是从"关于一切知识之关系的科学，过渡到了人类理性的本质目的"（B 866f.）。从这一方面来说，哲学追随的不仅仅是对哲学这一主题概念的司法性的理解，实施着某种法官式的批判；它所从事的也不仅仅是额外的检查职能，而是在此之外还要成为"人类理性的立法者"（B 867；参见《哲学百科学讲义》，33）。它统治的当然不是政治共同体，相反，康德在这里对哲学和政治做了分工（参见本书第八章第二节）。在"科学共同体"（B 879）——也就是在认识的共和国——之中，它应该毫无限制地进行统治。由于这一共和国是对全人类有效的，因此它也具有世界-政治学的特征。下面的世界-政治学的解读就是按照与这一特征相联系的那些期待进行的。

此外，康德的共和主义哲学理解可追溯至前批判时期。就在他转向形而上学之后不久，他于1765年12月31日写信给好友，同时也是数学家和哲学家的J. H. 兰伯特，这封信可被视作《纯粹理性批判》一书的萌芽。他在其中抱怨了"所谓哲学家们的有害的众说纷纭"。他在"1765/1766年冬季学期设立讲座课程的通知"中给出的理由是："根本没有共同的标准"，而"原因在于，在科学之中有共同的标尺，但是在哲学中，每个人都有自己的标尺"（II 308）。最后他认为，哲学家的使命和目标就在于"使他们的努力趋于一致"（《书信集》X 53：Nr. 32）。从这里不难看出康德世界-政治学的法权伦理学中的所有三个因素："众说纷纭"流露出的是认识上的自然状态；从其反面来说（*ex negativo*），标准的缺失流露出的是认识上的法权状态；而在"一致"的说法中流露出的则是认识上的和平。

3. 第三个动机，也即哲学史的动机要求甚高。众所周知的是，在德国观念论中存在着一个至今仍然绵延不绝的运动，即对近代主体性哲学的批判。这一运动具有迥然各异的出发点，它始于谢林和黑格尔，经过了马克思和尼采（尼采说："'主体'一词只是一个虚构"，出自1887年秋季残篇 Nr. 9 [108]，参见《批判研究版尼采文集》XII 398），以及美国实用主义、维特根斯坦、海德格尔和福柯，最后导向了语言分析哲学、阿佩尔和哈贝马斯，并以不同的方式导向了罗蒂和社会学家卢曼。

这一主体性哲学的"罪魁祸首"不仅仅包括笛卡尔,特别是,阿佩尔和哈贝马斯就把康德的《纯粹理性批判》算作被他们的"学派"笼统地称为"近代意识哲学中的方法唯我论"(库曼 1987,145)。按照他们的"唯我论"指责,康德把理性理解成了一个意识,而后者从孤独的个体这一立场出发使知识成为可能。并且,人们把这一思想与关于共识商谈、关于理想交往共同体的思想对立了起来。取代意识哲学的,是一门语言语用学:在阿佩尔(1973,1976)这里是先验语用学,在哈贝马斯(1976)这里是一门较为温和的普遍语用学(下面对这一唯我论指责的批评可回溯至赫费 1996b)。

一般而言,这一唯我论指责具有显而易见的合理性,以至于人们在对伦理学不予考察的理论领域内,只是想到了先验统觉及其作为"顶点"的地位(B 134)。这一指责一旦成为大众观点(*opinio communis*),便几乎摆脱了那些否则便被视为"流俗"的"批评性质问"。但对《纯粹理性批判》予以严肃阅读的人,将面临严重的怀疑。库曼认为,康德"提出的是一个关于自在而清晰的……能直接把握真理的理性主体的观念,作为理性主体,它本质上可被理解为纯粹的、超凡脱俗的、历史和社会实践难以触及……原则上是孤单的"(库曼 1987,144)。在这一观点被最终落实之前,我们值得展开这些怀疑,并追问这一问题:《纯粹理性批判》难道真的包含着这个被指责的理论吗?(针对哈贝马斯的批评,参见赫费[3]1987;对阿佩尔的批评,参见赫费 1990)

因此,对《纯粹理性批判》的世界-政治学解读是与上述唯我论指责大相径庭的,因为"共和的"这一主导概念乃是一个社会现象,因而共和理性也就具有某种社会性的，因而也是反唯我论的特征。不仅要在这一计划的部分中——在标题、在《纯粹理性批判》一书的"箴言"中、在两篇"前言"中、在"方法论"的"纯粹理性的建筑术"这一章中——寻求构成这一共和制解读的那些文本基石，也就是其体系性基石；关键在于，要做出一个与这一讨论相关联的区分。一方面，"方法唯我论"这一被笼统使用的表达，与一个经验性的或者却也是逻辑性的主体有关系，另一方面，它具有如下动机性的、社会理论的、语言理论的和知识论的意味：

（a）在动机性的意义上，一个人关注的如若不是私人的利益，而是公共的福祉，那么他就是反唯我论的。

（b）如果对一门社会理论而言，一些主体与其他主体保持在某种关系之中这一点是关键所在的话，那么这门理论就是反唯我论的。按照"逻辑的"变量，主体只有在主体间性之中，并且只有通过它才能构建出自我。按照更具经验性的（"社群主义的"）变量，根本不存在任何原子性的、与其他人相脱离的个体。毋宁是，人们都是一个共同社群的成员，这一社群部分地具有共同体特征，部分地具有社会特征，它构造出生活形式（文化、文明），并最终把包括过去和将来的人在内的所有人都囊括于其中——当然对此观点，社群主义者是持怀疑态度的。

（c）按照维特根斯坦的私人语言观，没有一门语言的词语"关联着只有说话者才能知道的某个东西，关联着说话者直接的、私人性的感受"（《哲学研究》，§243）。与只是稍纵即逝的私人语言和秘密语言不同的是，维特根斯坦认为一种纯粹的、原则性的私人语言是不可能的。

（d）最后，阿佩尔、哈贝马斯和其他语用学派的康德批评者都反对一种没有给理性注入任何偶然性视角的知识论。不过就这一理论强调着历史的、文化的共同之处而言（例如它强调，知觉模式处在变动之中，参见哈贝马斯1981），它也是反唯我论的。因为共同之处同时也就是特殊之处，因此人们也许没有注意到的是，这一知识论反过来（*a contre cœur*）也包含着社群主义的特征。

第二节　"批判"，而非"沉思"

康德曾经对笛卡尔这位对主体性哲学而言具有举足轻重之地位的思想家予以严厉批评，这一事实也激发了对上述唯我论指责的质疑。他采纳了至少四个因素，以便使其有意为之的根本转折不至于和任何一种传统因素决裂开来，但是尽管如此，一个对哲学所做的全方位重新奠基还是小心翼翼地上路了：

康德所做的，就是让彻底的哲学思考对相关的怀疑予以探讨。笛卡尔反对的是在早期近代死灰复燃的古代怀疑论，而康德反对的则主要是休谟的怀疑论。进而言之，他尽管和笛卡尔一样想要克服这一传统形式，但是却并不想去克服形而上学。还有，每一种彻底的形而上学批判总是会汇入一种新的形而上学之中。第三，这一新的形而上学规划是作为"方法谈"而发生的。通过对笛卡尔《方法谈》一书标题所做的几乎是字面的翻译，《纯粹理性批判》也把自己理解为"关于方法的理论"（B xxxii，参见 B 24f.），但是遵循的却是不同于笛卡尔的方法。如果说笛卡尔的《方法谈》只是为他的基本哲学著作《第一哲学沉思集》做了准备的话，那么《纯粹理性批判》——而非《自然科学的形而上学始基》——本身就已经是康德的基本哲学著作了。最后要说的是，笛卡尔重视公开性，强调人们要把自己与他人的工作彼此结合起来，因为"相比单个的人，我们所有人在一起能走得更远"（《方法谈》，"第六部分"）。按照康德的说法，"对同一门科学的共同参与"甚至能带来"文字上的友谊"（"给加尔夫的信"，1783 年 8 月 7 日；《书信集》X 315）。总而言之，不能把康德仅仅看作笛卡尔的批评者。不论是在《纯粹理性批判》的基本意图、整体构架、方法之中，还是在其内含的命题中，他代表的都是一个反笛卡尔的、反唯我论的立场：

在其各自的基本哲学著作的标题中，笛卡尔和康德已经明确表达了他们截然不同的方法：笛卡尔的方法是唯我论，而康德明确否定了这一方法。二者的共同之处在于，他们都发起了一场思想实验。在笛卡尔的"沉思"形式中，这一思想实验是通过单数第一人称完成的。"我"虽然以样本形式代表着所有正在思维着的存在者，但是具体而言，代表的只是与一切世界脱离开来的笛卡尔；这个我怀疑了迄今为止的一切知识，并找到了一个第一性的、无法再怀疑的基础。而它始终都是单数第一人称的："我怀疑，也就是说，当我思维时，我是一个思维着的东西"。相反，康德的思想实验是在"批判"形式中做出的。作为一个庭审程序，批判是一件社会性的事业，它反对的是方法唯我论这一实践，反对将第一人称单数用于自身。

《纯粹理性批判》的第一个反唯我论因素涉及的就是方法，它就存在于用庭审程序来消解沉思这一方法之中。尽管就其自身而言，庭审程序只是一个法权性的，而非政治性的过程，但是作为一种调停哲学家们的争执并促成和平的方法，它却属于公共法权之范围，并赢得了某种政治意义。法庭的突出重要性也表现在《法权论》之中，它在§36中把法庭（*forum*）刻画为一个"引导着正义"的"道德人格"。

第三节　服务于共同福祉

在这一庭审程序的进展中，康德对笛卡尔的思想做了辨析，提出了一个清晰的反笛卡尔理论。"先验演绎"的第25段和"谬误推理"这一章涉及的尽管不直接是唯我论问题，而是独立于经验的知识可能性，但是在这一与唯我论问题相关的视角中，这一指责将会被驳倒：

康德一开始不仅与笛卡尔以及更为一般的唯理论展开了争论，而且也把笛卡尔与经验论和怀疑论这一相反的理论立场对立了起来，并因此再现了一个真实的社会场景，即冲突。现在，如果康德能"以权威的方式"解决这一冲突，那么似乎只有这一对象是社会性的，而其方法相反则是唯我论的了。而事实是，他实施的这一冲突调停方法——也即理性批判——其条件从一开始就既是交往性的，也是协商性的。

奥尼尔（1989，第1—2章）援引着阿伦特（1982）和塞纳（1967/1983）的观点，认为《纯粹理性批判》是一个社会性的，甚至政治性的——无论如何不是单一的——事业，这一解释是有合理性的。当然其中一个观点是难以令人信服的，即：康德对笛卡尔之孤独内省的方法的疏远，其实早在第二版中借用的培根题辞"《伟大的复兴》序"中就已经开始了。这是因为，人们并没有把培根的"*in commune consultant*"这一评注像奥尼尔一样翻译为"共同讨论"，而是稍显随意地把它翻译成了"商讨公共福祉"，或者借助培根的《伟大的复兴》(*Instauratio magna*)这部未完成的巨著把它翻译成了"为公共福祉而参与到商讨之中"。差不多在《纯粹理性批判》的结尾处，这一题辞和两篇"前言"中的主题再次被提及，并且在其对《纯粹理性批判》而言的终极理解中被表述了出来；此外，在"先验方法论"中一个在第一版和第二版上没有任何不同的段落中——更为详细地说，在"建筑术"的最后一段中，上面主张的解读也可以得到支持。在这里，康德谈到了科学共同体的"福祉"，谈到了作为"首要目的"的"普遍幸福"(B 879)。毫无疑问，这里存在着一个社会性的动机，甚至，一个不同于庭审程序的政治学动机在这里也是显而易见的。也就是说，《纯粹理性批判》中的第二个反唯我论因素、同时也是政治学的因素是动机性的；按照其题辞，《纯粹理性批判》是服务于共同福祉的。

众所周知，笛卡尔这位重要的科学家和哲学家从弗朗西斯·培根的手中接过了科学对于公共福祉的责任。《方法谈》的第一部分就已经透露出了第六部分无比明确地要求的东西，即关心所有人的普遍福祉。培根和笛卡尔是在一个社会性的，同时也是技艺性的意义上理解这一社会实践任务，即对共同福祉的责任的。科学应该服务于减轻劳动、预防风险，服务于健康。《纯粹理性批判》中的康德要更为保守一些，与其说这部著作不限于哲学之内的价值，从而为一般的政治共同体留有余地的话，不如说它其实只涉及了科学性的、知识性的共同体。关于它的共同福祉，《纯粹理性批判》的两篇"前言"指出了两个完全不同的因素。这里涉及的不是身体上的减轻劳动或身体上的健康，相反，一方面是对理性不可避免陷入其中的矛盾的克服（A viif.），另一方面，是可能会对一般公众造成危害的那些方向，比如唯物论、宿命论、无神论（B xxxiv；参见 B 494 等处）。康德在前者之中遵循着某种知识之内的、纯理论的兴趣，而在后者之中还有某种道德—实践兴趣。

通过培根题辞这一开端，动机性的反唯我论再次得到了强化，即："我们对自己闭口不谈"，并且只应该将事情诉诸语词（"De nobis ipsis silemus：De re autem…"）。从反面来说，"共同福祉"这一概念从正面指出的乃是：凡是取消了一切个人兴趣和愿望的地方，共同福祉本身（eo ipso）就可以得到实施。

第四节　一个民主商谈

对于商谈，也就是在对一个问题赞成或反对时经历的谈判，笛卡尔和其后的卢梭都有过论述。当商谈的有效性要求不再能够被朴素地予以假定，相反成为争论的对象，而这一争论寻求的乃是一个全新的、此时此刻被理性驱动着的共识的时候，阿佩尔和哈贝马斯所谈论的"商谈"也就因此接续着上述含义。也正是在此意义上，《纯粹理性批判》由于与形而上学和基础哲学的联系而具有商谈特征。这一特征始于哲学家们的争执这一契机，而要彻底消除这一争执，人们必须把传统哲学的使命放到一边，首先对其可能性和边界予以澄清。这一特征在为科学性制定的标准中得以延续，而哲学家也要服从这一标准。按照这一标准来衡量的话，哲学家们无休无止的争执是令人不快的事情，它会导向关于反唯我论和政治特征的第三个意义，也即社会理论意义：科学家们追寻着一个"共同的目的"，它们探索着如何实现这一目的，如何"达到异口同声"的方式（B viii）。《纯粹理性批判》的整个文本都是以这一目标、以这一民主共识为导引的。康德对这一"异口同声"的重视，不仅仅体现在第二版的"前言"中，也具体体现在对两个版本而言具有同样内容的"先验方法论"之中（B 766）。

更近一步说，《纯粹理性批判》之所以具有商谈性，是因为它没有通过独断的自以为是，而是通过（哲学式的）庭审程序寻求对这一争执的解决。另外，《纯粹理性批判》也要归功于培根，因为后者给科学提出的乃是"合法证据"之要求（《新工具》，"格言"98）。当然，培根只是给一般的科学提出了这一要求，而康德则把这一要求提给了自己的先验批判理论。进而言之，这一批判事业的愿景也是协商性的，因为它要对理性之土地予以测量。

因为隶属于法庭的是在学术上训练有素的职业法官和专家，因此一门商谈理论可能会担心，它对基本公平的假设会在这里遭到否定。但是对于理性程序而言，人们可以打消这一质疑。这是因为，康德关于启蒙的一般看法，同样也适用于关于理论理性的启蒙，即："所要求的无非是这个自由……即，从各个方面对其理性加以公开的使用"（"启蒙"VIII 36；参见《和平》"附录"II；《学科之争》第2节，8）。因此，每个人都拥有的——即便有时候他对此并不清楚——并不是什么隐秘的特殊知识，而只是那个普遍的理性。并非只有那些在学术上训练有素的专业哲学家们才能驾驭这一理论理性的程序——只要这一程序作为"自由而公开的检验"得到落实，那么它就会不言自明地把每个人当作具有平等权利的人。

　　哈贝马斯（1983，75）曾援引 G. H. 米德的观点，主张伦理学要具备一种理想的角色交换。康德不仅早在米德之前就赞同这一主张，而且还在单数性的、真正普遍性的角色交换中展示了这一主张。最早在其伦理学中，人们便可以看到这一交换，事实上他在这里以非常彻底的方式说，在人类之中，"他对一切单纯自然存在的尊严（优越性）是与生俱来的，任何时候，他的准则都必须取自他自己的视角，但同时也必须把每一个其他的理性存在者视为在立法着的存在者（他们因此也叫做人格）"（《奠基》IV 438）。不过，康德在《纯粹理性批判》中也实践过这一角色交换。因为这里涉及的不是"判断的私人有效性"（B 849），而只是理性，因此每个人都在庭审程序中实践着这一理论理性——当然这里要再次对"每个人"予以限定，原则而言，这既是原告和被告的职责，也是法官的职责。"先验方法论"已经足够清楚地表明，理性的"格言""任何时候都无异于自由公民的这一同意，即每个人在任何时候都能无所顾忌地表达自己的顾虑、甚至自己的反对。"（B 766f.）

　　当这位启蒙者如此主张的时候，他既没有为自己的事业要求什么专门知识，也没有要求对某种特殊状态的归属性，同时也没有要求某种或者关于上帝或者关于人类恩典的职责。同时出现的是一个再次把康德与笛卡尔联系在了一起的语言因素，即之前存在于与后者的《方法谈》之间，现在存在于与该书第一部分之间的第六个共同点：所谓理性，就是一个人与每一个同侪共享着的，使人有能力获得知识，并使这一知识不至于在某种仅仅在书斋中获得的博学中沾沾自喜的那个东西。甚至，这一因素还可以远溯至笛卡尔之前的历史。早在康德之前三百年,差不多是笛卡尔之前二百年间,库萨的尼古拉就曾经有意地为平信徒们讲授那些高度思辨的论题。在"论智慧"(*De sapientia*)、"论精神"(*De mente*)和"论利用天平所做的实验"(*De staticis experimentis*)等三篇论文中,作为"和小说同名的主人公"而出现的那个人既没有被局限在学院知识之内,也没有被局限在某种(圣灵的)职能之内,他可以无拘无束地自由思考。相应地,在康德设想的理性程序中,并不存在理性法庭的专家,完全相反,存在的只是门外汉,而且原则上也只是门外汉。

《纯粹理性批判》只是为两年之后在"什么是启蒙?"一文中提出的那个时代口号准备了前提,这便是:"*Sapere aude!*"("大胆地使用你自己的理智"!)(这令人想起培根,想起在《新工具》一书的卷首插图上,一条船在无边无垠的知识海洋上破浪前行)。正如《纯粹理性批判》的主导性动机一样,这一前提也包含着两个方面:理论的功用——即对自己理智的使用——也要求着一个实践性的,甚至道德性的功用。它就存在于某种虽是个人性的,但非私人性,并在此意义上对"唯我论:是,或否?"这一问题漠不关心的前提之中。对理性批判的意愿要归功于这一前提,归功于相应的勇气。而缺失着的意愿则同样地可以回溯到某种道德性的,如今也是消极性的"作用"上去:出于女才现状之缘故,人们始终停留在不成熟状态之中(同上)。相反的是,《纯粹理性批判》则完成了自己独立思考的一场探险之旅。

在理性这件事情上,只要每个人彰显了上述勇气,此外还有彻底性和耐心,那么他就是法官,甚至是立宪法官,这一观点在康德的展示方式中得到了确证。《纯粹理性批判》提到了特定的哲学史立场,若非如此,那么那个使程序或商谈成为必不可缺的难题——即哲学家们的相互争执——便是无中生有的。正如人们在通常的法律程序中必须深究那些关于程序之根据与对象的知识一样,在哲学家们的合法斗争中同样也是如此。尽管如此,康德与此相关的提醒几乎只局限于"前言"之中,而且也只满足于某种最小化的哲学史讨论。一旦这一程序作为必要程序被展示完毕之后,剩下的便只是相应的实事性问题:什么是空间? 什么是时间? 什么是因果性? 它们在知识中扮演着什么角色? 对这些问题,康德没有求助于无边无际的哲学史知识,而是直接以体系性的方式做了表述和讨论。即使在"纯粹理性的历史"这一章中,康德也没有勾勒出一个哲学史——相反,对哲学史的"简要概括"只有在《逻辑学讲义》中才能找到(Ⅸ 27—33)。根据"建筑术"中对一切单纯的历史知识的贬斥(B 863f.),这里的关键乃是科学性的要素,是作为一门纯粹理性历史之根据的那个理念(参见赫费 1998,636ff.)。

　　康德的第三个反唯我论的,同时又是政治性的因素在于:按照今天的理解,一个存在于"自由公民的同意"之中的理性根本上就是民主的。一个程序一旦启动,它就面临着一个陪审法庭的判决,而在这一法庭上,平民法官和职业法官——即职业哲学家——是凭借着平等的声音登堂亮相的。从知识论的根本问题来看,就连理性都不是学院化职业的专长,而是属于每个人的能力。凭借这一观点,康德也就暗中与柏拉图拉开了距离。对于在著名的"哲学王"命题中(《理想国》Ⅴ 473c—d,参见 Ⅶ《书信集》,326b)流露出来,在柏拉图的教育蓝图尤其是"洞穴比喻"中清楚地得到证明的那个贵族制(《理想国》VII 514aff.)，康德提出的则是与之相对的民主化。值得注意的是，民主化并不局限于伦理和政治领域，而是包含着理论理性在内。

人们可能会质疑说，《纯粹理性批判》一书的论证超出了门外汉的理智能力，因而在事实上也采纳了柏拉图的精英主义哲学观。康德也曾认为，他的著作"永无流行之可能"，因为"对大众而言，很少有人会在心里认为这些精心编织的论点是有用的真理，也很少会有人能清醒地提出同样精巧的反驳"(B xxxiv，类似表述见于《奠基》IV 409f.)。然而，这位思辨哲学家"始终只是一门对公众——而非对其知识——有用的科学的受托人"(B xxxiv)。

第五节　理性的法权国家

康德的法庭比喻——包括"批判""演绎""合法问题与事实问题"(quaestio juris / facti)等表达——引出了"谁为法庭制定法则?"这一相关问题：谁是(理论)理性的立法者？如果我们在宽泛的意义上理解理性，不把它理解为最高的知识能力，而是理解为一切知识能力的总合，那么它就不是从外部获得其法则，而是自备其法则的：在直观之中已然具备纯粹直观形式，在知性中具备范畴，在狭义的理性中具备理念。

"自备"是一个相比自我立法而言较为温和的功用，而后者只适用于纯粹实践理性。不过，"建筑术"做出了某种扩展，其中就有第四个反唯我论的，同时也是政治性的因素：只要人们把哲学家的理想表象为一个原型，表象为哲学家的理念，那么他就是"人类理性的立法者"。这一很少被关注的思想之典型特征包括着两个方面：一个是，哲学家不同于数学家、自然学者和逻辑学家，后者只是"理性的技艺家"（B 867），也就是说，他们只是像理性的技师一样对已被预先设定的理性加以运用；另一个是，康德想到的也不是某个特殊行业的代表，不是"职业思想家"（B 871），相反明确地是一个"在每一个人类理性中无处不遭遇到的"立法（B 871）。

这一"普遍的人类理性"（B 780）不仅仅是实施一个程序，并在这一程序中承担起所有的三个角色，即：原告、被告和法官（关于法官之职责，参见 B 780）。事实上，它还包含着立法。由于它此外还实践着某种"统治"，并借此超出了对知识所做的随意收集，带来了一个关于体系的统一体（B 860，862f.），因此在这里的知识领域之中，也存在某种最不同寻常的境遇：理性承担着所有三种公共暴力的权能。

通过这一方式，共和制或立宪民主制中的那个根本因素，也即权力分立，似乎也就被扬弃了，取而代之的是有待建立的理性独裁。如果这一点果真成立的话，那么在知识共同体之中将会发生康德为了政治共同体而明确拒绝的那个东西（《和平》"第一条正式条款"），即：一个直接的、没有权利分立的民主制。对康德而言，这一民主制恐怕正好是共和制的对立面——它是理性的独裁。对此，康德是明确反对的。正如已经提到的，为了使理性"不沾染独裁的名声"，康德给理性的"格言"提出了如下要求："任何时候都无异于自由公民的这一同意，即每个人在任何时候都能无所顾忌地表达自己的顾虑，甚至自己的反对。"（B 767f.；参见 A xi）

人们当然不可对"自由公民的同意"所意味的民主予以经验性

的理解，好像在理性和形而上学之中起决定作用的是多数人的决定似的。与《纯粹理性批判》相对应的民主，并不是在由制度、机构和程序构成的体系这一意义上，由多数性规则所决定并产生出权威决定的民主。康德是在"纯粹理性的训练"这一框架之内谈论"自由公民的同意"的，他理解的"训练"（Disziplin）并非一门科学，一门"教导"，而是一个"训导"（B 738）。这一训导与强制有关——从国家理论来说，它与统治秩序有关。

理性所涉及的，完全是权威性的决定。理性之"责任在于，为一切其他的企图预先规定它们的训练"，这样一来，康德就比维特根斯坦（《哲学研究》，§243）更为彻底地反对着任何一种私人语言。尽管康德的论证不是语言哲学式的，但是维特根斯坦援引的却是正确的语言使用之标准（规则）的必要性，反过来说，标准必须是公开的，因为在一个单纯私人性的检查中，"那些永远向我显得正确的东西才是正确的。这只不过是说，这里不可能谈论什么'正确'"（《哲学研究》，§258）。凭借着正确性必需的那些规则，《纯粹理性批判》也就明确地抛弃了那个允许"一个自由而无限制的运动"发生着的任意（B 738）。任何一个对"从特定的规则中逃离出来的倾向"加以限制的人，都在消极形式中表达了对法则——也就是法权秩序——的支持。

然而，在"纯粹理性的训练"这一章中，理性不仅是主体，而且同时也是客体。它在自我训练这一形式中针对的是内在于它的过分要求之危险，显然，这一点呼应着先验逻辑的第二个部分，也就是辩证论。康德并没有通过某种训练留给纯粹理性以某种"羞辱"（B 738），而这一训练则"束缚着理性超出可能经验之狭隘界限的扩张倾向"(B 739)，或者说，使其"远离那些破坏，如果不是因为这一训练，一个毫无法则的思辨理性将会万无一失地在道德和宗教中造成这些破坏"(B 877)。作为这一消极贡献，这一"训练"之前提的，是作为积极作用的"学说"。在二者之上，也就是在从感性论、分析论和辩证论中赢得的洞见之上，将会产生出康德的《纯粹理性批判》所期待的那种自由公民的同意。

为了避免出现这一已被指出的误解，我们不妨在一个组织性的民主概念和一个合法性的民主概念之间做出区分。作为政治决策过程中的组织原则，民主是由多数性规则构成的；而作为合法性原则，民主意味着，一切暴力都以被涉及的人，以大众为出发点。如果把组织性的民主概念挪用到知识之上，恐怕就会产生连哈贝马斯关于真理的共识理论也会拒绝的结论，即：命题的客观性也是由大多数人决定的。相反的是，作为知识之合法性原则的民主则意味着，根本不存在任何外在于知识主体的真理。与这一真理相对应的，是在《纯粹理性批判》的根本问题这一层面上的哥白尼式的转向。作为纯粹直观形式、范畴和原理，乃至作为理念，（先天）的真理条件就存在于理论主体自身之内。因而，康德是这样提防着组织性的理解的：他说的与其说是"民主"，还不如说是"共和"，而且对于后者，他还在《和平》中通过自由、（对某个共同的立法的）依赖、平等做了规定——不过在《实用人类学》中，它则是通过"暴力"与"自由和法则"联系在一起的(VII 331)。康德凭借（公共）暴力这一因素把共和制与无政府主义对立了起来，凭借自由把它与专制做了分别，凭借暴力与法则的结合把它与野蛮制度分离了开来。

一个民主的宪制国家主要是通过三个要素凸显其特征的，这三个要素是民主、人权和权力分立。所有这三个要素在康德的认识共和国中都有所反映。其中起着最重要的支配地位的，是宪政理论式的民主原则。康德关于知性所说的话并不适用于知识的质料——它可归功于对心灵的感染活动，而是适用于诸先天形式，即：它们从事的是"对自然的立法"（A 126），或者，它们"几乎是在为自然预先规定着法则"（B 159）。一切认识性的暴力都是以认识性的大众，以具有求知能力的人的总体为出发点的。

进一步说，除了这一权力分立之外，在"客观质料"和"主观形式"之间还存在着第二种权力分立。不过，这一分立是发生在主体领域之内的感性、知性和理性之间的。

关键在于，的确存在着一些认识原则，它们类似于前实证的、超实证的人权，具有某种前经验的、超经验的重要意义。正如人们并不把原罪理解为历史上的第一宗罪恶，而是理解为有罪之物的可能性条件一样，上述要素按照其要求而言也属于一种元语言，也即，属于每一门语言的可能性条件。正如人权属于社会的核心语法一样，康德所指出的要素也属于认识的核心语法。从积极方面来说，认识论民主的立宪原则指的是纯粹直观形式、纯粹概念、先验统觉、纯粹图型，而最为重要的则是《纯粹理性批判》一书的建构顶点，即纯粹知性的原理或先验自然法则，除此之外还有理念。从消极方面来说，存在的相反则是错误推理、二律背反及其他先验诡辩方式。

康德并没有把理想的角色交换这一思想仅仅看作"自由公民的同意"，对此，除了上面引用的《奠基》之外，《判断力批判》也提供了例证。不过这一批判并不涉及理论理性,而是涉及审美判断("鉴赏判断")。出于这一理由,当人们在对《纯粹理性批判》以及康德政治哲学的解释中回溯到康德的审美判断理论时,也许应该有别于阿伦特(1982)、塞纳(1967)乃至奥尼尔(1989),采取审慎的态度。为了能为审美判断确定其典型特性(尽管它展示出的并不是"每个人都赞同"这一意义上的客观判断)(《判断力批判》,§40),康德预设了一个通感。康德是通过三个准则对通感的原理予以阐释的,其中居间的那个准则所要求的,正是哈贝马斯向米德提出的要求。人们应该"站在别人的位置上来思考",因为,"只有当一个人把自己摆在别人的立场上的时候",一个借此使自己远离"主观的私人性判断条件"的普遍性立场"才能因此被确立下来"(《判断力批判》,§40)。简而言之,这一准则对《纯粹理性批判》也是适用的。不过,它在那里并没有扮演一个突出的角色,因为它的先天命题从一开始就排除了"主观的私人性条件"。甚至,康德把"断言"(behaupten)一词定义为:"陈述(aussprechen)一个对每个人都有效的判断"(B 849)。

第六节　选择的另一面

基于上述考察,至少可以对某种总体性的唯我论批评予以反驳了。只要在"理性主体"这一模糊表达的位置上引入某种区分,把构成了理性批判之对象的那些能力(感性、知性与理性)与那个实施着这一批判的能力区分开来,人们就会看到,至少实施着这一批判的那个理性不能被归入独白式的意识这一范式之内。结果便是，不能再把康德看作那个古老范式的公开的代言人，相反的是，至少在他这里，从独白式的意识这一范式中的解放已经开始了。如果人们忽略更为古老的源头的话，那么就可以说，交往和商谈这一范式的诞生地并不是法兰克福，也不是汇聚了北美实用主义者的"剑桥形而上学俱乐部"，而是柯尼斯堡。

无论如何，一个严肃的唯我论批评可以针对着作为《纯粹理性批判》之对象的那个理性。但是一般而言，这一批评要归因于某个选择性的康德解读。人们并没有把先验感性论与先验判断力一并纳入考虑，而是仅仅援引了关于先验自我意识的学说。康德本人虽然在这里看到的是"人们必须把一切知性运用，乃至先验哲学固定于其上的"那个"顶点"（B 134），但是知性只是两个平等的知识源头中的其中一个而已。此外，先验统觉构成的只是先验知性理论的顶点，而非其建构性的完成——后者存在于很少被关注的"一切纯粹知性原理的体系"之中。

不过值得批评的不仅仅是这一选择性的解读，同样还有对它的解释。因为这一解释把先验统觉与独白及私人性的内在世界结合在了一起，从而把一个共同分有的、真正具有交往性的语言和社会世界与这一私人世界对立了起来。但是，先验自我意识中的自我不能被不分青红皂白地说成是独白式的。事实上，这一限定只有在这一选项——在经验主体的领域，主体或者与自身相关，或者与他人相关——以"交往性的"方式敞开着的地方，才是有意义的。这里顺便还要添加上一个"或多或少"，因为一个排他性的自我关联正如一个排他性的与他人的关联一样是不太可能的；即便是在商谈之中，诸个别主体提出的有效性要求也是成问题的，个别主体会为了达成新的共识之目的而提出建议并检验这些建议,并再次作为个别主体或者认为这些建议是正确的,或者把它们当作不可信的建议而放弃掉。不过,先验"我思"并不属于某种不同于"它我"(Alter Ego)的经验性的自我(Ego),而是属于一般知识的那些条件——在与"自我,还是它我"这一选项的关系上,这些条件处在一个更高的逻辑层次上。

由于尽管存在这一关系,误解仍然难以避免,因此康德就给"我思"这一表达提供了另外一些选择,包括为未知者设置的符号"x"。因而可以明确地理解的是,先验"我思"与对某个尽管具有一般性,但仍然是经验性的"我"的惯常表象是风马牛不相及的:他在"错误推理"这一章中说,"通过思维着的这一个'我',或者'他',或者'它'(物),表象出来的无非是一个作为先验的思想主体的 x"(B 404)。

面对这一在逻辑上具有更高等级的先验统觉,如果有人要维持这一唯我论批评的话,他就必须知道,他只能在一个非常弱的形式中提出这一批评。此外,他可能不得不把这一批评对准其他那些较高等级的要素,如纯粹直观形式、纯粹知性概念、图型、纯粹知性的原理。因为所有这些要素都超越了经验性主体的特殊性,而属于理论主体性自身。除此之外,它们作为一切主体的共性,在某种相当确定的意义上在主体之间也是有效的;在同样的意义上,先验统觉也是如此。

最近,人们对在一定意义上具有较高要求的《纯粹理性批判》提出了这一质疑,即人类理性是无法接近上帝之立场的(例如施耐德巴赫 2000)。如果这里流露出的谦虚不只是一个干巴巴的保证,那么它就可以不遗余力地对人类认知和上帝认知之准确的分界点予以确认。但是人们不愿意承认的是,正是通过这一方式,才开始了对某种严格的——不仅仅是相对的,而且是绝对的——先天存在的规定。至少而言,康德学说中的这一部分始终是可信的,即:人类知识并不仅仅是自发地成为可能的,而是在知性之外还需要一个接受性的直观,而后者离开时间和空间是难以发生的。

因此,这一居间性的平衡是难以拒绝的:那些已经变成教条的选择,如"主体性的—主体间性的""独白式的—对话式的"或"独白式的—交往性的"等等,对理解《纯粹理性批判》而言贡献甚少。"先验要素论"的构造基石与其说是需要共识的,还不如说是有共识能力的,同时也是使共识成为可能的。也就是说,它们涉及使一个共同的——尽管不是随便一个,而是一个在最为严格的客观意义上的——世界得以可能的诸条件。同时,它们使与这一世界相关的共识成为可能,并获得了作为该共识之可能性条件的"自由公民的同意"。

重要的是,不论是阿佩尔的先验语用学,还是哈贝马斯的普遍语用学,或者是罗蒂的实用主义,都没能提出过这一问题:如果没有纯粹直观形式和纯粹概念,没有先验自然法则或与之相当的要素,那么一个突出意义上的知识究竟是否还有可能？对《纯粹理性批判》的这个方面,对一门关于数学的"实际性理论"和一门理论性的自然科学而言,不论是在阿佩尔和哈贝马斯那里,还是在罗蒂那里,都找不到一个替代项。

语用学和实用主义在其不同的游戏方式中都分外强调,理性对"历史、传统、语言、社会实践、生命、有限性等等"始终都是敞开的(库曼1987,149)。康德也在维护着这一敞开性,但是却有不同的根据。他的前交往性的、非历史性的要素是非常有限的,其有效性甚至经常比康德本人及其解释者假定的更小。以先验感性论中的纯粹直观形式为例,它们被证明比康德所展示出的更形式化,因此也更少适用于客观事物。先验的"空间"概念差不多只意味着空间性,它指的既不是一门数学性的几何学——在康德的时代,这就是欧几里得几何学——所操作的那种空间规定性,也不是被从诸多以数学方式成为可能的几何学中产生出来的那些物理理论所认为的、贴合现实解释的那种空间规定性。

对先验哲学的较弱的有效性的提示,允许我们在有限的意义上承认自尼采以降、经过海德格尔直至福柯对主体性哲学所做的批评。对自己的"向近代性的主体告别"这一意图而言,他们是无能为力的,因为他们已经卷入了某种语用学上的矛盾之中。他们也要为自己的陈述——比如海德格尔在《存在与时间》中提出的生存论现身情态、被抛、烦,等等——主张客观性和真理,因此也要预先设定他们一心想要质疑的东西,即一个客观的世界、一个有能力获得客观真理的主体。从另一方面来说,他们也为下面这一观点提出了值得考虑的理由:对关于客观的世界、关于有能力获得真理的理论主体性的普遍陈述,必须对他们的有效性予以全新的、显然也是更为节制的规定。

尽管如此,对于今天人们热衷于把客观性仅仅理解为主体间性或社会性这一尝试而言,康德还是勾勒出了一个系统性的替代项。对于这一命题,即客观世界是一个被共同分有的,因而也是社会性的世界,他毫无疑问是赞同的。但是,其根据不在于社会性,而在于客观性，后者的条件同时也构成了每一种社会性的条件。需要为这些条件——首先只是为这些条件——假设的是，所有人，无论他们总是如何千差万别，在特定意义上造就的只是一个唯一的人类。因此康德的第五条反唯我论因素，同时也是政治性的因素便是：在先验层面上，人是一个（被规则规定了的）主体，他同时构成了一个（具有规则形式的，因而也具有法权形式的）社会。

第七节　世界主义的哲学概念

在这一先验社会中，理性的统治已经表现为：它不同于随意的收集，而是从根本上以统一体为出发点的。它是通过对更高等级，甚至最高等级的统一体的操持而提升其统治能力的，而这一统一体不是"以经验方式，按照偶然浮现的意图"，而是"按照某个理念，也就是从理性的首要目的中"被筹划出来的（B 861）。而较低级的、技艺性的统一体遵循的则是（1）外在的；（2）有时候是多个；此外也是（3）随意的目的（同上）；进一步说，它是（4）"按照偶尔被感知到的关联性"和（5）"差不多靠运气而被建立起来的"（B 875）。

对于这一更高的、建筑术性质的统一体，康德准备了两个具有不同严格性的概念。较为温和的概念处理的是一个复数：统一体是"符合诸本质目的的"（B 875）。前面引入的那个更严苛的概念涉及的是最高级的单数，即：这一统一体是"从某个最高级的内在目的之中"引申出来的，而这一目的"才使整体变为可能"（B 861）。康德在"纯粹理性的训练"一章第一节接近末尾的地方说："我们的理性(在主观上)本身是一个体系,但是在其借助单纯的概念而做的纯粹运用之中,它只是一个对统一体的原理予以探索的体系,对这一探索,只有经验能提供素材"(B 765f.)。

按照某种随意的惯用说法,一门以目的为其职责的哲学——即神学——乃是古代之残余,也就是说,是那个在近代迅速变得过时的亚里士多德思想的残余。由于康德这位无可争议的近代思想家是以多种方式使用"目的"概念的,这也为我们修正上述说法提供了契机。按照《判断力批判》中值得考虑的观点,不论是审美判断还是生物学判断,都是以目的为其导向的。此外,按照康德的历史哲学,这一点也适用于人类的物种史(参见上文第九章)。而按照《奠基》,它也适用于对作为道德本质之目的的幸福的批判(IV 395,4ff.)。最后,在《纯粹理性批判》中,理性本身甚至被认为是具有目的导向的,也就是对统一性和完善性负有责任的。不过相比古代而言具有新意的是,按照所谓的"哥白尼式的转折",目的不是在万物本身之中被给出的,而是在主体之中产生出来的(对此可参见"形而上学在超感性上能做什么?"一文中的这句话:"'目的'概念在任何时候都是由我们自己造成的,'终极目的'概念是先天地通过理性而产生的",XX 294f.)。

康德正确地看到,理性正是在它的"本质目的"实施着的地方起着统治作用(B 860)。出于这一需要,康德首先引入的是作为必要工具的那个体系,后来才引入了目的本身,以及对它负责的哲学家。康德再次重申,不能按照学院概念,而是应该按照世界概念对哲学家予以规定,而世界概念反过来是被"目的"概念定义着的。按照其学院概念,哲学尽管有其精巧与优美,然而到头来只能是理智的一个玻璃球游戏而已,因为它在这里仅仅是"一门关于熟巧性的学说"(《逻辑学》IX 24)。按照其世界概念,哲学乃是"一门关于智慧的学说"(同上)。《逻辑学讲义》没有提到过"世界概念"(同上),而是在两段文字之后提到了"世界公民意义上的哲学"(IX 25)。

对这一"世界公民"意义,可以通过四个自我完善着的方面来加以阐释。这些方面是有局限的,尚未回溯至康德对哲学的世界概念的这一深入规定之上,即哲学是一门"关于一切知识对人类理性之本质目的的关系的科学"(B 867;参见《逻辑学》IX 23f.)。这四个尚有局限的方面共同构成了第六个反唯我论的、政治学的因素:(1)与其只是理智的一个玻璃球游戏,世界公民性的哲学处理的毋宁是世界问题——作为理论哲学,它处理的是自然的总合;(2)所有人彼此分享着这一自然—世界。即使他们还不是法学意义上的世界公民——因为那个真正法权意义上的世界主义法权,也即国际法权和世界公民法权,还尚付阙如,但他们已经是认识上的世界公民了:所有人在关于他们共有的世界的知识上都具有平等的资格,同样具有平等的能力;(3)如果在其他世界还存在着其他的理性存在者,那么他们服从的也是同样的认识条件;(4)与此相应的世界共和国并不满足于成为一个知识世界,以及相应的自然—世界。按照康德的三个著名问题——即:我能知道什么? 我应该如何做? 我可以希望什么?(B 832f.;参见《逻辑学》IX 25)世界公民意义上的哲学将其疆域扩张到了总共三个世界公民性的共同世界之上:所有人都是(a)知识世界、(b)道德行为的世界和(c)有根据的信仰的世界中的平等成员。

第八节　理性的自治

关于哲学的严格的世界概念关系到理性的本质目的。康德并没有一概而论地引述这些目的，而只是引入了其中至为重要的部分，即那些最高目的："对它们而言……只可能有一个是独一无二的。"这就是终极目的，反过来说，它无非就是"人的全部使命"(B 868；参见《逻辑学》IX 24f.)。至于如何理解这一概念，相应的文本(即"建筑术"这一节)并没有给出说明，它既没有解释"人的使命"这一概念，也没有解释为什么终极目的是存在于这一概念之中的。在《纯粹理性批判》中的其他地方，康德也没有提到过"人的使命"。

在德语中，"Bestimmung"一词的意思要么是"规定"和"界定"，因而也就意味着 determinatio 和 definitio 概念；要么，它的意思是"方向"、"委任"或"职业"、"命运"或"安排"，总之表达的就是 destinatio 这一概念。由于康德在"建筑术"之章节中没有涉及人的概念，因此要在 destinatio 这一意义上来理解这一概念。当然，对于康德是否更多考虑的是义务(obligatio)、事先规定(preaeptum)或者命运(fatum)这一问题，还是没有答案。

在由于亚里士多德关于"理论"(theôria)的思想而为人所熟知的那个对知识的完善过程之中，可能就栖居着人的使命。但是，康德根本没有引入这一选项，而是对它予以拒绝，并把自己联系到了道德之上。康德在构建其道德哲学时，为其对象安排了优先地位。那些他在《纯粹理性批判》的其他地方暗示过(例如 B xxxiv)，并在

"纯粹理性的法规"之第一节中清楚地表达过的东西（例如 B 829），在对理性之统治的阐述中也得到了印证，这就是：（纯粹）实践理性的优先性。

其背景是一个生平经验。康德对自己的介绍与亚里士多德对理论（*theôria*）的褒奖如出一辙："我本人就禀赋而言是一个研究者。我能感觉到对知识的全部渴望，感觉到在知识中一路前行的那份好奇的兴奋，或者，也能感觉到在每一次进步中的心满意足"。他继续写到："曾经有一段时间，我深信，所有这一切都能产生出人类的尊严"。但是，"卢梭纠正了我。这一盲目的优越感消失了"，我"如果不曾相信，这一审视能给所有其他人赋予某种发掘出人类之法权的价值的话，恐怕会发现，自己比那些普通的劳动者还要徒劳无益得多"（XXI 273f.）。

除了《纯粹理性批判》之外，康德还在一些重要的文本中对"人的使命"做过谈论（即使他没有明确地引入这一表达本身），这些文本包括：他的历史哲学、《判断力批判》和《奠基》，此外还有《单纯理性界限内的宗教》。所有这些情形都与道德有关。在历史哲学中，道德扮演的角色表现在，自然条件之完全而合目的的"展开"是在世界尺度上的一个具有法权形式的共存中发生的，是在法权道德上必需的世界公民状态中发生的（参见第九章）。在《判断力批判》中（§42），它直接关系到"构成我们此生之最终目的"的那个"道德使命"（V 301；类似地，V 298 也提到了"人类的终极目的，即道德善"）。《单纯理性界限内的宗教》也曾提到这一"道德使命"（VI 50）。至于《奠基》，它处理的完全是道德问题。

我们可以在《纯粹理性批判》看到，康德"纯粹理性的法规"的

第一节中讨论的就是纯粹理性"终极目的"这一概念。在对《判断力批判》第 42 节的预先推论中，他把终极目的看作"那个明智地关照着我们的本性的最终意图"，认为它"在我们理性的建立中"是道德性的（B 829）。人的使命应被理解为人的终极目的。正如在其他地方一样，康德在《纯粹理性批判》中也没有像亚里士多德那样认为终极目的存在于完备的理论（theôria）知识之中，而是存在于道德之中。

　　归根结底，理性不是作为理论理性，而是作为纯粹实践理性而行使统治的。即便对理论理性而言，这一统治也不是来自外部的，不是来自一个招致了外来统治，甚至独裁之危险的东西。由于理论理性始终是与真正的理论要素——如纯粹直观形式、纯粹概念、纯粹图型、先验自然法则，直至理念——结合在一起的，因此它不是排他性的统治，而是一个补充性的统治。因为这一统治使那些归属于纯粹理性的概念——体系和目的——获得了合法性，所以也就发生了从理论理性到实践理性的内在扩展，发生了一个自我超越：理性之中那个理论性的方面最终将被迫过渡到了实践性的方面。

　　这一从自身之中的突围确证了那个自我分化的理性整体。在《纯粹理性批判》的两篇"前言"中，这一理性是在某个双重意向之形式中出现的：从理论方面来说，理性受到对矛盾予以克服这一要求的推动；从实践方面来说，它以对唯物论、宿命论和无神论予以克服这一要求为推动力。在《纯粹理性批判》的结尾处，这一双重化再次出现了。康德世界主义哲学概念所包含着的那个理论理性在"体系"中的完善过程，产生于对整体性的理论兴趣，而这一兴趣反过来又被实践兴趣——朝向道德的人之使命——完善着，同时也被超越着。由于法权构成了道德的一个关键部分，因此下面这一平衡就是不可避免的：在具有习惯性、政治性含义的世界主义之中，也即在国际法权和世界公民法权之中，法权的完善——不多也不少地——只是康德之根本性的反唯我论及全面的世界主义的一个视角而已。而这一世界主义，在《纯粹理性批判》中明显已经存在了。

参 考 文 献

经典文献(选编)

Achenwall,G. /Pütter,J. S. : *Elementa Iuris Naturae/Anfangsgründe des Naturrechts*(《自然法基础》)(1750),lat. /dt. ,hrsg. u. übers. von J. Schröder,Frankfurt/M. 1995.

Anonymus,1797:„Rezension von Kants Rechtslehre "("康德《法权论》书评"),in:*Tübinger Gelehrte Anzeigen*(《图宾根学者报》),39. Stück,15. 5. ,305—310,und 40. Stück,18. 5. ,316—320.

Aristoteles:*Ethica Nicomachea*(《尼各马可伦理学》),hrsg. v. I. Bywater,Oxford 1963;dt. *Die Nikomachische Ethik*,übers. v. O. Gigon,München [2] 1975.

—:*Politica*(《政治篇》),hrsg. v. W. D. Ross,Oxford 1990,dt. *Politik*,übers. v. O. Gigon,München [3] 1978.

Austin,J. :*The Province of Jurisprudence Determined*(《法理学的范围》)(1832),hrsg. v. L. A. Hart,London 1954.

Descartes,R. :*Discours sur la méthode*(《方法谈》)(1637);dt. *Abhandlung über die Methode*,hrsg. von A. Buchenau,Hamburg 1919.

Durkheim,E. ,[1] 1974:„Determination du fait moral"("道德事实的规定"),in:ders. ,*Sociologie et philosophie*(《社会学与哲学》),o. O. ,0. 51—83;dt. „Bestimmung der moralischen Tatsache ",in:*Soziologie und Philosophie*,Frankfurt/M. 1967,84—117.

Fichte,J. G. ,1795/1966:„Zum Ewigen Frieden. Ein philosophischer Entwurf von Immanuel Kant"("《永久和平论》:康德的一个哲学规划"),in:*Philosophisches Journal einer Gesellschaft Teutscher Gelehrten*(《德国学者协会哲学杂志》),hrsg. von F. I. Niethammer,4. Bd. ,Heft 1,Neu—

Strelitz，81—92（wiederabgedruckt in：J. G. Fichte-Gesamtausgabe der Bayrischen Akademie der Wissenschaften(《巴伐利亚科学院版费希特全集》)，hrsg. von R. Lauth/G. Gliwitzky，Bd. I/3，Stuttgart/Bad Canstatt 1966，217—228）．

Hegel，G. W. F.：„Über die wissenschaftlichen Behandlungsarten des Naturrechts，seine Stellung in der praktischen Philosophie und sein Verhältnis zu den positiven Wissenschaften"（"论对自然法的科学讨论法、它在实践哲学中的位置及其与实证科学的关系"）(1803)，in：*Werke in 20 Bänden*(《全集》)，Frankfurt/M. [7]1980，Bd. II，434—530．

—：„Grundlinien zur Philosophie des Rechts"(《法哲学原理》) (*Rechtsphilosophie*，1821)，VII．

Hobbes，Th.：*Leviathan or the matter，form and power of a commonwealth，ecclesiastical and civil*(《利维坦》)(1651)，Cambridge u. a. 1991；dt. *Leviathan oder Stoff，Form und Gewalt eines bürgerlichen und kirchlichen Staates*，Neuwied/Berlin 1966；Frankfurt/M. 1984．

Kant，I.：*Gesammelte Schriften*，begonnen von der Königlich Preußischen Akademie der Wissenschaften(Akademieausgabe)(《普鲁士科学院版康德全集》)，I. Abtlg.（Bd. I—IX）：Werke；2. Abtlg.（Bd. X—XIII）：Briefwechsel；3. Abtlg.（Bd. XIV—XXIII：Nachlaß，Berlin 1900—1955；4. Abtlg.（Bd. XXIV—XXIX）：Vorlesungen，Berlin 1966ff．

—：*Eine Vorlesung über Ethik*(《伦理学讲义》)，hrsg. von G. Gerhardt，Frankfurt/M. 1990．

—：*Vorlesung über Philosophische Enzyklopädie*(《哲学百科学讲义》)，hrsg. von G. Lehmann，Berlin 1961．

Nietzsche，F.：„Unzeitgemäße Betrachtungen. Zweites Stück：Vom Nutzen und Nachteil der Historie für das Leben"（"不合时宜的思考"之第二部分："论历史学对生活的利与弊"），in：*Kritische Studienausgabe*(《批判研究版尼采文集》)，hrsg. v. G. Colli und M. Montinari，München/Berlin/New York 1980 ff.，Bd. I，243—334．

—：„Nachgelassene Fragmente 1885—1887"（"遗著残篇 1885—1887"），XII．

Platon：„Nomoi/Die Gesetze"(《法律篇》)，in：*Werke*(《全集》)，griech. /dt.，hrsg. von G. Eigler，übers. von F. D. E. Schleiermacher u. a.，Darmstadt

1971 ff,Bd. VIII. 1/2.

—:„Politeia/Der Staat"(《理想国》),IV.

Pufendorf,S. :„Deiure naturae et gentium"(《自然法权》)(1672),London;
dt.„Über das Naturrecht",in:*Über die Pflicht des Menschen und des
Bürgers nach dem Gesetz der Natur*(《按照自然法权而来的人与公民的
义务》),Frankfurt/M. u. a. 1994.

Rousseau,J. J. :《Du Contrat social ou principes du droit politique》(《论法权国
家的社会契约或原理》)(1762) in:*Œuvres complètes*(《全集》),Paris
1959ff,Bd. III,349—470;dt. *Vom Gesellschaftsvertrag oder Grundsätze
des Staatsrechts*,Stuttgart 1991.

Schiller,F. ,1793:„Über Anmut und Würde"(《秀美与尊严》),in:*Schillers
Werke*(《全集》). *Nationalausgabe*,hrsg. v. L. Blumenthal/B. von Wiese,
Bd. XX,Weimar 1962,251—308.

Schlegel,F. :„Versuch über den Begriff des Republikanismus veranlasst durch
die Kantische Schrift zum ewigen Frieden"("由康德的永久和平论论'共
和'概念")(1796),in:*Kritische Friedrich—Schlegel—Ausgabe*(《批判
版施莱格尔全集》),hrsg. v. E. Behler,München/Paderborn/Wien 1966,
Bd. VII,11—25.

Smith,A. :„The theory of moral sentiments"(《道德情操论》)(1759),in:*The
Glasgow edition of the works and correspondence of Adam Smith*(《格
拉斯哥版亚当·斯密作品与书信集》),hrsg. v. A. S. Skinner,Oxford
1976ff. ,Bd. I;dt. *Theorie der ethischen Gefühle*,Hamburg 1994.

Thomasius,Chr. :*Fundamenta iuris naturae et gentium ex sensu communi
deducta*(《自然法权与万民法的基础》)(^{4}1718),Salfeld;dt. *Grundlehren
des Natur—und Völcker—Rechts...*,Halle 1709.

Thukydides:*Historiae*(《伯罗奔尼撒战争史》),hrsg. v. H. S. Jones u. J. E.
Powell,Oxford ^{2}1942;dt. *Geschichte des peloponnesischen Krieges*,
übers. v. G. P. Landmann,München 1991.

Tocqueville,A. de:„De la démocratie en Amérique"(《论美国民主》)(1835—
41),in:*Œuvres complètes*(《全集》),Paris ^{4}1979,Bd. I;dt. *Über die
Demokratie in Amerika*,übers. von H. Zbinden,Stuttgart 1959/1962.

Wittgenstein,L. :*Philosophische Untersuchungen*(《哲学研究》),Frankfurt/

M. 1977.

二手文献

Ackrill, J. L., 1974/1995: „Aristotle on Eudaimonia"("亚里士多德论幸福"), in: *Proceedings of the British Academy* 60 (《不列颠科学院进展》) (1974), wiederabgedruckt in: Höffe(Hrsg.)1995a, 39—62.

Allison, H., 1990: *Kant's Theory of Freedom* (《康德的自由理论》), Cambridge.

Anagnostopoulos, G., 1994: *Aristotle on the Goals and the Exactness of Ethics*(《亚里士多德论伦理学的目标与精确性》), Berkeley.

Annas, J., 1993: *The Morality of Happiness*(《幸福的道德性》), New York/ Oxford.

Anscombe, E., 1958: „Modern Moral Philosophy"("近代道德哲学"), in: *Philosophy*(《哲学》) 33, 1—9.

Apel, K. O., 1973: *Transformation der Philosophie*(《哲学的转换》), 2 Bde., Frankfurt/M.

—: (Hrsg.), 1976: *Sprachgrammatik und Philosophie* (《语用学与哲学》), Frankfurt/M.

Archer, C., 1983: *International Organizations*(《国际组织》), London.

Arendt, H., 1958: *The Human Condition. A Study on the Central Dilemma Facing Modern Man*(《人的条件：现代人面临的核心困境》), Chicago; dt. Vita activa oder *Vom tätigen Leben*, München 1960.

—, 1982: *Lectures on Kant's Political Philosophy*(《康德政治哲学演讲录》), ed. and with an interpretative essay by R. Beiner, Chicago; dt. *Das Urteilen. Texte zu Kants politischer Philosophie*, München 1985.

—, 1986: *Eichmann in Jerusalem. Ein Bericht über die Banalität des Bösen* (《艾希曼的审判：一个关于平庸之恶的报告》), München.

Aubenque, P., ³1986: *La prudence chez Aristote* (《亚里士多德论明智》), Paris.

Azouvi, F./Bourel, D., 1991: *De Königsberg á Paris. La réception de Kant en France* (*1788—1804*)(《从柯尼斯堡到巴黎：康德在法国的接受 (1788—1840)》), Paris.

Bachteler, T., 1997: „Explaining the Democratic Peace: The Evidence from

Ancient Greece reviewed"("解释民主式和平：从古希腊的例子看"),in：
Journal of Peace Research(《和平研究杂志》) 34：3,315—322.

Baier,K. ,1965：*The Moral Point of View. A Rational Basis of Ethics*(《道德
观点：伦理学的理性基础》),New York；dt. *Der Standpunkt der Moral.
Eine rationale Grundlegung der Ethik* ,Düsseldorf 1974.

Baker,G. P. /Hacker,P. M. S. (Hrsg.),1985：*Wittgenstein. Rules ,Grammar
and Necessity , Volume 2 of an Analytical Commentary on the
Philosophical Investigations*(《维特根斯坦论规则、语法与必然性：对〈哲
学研究〉的一个分析式评论》,第 2 卷),Oxford.

Barbey,G. ,[2]1996：„Der Status des Richters"("法官的地位"),in：J. Isensee/
G. Kirchhof(Hrsg.) *Handbuch des Staatsrechts*(《国家法手册》),Bd. 4 ,
Heidelberg,815—857.

Bedau,H. A. (Hrsg) 1969：*Civil Disobedience：Theory and Practice*(《公民不
服从：理论与实践》),Indianapolis.

Beitz,Ch. ,1979：*Political Theory and International Relations*(《政治理论与
国际关系》),Princeton.

Berlin,I. ,1969：„Two Concepts of Liberty"("自由的两个概念"),in：ders. ：
Four Essays on Liberty(《自由四题》),Oxford,118—172.

Bien,G. ,1981：„Ethik und Kantische Moraltheorie"("伦理学与康德的道德理
论"),in：*Freiburger Universitätsblätter , Heft 73：Aristoteles und die
moderne Wissenschaft*(《弗莱堡大学报》第 73 册：《亚里士多德与现代科
学》),Freiburg i. Br. ,57—74.

—,[3]1985：*Die Grundlegung der politischen Philosophie bei Aristoteles*(《亚
里士多德对政治哲学的奠基》),Freiburg i. Br. /München.

Bischof,N. ,1978：„On the Phylogeny of Human Morality"("论人类道德的种
系发生"),in：G. S. Stent(Hrsg.) *Morality as a Biological Phenomenon*
(《作为生物现象的道德性》),Berlin,53—73.

Bittner. R. ,1974：„Maximen"("准则"),in：*Akten des 4. Internationalen
Kant-Kongresses*(《第四届国际康德大会纪要》),*Mainz 6. —10. April
1974* ,hrsg. V. G. Funke,Berlin,485—498.

Blühdorn,J. /Ritter,J. (Hrsg.),1970：*Recht und Ethik. Zum Problem ihrer
Beziehung im 19. Jahrhundert*(《19 世纪法权与伦理学的问题与关系》),

Frankfurt/M.

Böckle,F. /Böckenförde,E. W. (Hrsg.),1973: *Naturrecht in der Kritik*(《批评中的自然法权》),Mainz.

Bohrer,K. H. ,1988:„Die permanente Theodizee"("永恒的神义论"),in: ders. ,*Nach der Natur. Über Politik und Ästhetik*(《追寻自然:论政治学与美学》),München/Wien,133—161.

Bollnow,O. F. ,1958:*Wesen und Wandel der Tugenden*(《美德的本质与变迁》),Frankfurt/M.

Bostock,D. ,1988:„Pleasure and Activity in Aristotle's Ethics"("亚里士多德伦理学中的幸福与活动性"),in:*Phronesis* 33,251—272.

Brink,D. ,O. ,1989:*Moral Realism and the Foundations of Ethics*(《道德实在论与伦理学的基础》),Cambridge.

Broadie,S. W. ,1991:*Ethics with Aristotle*(《亚里士多德的伦理学》),New York.

Brown,M/Lynn—Jones,S. M. /Miller,S. E. ,1996:*Debating the Democratic Peace*(《民主式和平论战》),Cambridge/Mass. u. a.

Buhr,M. /Dietzsch,S. (Hrsg.),1984:*Immanuel Kant: Zum ewigen Frieden mit Texten zur Rezeption 1796—1800*(《康德:〈永久和平论〉与1796—1800年间接受史文献》),Leipzig.

Busch,H. J. /Horstmann,A. ,1976:Artikel„Kosmopolit/Kosmopolitismus"("世界主义"),in:*Historisches Wörterbuch der Philosophie*(《哲学历史辞典》),Band IV,Darmstadt.

Cavallar,G. ,1992:*Pax Kantiana. Systematisch-historische Untersuchung des Entwurfs Zum ewigen Frieden*(1795) *von Immanuel Kant*(《康德的和平:对康德〈永久和平论〉之规划的系统性、历史性研究》),Wien/Köln/Weimar.

Chapman,J. W. /Galston,W. A. (Hrsg.) 1992:*Virtue* (《美德》)(= Nomos,Bd. XXXIV),London.

Chaunu,P. (Hrsg.),1994:*Les fondements de la paix. Des origines au début du XVIIIe siècle*(《和平原理:从起源到18世纪》),Paris.

Conradt,M. ,1999:*Der Schlüssel zur Metaphysik. Zum Begriff rationaler Hoffnung in Kants kritischer Moral-und Religionsphilosophie*(《打开形

而上学的钥匙:康德批判性道德与宗教哲学中的"理性希望"概念》),
Tübingen(Diss.)

Cramer,K.,1972:„Hypothetische Imperative?"("假设性的命令?"),in:M.
Riedel(Hrsg.),*Rehabilitierung der praktischen Philosophie*(《实践哲学
之重建》),Bd.1,Freiburg,159—212.

Crisp,R./Slote,M.,1997(Hrsg.):*Virtue Ethics*(《美德伦理学》),Oxford.

Czempiel,E.O.,1996;„Kants Theorem und die zeitgenössische Theorie der
internationalen Beziehungen"("关于国际关系的康德命题与同时代的其
他理论"),in:M.Lutz—Bachmann/J.Bohmann(Hrsg.),*Frieden durch
Recht. Kants Friedensidee und das Problem einer neuen Weltordnung*
(《由法权而和平:康德的和平理念与新世界秩序之问题》),Frankfurt/
M.,300—323.

Dahlstrom,D.O.,1998:„Kants politischer Kosmopolitismus"("康德的政治
世界主义"),in:*Jahrbuch für Recht und Ethik*(《法权与伦理学年鉴》),
Bd.5,55—72.

Dancy,J.,1993:*Moral Reasons*(《道德理性》),Oxford.

Dietze,A./Dietze,W.(Hrsg.),1989:*Ewiger Friede? Dokumente einer
deutschen Diskussion um 1800*(《永久和平?1800年左右德国论战文
献》),Leipzig/Weimar.

Dietze,W.,1989:„Abriß einer Entwicklungsgeschichte der Friedensidee vom
Mittelalter bis zur Französischen Revolution"("从中世纪到法国大革命
期间和平理念的发展史概要"),in:Dietze/Dietze 1989,7—58.

Dihle,A.,1985:*Die Vorstellung vom Willen in der Antike*(《古代人的意志观
念》),Göttingen.

Dobler,Ph.,1995:*Recht auf demokratischen Ungehorsam*(《民主不服从的
权利》),Fribourg(CH).

Doyle,M.,1983:„Kant,Liberal Legacies,and Foreign Affairs"("康德、自由遗
产与外国事务"),in:*Philosophy and Public Affairs*(《哲学与公共事
务》)12,205—235 u.323—353.

—,1995:„Die Stimme der Völker. Politische Denker über die internationalen
Auswirkungen der Demokratie"("人民的声音:关于民主的国际效应的
政治思想家们"),in:Höffe(Hrsg)1995,221—244.

Duncan，A. R. C. ，1957：*Practical Reason and Morality. A Study on Immanuel Kant's Foundations for the Metaphysics of morals*（《实践理性与道德性：康德〈道德形而上学的奠基〉研究》），London.

Durkheim，E. ，[4]1974：*Sociologie et philosophie*（《社会学与哲学》），Paris.

Dworkin，R. ，1985：*A Matter of Principle*（《原则问题》），*Cambridge/Mass.*

——，[8]1996：*Taking rights seriously*（《认真对待权利》），London（[1]1977）；dt. *Bürgerrechte ernstgenommen*，Frankfurt/M. 1984.

Engstrom，St. /Whiting，J. (Hrsg.)，1996：*Aristotle，Kant and the Stoics. Rethinking Happiness and Duty*（《亚里士多德、康德与斯多亚学派：重思快乐与义务》），Cambridge.

Finnis，J. ，[2]1982：*Natural Law and Natural Rights*（《自然法与自然权》），Oxford.

Foot，Ph. ，1978：*Virtues and Vices*（《美德与恶》），Berkeley.

Freud，S. ，1948：„ Das Unbehagen in der Kultur "（"文化中的不快"），in：*Gesammelte Werke*（《全集》），Bd. XIV，London.

Fromm，E. ，1947：*Man for Himself. An Inquiry into the Psychology of Ethics*（《为己之人：伦理学中的心理学研究》），New York；dt. *Psychoanalyse und Ethik*，Zürich 1954.

——，1973：*The Anatomy of Human Destructiveness*（《解剖人的破坏性》），New York；dt. *Anatomie der menschlichen Destruktivität*，Stuttgart 1974.

Gantzel，K. J. (Hrsg.)，1995：*Kriege nach dem zweiten Weltkrieg 1945 bis 1992：Daten und Tendenzen*（《二战之后从 1945 年到 1992 年的战争：数据与趋势》），Münster.

Gauthier，R. A. /Jolif，J. J. ，[2]1970：*L'Ethique á Nicomaque*（《尼各马可伦理学》），4Bde. ，Löwen.

Geerlings，W. ，1997：„ De Civitate Dei XIX als Buch der Augustinischen Friedenslehre"（"作为奥古斯丁和平学说的《上帝之城》第 XIX 卷"），in：Horn 1997，211—223.

Geismann，G. /Oberer，H. (Hrsg.) 1986：*Kant und das Recht der Lüge*（《康德与撒谎权》），Würzburg.

Gerhardt，V. ，1995：*Immanuel Kants Entwurf Zum ewigen Frieden. Eine*

Theorie der Politik（《康德的〈永久和平论〉：一个政治学理论》），Darmstadt.

Gigon, O. , [3]1991：*Aristoteles. Die Nikomachische Ethik neu übersetzt*（《亚里士多德〈尼各马可伦理学〉新译》），*mit einer Einleitung und erklärenden Anmerkungen versehen*, Zürich/Stuttgart.

Görres, A. /Rahner, K. , 1982：*Das Böse. Wege zu seiner Bewältigung in Psychotherapie und Christentum*（《恶：心理治疗与基督教中对它的克服之道》），Freiburg/Basel/Wien.

Grimm, J. /Grimm, W. , 1854ff. ：*Deutsches Wörterbuch*（《德语词典》），17 Bde. Leipzig(Nachdruck：33 Bde. , München 1984).

Guardini, R. , 1963：„Tugenden. Meditationen über Gestalten sittlichen Lebens"（"美德：关于道德生活形式的沉思"），in：ders. , *Werke*（《文集》），Bd. 5. , Paderborn [4]1992.

Habermas, J. , 1973：*Legitimationsprobleme im Spätkapitalismus*（《晚期资本主义中的合法性问题》），Frankfurt/M.

——, 1976：„Was heißt Universalpragmatik? "（"什么是普遍语用学？"）in：K. O. Apel(Hrsg.), *Sprachpragmatik und Philosophie*，（《语言语用学与哲学》）Frankfurt/M. , 174—272.

——, 1981：*Theorie des kommunikativen Handelns*（《交往行为理论》），Frankfurt/M.

——, 1983：*Moralbewußtsein und kommunikatives Handeln*（《道德意识与交往行为》），Frankfurt/M.

——, [4]1994：*Faktizität und Geltung. Beiträge zur Diskurstheorie des Rechts und des demokratischen Rechtsstaates*（《事实与效用——关于法权与民主法权国家的话语理论论文集》），Frankfurt/M.

——, 1995：„Kants Idee des ewigen Friedens —aus dem historischen Abstand von 200 Jahren"（"康德的永久和平理念：从 200 年的历史距离来看"），in：*Kritische Justiz 28* , 293—319(jetzt auch in：ders. , *Die Einbeziehung des Anderen. Studien zur politischen Theorie*（《包容他者：政治理论研究》），Frankfurt/M. 1996, 192—236).

Haegerstrohm, A. , 1902：„Kants kategorischer Imperativ als Kriterium des Sittlichen"（"作为道德标准的康德绝对命令"），in：*Zeitschrift für philosophische Forschung* 31(《哲学研究杂志》31 卷),354—384.

Hart,H. L. A. ,1961:*The Concept of Law*(《法律的概念》),New York/London;dt. *Der Begriff des Rechts*,Frankfurt/M. 1973.

Hartmann,N. ,1926:*Ethik*(《伦理学》),Berlin.

Hassemer,W. ,⁶1994;„ Rechtssystem und Kodifikation. Die Bindung des Richters an das Gesetz "(《法权体系与编撰;法官与法律的联系》),in:A. Kaufmann/W. Hassemer(Hrsg.),*Rechtsphilosophie und Rechtstheorie der Gegenwart*(《当代法权哲学与法权理论》),Heidelberg,248—268.

Heinaman,R. ,1988:„Eudaimonia and Self—Sufficiency in the Nicomachean Ethics"(""《尼各马可伦理学》中的幸福与自我满足"),in:*Phronesis* 33,31—53.

Helmholz,R. ,1998:„Trusts in the English Ecclesiastical Courts 1300—1640"("英格兰教会法庭的信托 1300—1640"),in:ders. /R. Zimmermann(Hrsg.) *Itinera Fiduciae. Trust and Treuhand in Historical Perspective*(《历史视野中的信托》),Berlin,153—172.

Hennies,W. ,1963:*Politik und praktische Philosophie. Eine Studie zur Rekonstruktion der politischen Wissenschaft*(《政治学与政治哲学:政治科学重建研究》),Neuwied/Berlin.

Herman,B. ,1990:*Morality as Rationality. A Study on Kant's Ethics*(《作为理性的道德性:康德伦理学研究》),New York/London

—,1990a:„ Obligation and Performance. A Kantian Account of Moral Conflicts"("强制与执行:对道德冲突的一个康德式解释"),in: O. Flanagan/A. Oksenberg Rorty(Hrsg.),*Identity,Character and Morality. Essays in Moral Psychology*(《身份、品格与道德性:道德心理学论文集》),Cambridge/Mass/London,311—337.

—,1993:*The Practice of Moral Judgement*(《道德判断的实践》),Cambridge/Mass

Hildebrand,D. v. ,1933:*Sittliche Grundhaltungen*(《基本道德态度》),Mainz.

Höffe,O. ,1981:*Sittlich—politische Diskurse. Philosophische Grundlagen—politische Ethik—biomedizinische Ethik*(《道德—政治讨论:哲学基础、政治伦理学、生物医学伦理学》),Frankfurt/M.

—,³1987:*Ethik und Politik. Grundmodelle und —probleme der praktischen Philosophie*(《伦理与政治——实践哲学的基本模式和问题》),

Frankfurt/M.

——,1990：*Kategorische Rechtsprinzipien. Ein Kontrapunkt der Moderne*(《绝对法权原则：一个现代性的对位点》),Frankfurt/M.

——,²1994：*Politische Gerechtigkeit. Grundlegung einer kritischen Philosophie von Recht und Staat*(《政治正义：法权与国家的批判哲学之奠基》),Frankfurt/M.

——,(Hrsg.),1995：*Immanuel Kant：Zum ewigen Frieden*(《康德：〈永久和平论〉》)(＝Klassiker Auslegen,Bd. 1)(《经典解读》第 1 卷),Berlin.

——,(Hrsg.),1995a：*Aristoteles：Nikomachische Ethik*(《亚里士多德：〈尼各马可伦理学〉》)(＝Klassiker Auslegen,Bd. 2)(《经典解读》第 2 卷),Berlin.

——,1996：*Vernunft und Recht. Bausteine zu einem interkulturellen Rechtsdiskurs*(《理性与法权：跨文化法权商谈的基石》),Frankfurt/M.

——,²1996：*Praktische Philosophie. Das Modell des Aristoteles*(《实践哲学：亚里士多德的模式》),München.

——,⁴1996：*Immanuel Kant*(《康德》),München.

——,(Hrsg.),1997：*Platon：Politeia*(《柏拉图：〈理想国〉》)(＝Klassiker Auslegen,Bd. 7)(《经典解读》第 7 卷),Berlin.

——,1998：„Architektonik und Geschichte der reinen Vernunft"("纯粹理性的建筑术与历史"),in：G. Mohr/M. Willaschek(Hrsg.)：*Immanuel Kant. Kritik der reinen Vernunft*(《康德：〈纯粹理性批判〉》)(＝Klassiker Auslegen,Bd. 17/18)(《经典解读》第 17—18 卷),Berlin,617—645.

——,1999：*Demokratie im Zeitalter der Globalisierung*(《全球化时代的民主》),München.

——,(Hrsg.),1999a：*Immanuel Kant. Metaphysische Anfangsgründe der Rechtslehre*(《康德：〈法权论的形而上学始基〉》)(＝Klassiker Auslegen,Bd. 19)(《经典解读》第 19 卷),Berlin.

——,²1999：*Aristoteles*(《亚里士多德》),München.

——,(Hrsg.),³1999：*Grundlegung zur Metaphysik der Sitten. Ein kooperativer Kommentar*(《〈道德形而上学的奠基〉：一个合作性的评论》),Frankfurt/M.

——,2000：„Humanitäre Intervention? Rechtsethische Überlegungen"("人道主

义的干涉？法权伦理学的思考"），in：Merkel（Hrsg.），2000，167—186.

—，⁴2000：*Moral als Preis der Moderne. Ein Versuch über Wissenschaft, Technik und Umwelt*（《作为现代性之代价的道德：科学、技术与周围世界研究》），Frankfurt/M.

—（Hrsg.），2001：Immanuel Kant. *Kritik der praktischen Vernunft*（《康德：〈实践理性批判〉》）（＝Klassiker Auslegen，in Vorb.）（《经典解读》，准备中）.

Höffe，O./Rapp，Ch.，1999：Artikel „Tugend（Neuzeit）"（"德性"），in：*Historisches Wörterbuch der Philosophie*（《哲学历史辞典》），Bd. 10，Basel.

Holzhey，H.，1993：„Das Böse. Vom ethischen zum metaphysischen Diskurs"（"论恶：从伦理学话语到形而上学话语"），in：*Studia Philosophica 52*（《哲学研究》52 卷），7—27.

Horn，Ch.，1996：„Augustinus und die Entstehung des philosophischen Willensbegriffs"（"奥古斯丁与哲学中意志概念的起源"），in：*Zeitschrift für philosophische Forschung 50*（《哲学研究杂志》50 卷），113—132.

—，（Hrsg.），1997：*Augustinus：De Civitate Dei*（《奥古斯丁：〈上帝之城〉》）（＝Klassiker Auslegen，Bd. 11）（《经典解读》第 11 卷），Berlin.

Hruschka，J.，1991：„Rechtertigungs—und Entschuldigungsgründe：Das Brett des Karneades bei Gentz und Kant"（"辩护与脱罪的根据：根茨与康德之处的卡尼德斯之床"），in：*Goldthammers Archiv für Strafrecht 138*（《古德哈默刑法档案》138），1—10.

Irwin，T.，1992："Who Discovered the Will?"（"谁发现了意志？"），in：*Philosophical Perspectives 6*（《哲学视角》6），453—473.

Isensee，J.，1969：*Das legalisierte Widerstandsrecht. Eine staatsrechtliche Analyse des Art. 20 Abs. 4 Grundgesetz*（《言法化了的反抗权：关于〈基本法〉第 20 条第 4 款的一种国家法层面的分析》），Bad Homburg.

Janssen，W.，1975：Artikel „Friede"（"和平"），in：O. Brunner/W. Conze/R. Koselleck（Hrsg.），*Geschichtliche Grundbegriffe，Historisches Lexikon zur politisch—sozialen Sprache in Deutschland*，Bd. 2（《基本历史概念：德国政治社会语言历史辞典》第 2 卷），Stuttgart，543—591.

Jankélévitch，V.，1968：*Traité de virtue*（《论美德》），Paris.

Jhering. R. v. , 1877/³1893: *Der Zweck im Recht* (《法权中的目的》), 2 Bde. , Leipzig.

Jaspers, K. , ⁴1973: *Philosophie II. Existenzerhellung* (《哲学 II: 生存启示》), Berlin u. a.

Jenisch, D. , 1791: *Die Ethik des Aristoteles in 10 Büchern, mit dem Anhang: Kritische Übersicht des aristotelischen Moralsystems* (《十卷本亚里士多德伦理学》及 "附录" "亚里士多德道德体系批判性概观"), Danzig.

Jones, N. , 1998: „Trusts in England after the Statue of Uses: A View from the 16th Century" ("《用益法》之后的英格兰信托: 一种源自 16 世纪的观点"), in: R. Helmholz/R. Zimmermann (Hrsg.), *Itinera Fiduciae. Trust and Treuhand in Historical Perspective* (《历史视野中的信托》), Berlin, 173—205.

Kain, P. P. , 1999: *Self—Legislation and Prudence in Kant's Moral philosophy: A Critical Examination of Some Constructivist Interpretations* (《康德道德哲学中的自我立法和明智: 对一些建构主义解释的批判式考察》), Notre—Dame/Ind. (Diss.).

Kelsen, H. , 1944: „The Strategy of Peace" ("和平策略"), in: *The American Journal of Sociology 49* (《美国社会学杂志》49 卷), 381—389.

——, 1953: „Was ist die Reine Rechtslehre? " ("什么是纯粹法权论?"), in: *Demokratie und Rechtstaat. Festschrift für Z. Giacometti* (《民主与法权国家: Z. Giacometti 纪念文集》), Zürich, 143—162.

——, ²1960, *Reine Rechtslehre* (《纯粹法权论》), Wien.

Kenny, A. , 1978: *The Aristotelian Ethics* (《亚里士多德的伦理学》), Oxford.

——, 1979: *Aristotle's Theory of the Will* (《亚里士多德的意志理论》), London.

——, 1992: *Aristotle on the Perfect Life* (《亚里士多德论完美生活》), Oxford.

Kersting, W. , ²1993: *Wohlgeordnete Freiheit. Immanuel Kants Rechts—und Staatsphilosophie* (《有序的自由: 康德的法权与国家哲学》), Frankfurt/M.

Kleger, H. , 1993: *Der neue Ungehorsam. Widerstand und politische Verpflichtungen in einer lernfähigen Demokratie* (《新的不服从: 可学型民主中的反抗与政治义务》), Frankfurt/M/New York.

Kleingeld，P. ，1998：„Kants politischer Kosmopolitismus"（"康德的政治世界主义"），in：*Jahrbuch für Recht und Ethik*（《法权与伦理学年鉴》）Bd. 5，333—343.

Kluxen，W. ，1974：*Ethik als Ethos*（《作为德性的伦理学》），Freiburg i. Br. /München.

Korsgaard，Ch. ，1996a：*Creating the Kingdom of Ends*（《创造目的王国》），Cambridge.

——，1996b：*The Sources of Normativity*（《规范性的来源》），Cambridge.

Koselleck，R. ，1997：„Vom Sinn und Unsinn der Geschichte"（"论历史的意义与荒谬"），in：*Merkur 51*（《水星》51 卷），319—334.

Kraut，R. ，1989：*Aristotle on the Human Good*（《亚里士多德论人类的善》），New Jersey.

Krings，H. ，1979：„Die Grenzen der Transzendentalpragmatik"（"先验语用学的界限"），in：H. M. Baumgartner（Hrsg. ）*Prinzip Freiheit. Eine Auseinandersetzung um Chancen und Grenzen transzendentalphilosophischen Denkens*（《自由原则：关于先验哲学思考的几率与界限之探讨》），Freiburg/München.

Kripke，S. ，1987：*Wittgenstein über Regeln und Privatsprache*（《维特根斯坦论规则与私人语言》），Frankfurt/M.

Kuhlmann，W. ，1987：„Tod des Subjekts? Eine transzendentalpragmatische Verteidigung des Vernunftsubjekts"（"主体之死？对理性主体的一个先验语用学辩护"），in：H. Nagl/E. Vetter（Hrsg. ），*Tod des Subjekts*（《主体之死》），Wien/München，120—136（wiederabgedruckt in：ders. ，*Kant und die Transzendentalpragmatik*［重刊于《康德与先验语用学》］，Würzburg 1992，147—187）.

Kühl，K. ，1984：*Eigentumsordnung als Freiheitsordnung. Zur Aktualität der Kantischen Rechts—und Eigentumstheorie*（《财产秩序作为自由秩序：论康德法权与财产理论的现时性》），Freiburg i. Br.

Kuhn，H. ，1962：„Der Mensch in der Entscheidung：Prohairesis in der Nikomachischen Ethik"（"决断中的人：《尼各马可伦理学》中的Prohairesis"），in：ders. ，*Das Sein und das Gute*（《存在与善》），München，275—295.

—,1965:„Aristoteles und die Methode der praktischen Wissenschaft"("亚里士多德与实践科学的方法"),in:*Zeitschrift für Politik*(《政治学杂志》),NF 12,101—120.

Laberge,P.,1992:„Das radikale Böse und der Völkerzustand"("根本恶与民众状态"),in:F. Ricken/F. Marty(Hrsg.)*Kant über Religion*(《康德论宗教》),Stuttgart/Berlin/Köln,112—123.

—,[3]1999:„La définition de la volonté comme faculté d'agir selon des lois"("依规则作为行动能力的意愿的定义"),in:Höffe(Hrsg.),[3]1999,83—96.

Larmore,Ch.,1985:„The Heterogeneity of Practical Reasons"("实践理性的等级"),in:G. Kloy/E. Rudolph(Hrsg.),*Einheit als Grundlage der Philosophie*(《作为哲学之基础的统一性》),Darmstadt,322—337.

—,1987/1995:*Patterns of Moral Complexity*,Cambridge(《道德复杂性的模式》);dt. *Strukturen moralischer Komplexität*,Stuttgart/Weimar 1995.

Lorenz,K.,[21]1998:*Das sogenannte Böse. Zur Naturgeschichte der Aggression*(《所谓的恶:攻击的自然史》)([1]1963),Wien.

Lorenzen,P./Schwemmer,O.,1973:*Konstruktive Logik，Ethik und Wissenschaftstheorie*(《构造逻辑、伦理学与科学理论》),Mannheim/Wien/Zürich.

Lübbe,H.,1980:*Philosophie nach der Aufklärung. Von der Notwendigkeit pragmatischer Vernunft*(《启蒙之后的哲学:实用理性的必然性》),Düsseldorf/Wien.

—,1987:*Politischer Moralismus. Der Triumph der Gesinnung über die Urteilkraft*(《政治道德主义:意向对判断力的胜利》),Berlin.

Ludwig,B.,1993:„Kants Verabschiedung der Vertragstheorie. Konsequenzen für eine Theorie sozialer Gerechtigkeit"("康德告别契约论:对社会正义理论的后果"),in:*Jahrbuch für Recht und Ethik I*(《法权与伦理学年鉴》I),221—254.

Luhmann,N.,1978:„Soziologie der Moral"("道德社会学"),in:N. Luhmann/St. Pfürtner(Hrsg.),*Theorie，Technik und Moral*(《理论、技术与道德》),Frankfurt/M.,8—116.

—1981:*Ausdifferenzierung des Rechts. Beiträge zur Rechtssoziologie und Rechtstheorie*(《法权的分野:法权社会学与法权理论论文集》),

Frankfurt/M.

—,1987：*Rechtssoziologie*(《法权社会学》),Opladen.

—,1993,*Das Recht der Gesellschaft*(《社会法权》),Frankfurt/M.

Lundstedt,V.,1947:"Law and Justice:A Criticism of the Method of Justice"
("法律与正义:对正义之方法的批评"),in:P. Sayre(Hrsg.),
Interpretations of Modern Legal Philosophy(《现代法哲学解释》),New
York,450—483.

Lutz,D. S.(Hrsg.),2000:*Der Kosovo—Krieg. Rechtliche und rechtsethiche
Aspekte*(《科索沃战争:从法权的与法权伦理学方面看》),Baden—
Baden.

MacIntyre,A.,²1985/1987:*After Virtue*(《追寻美德》),London:dt. *Der
Verlust der Tugend*,Frankfurt/M. 1987.

—,1984/1993:„Is Patriotism a Virtue? "("爱国主义是美德吗?"),in:*The
Lindley Lecture*,University of Kansas,gend,Depf. of Philosophy,26. 3.
1984,3—20;dr. „Ist Patriotismus eine Tugend? "in:A. Honneth(Hrsg.)
Kommunitarismus(《社群主义》),Frankfurt M/New York 1993,
84—102.

—,1988:*Whose Justice? Which Rationality?*(《谁之正义? 何种合理性?》),
London.

—,1990:*Three Rival Versions of Moral Enquiry. Encyclopedia*,*Genealogy*,
Tradition(《三种互竞的道德探究观:百科全书、谱系学、传统》),
London.

Maôz,Z./Russett,B. M.,1993:„ Normative and structural causes of
democratic peace,1946—1986"("民主式和平的规范性与结构性原因
1946—1986"),in:*American Political Science Review 81*(《美国政治科
学评论》81 卷),624—638.

Marquard,O.,1987:„Drei Phasen der medizinethischen Debatte"("医学伦理
学的三个阶段"),in:O. Marquard/H. Staudinger(Hrsg.),*Anfang und
Ende menschlichen Lebens. Medizinethische Probleme*(《人类生命的始
终:医学伦理学的问题》),München/Paderborn,111—115.

—,1986:*Apologie des Zufälligen. Philosophische Studien*(《为偶然一辩:哲
学研究》),Stuttgart.

Mayer—Maly, D. /Simons, P. M. (Hrsg.), 1983: *Das Naturrechtsdenken heute und morgen. Gedächtnisschrift für René Marcic*（《当前与未来的自然法权思考：纪念 René Marcic》），Berlin.

McDowell, J., 1981: „Virtue and Reasons"（"美德与理性"），in：St. Holtzman/ C. Leich(Hrsg.) *Wittgenstein. To Follow a Rule*（《维特根斯坦：去遵守规则》），London, 141—162.

—, 1996: „Deliberation and Moral Development in Aristotle's Ethics"（"亚里士多德伦理学中的自由与道德发展"），in：Engstrom St. /Whiting J. 1996 (Hrsg.), *Aristotle, Kant and the Stoics. Rethinking Happiness and Duty*（《亚里士多德、康德与斯多亚学派：重思幸福与义务》），Cambridge, 45.

—, 1998: „Are Moral Requirements Hypothetical Imperatives? "（"道德要求是假设性命令吗？"），in：ders. *Mind, Value and Reality*（《心灵、价值与实在》），Cambridge/Mass., 77—94.

McNaugthon, D., 1988: *Moral Vision. An Introduction to Ethics*（《道德视野：伦理学导论》），Oxford.

Merkel, R. (Hrsg.), 2000: *Der Kosovo—Krieg und das Völkerrecht*（《科索沃战争与国际法权》），Frankfurt/M.

Merkel, R. /Wittmann, R. (Hrsg.), 1996: *Zum ewigen Frieden：Grundlagen, Aktualität und Aussichten einer Idee von Immanuel Kant*（《〈永久和平论〉：一个康德理念的基础、现时性与前景》），Frankfurt/M.

Merle, J.—Ch., 1999: „Funktionen, Befugnisse und Zwecke der Staatsverwaltung. Zur Allgemeinen Anmerkung zu S52, B—D"（"国家治理的功能、权威与目的：对 S52, B—D 的一般性评论"），in：Höffe(Hrsg.) 1999a, 195—212.

Meulen, J. ter, 1917—1940: *Der Gedanke der Internationalen Organisation in seiner Entwicklung*（《国际组织思想的演变》），Bde. 1, 2/1, 2/2, Den Haag.

Mitchell, B. R., 1992: *International Historical Statistics Europe 1750—1988*（《欧洲国际历史统计 1750—1988》），New York.

Morgenthau, H. J., 1948: *Politics among Nations：the Struggle for Power and Peace*（《国家间的政治：为权力与和平而抗争》），New York；dt.

Macht und Frieden. Grundlegung einer Theorie der internationalen Politik，Gütersloh 1963.

Muirhead，J. H. ，1932：*Rule and end in morals*（《道德中的规则与目的》），Oxford/London(Nachdruck Freeport/N. Y. 1969)。

Mulholland，L. A. 1990：*Kant's System of Rights*（《康德的权利体系》），New York。

Nagler，M. ，1991：*Über die Funktion des Staates und des Widerstandsrechts*，St. Agustin(《论国家与反抗权的功能》)。

Nancy，J. —L. ，1983：*L'impératif catégorique*（《绝对命令》），Paris。

Nozick，R. ，1974：*Anarchy，State and Utopia*（《无政府主义、国家与乌托邦》），Oxford；dt. *Anarchie，Staat，Utopia*，München 1976。

Nussbaum，M. ，[2]1993：" Non-relative Virtues：An Aristotelian Approach "（"非相关性美德：一个亚里士多德的方法"），in：M. Nussbaum/A. Sen（Hrsg. ）*The Quality of Life*（《生命的质》），Oxford，242—276。

O'Brien，D. ，1971："Plotinus on Evil"（"普罗提诺论恶"），in：P. M. Schuhl/P. Hadot(Hrsg.)，*Le Néoplatonism*（《新柏拉图主义》），Paris，113—146。

——，1992：*Théodicée plotinienne—théodicée gnostique*（《普罗提诺神义论与诺斯替神义论》），Leiden。

Oelmüller，W. ，1973：Artikel „Das Böse"（词条"恶"），in：H. Krings u. a.（Hrsg.)，*Handbuch philosophischer Grundbegriffe*（《哲学基本概念手册》），München，255—268。

O'Neill，O. ，1989：*Constructions of Reason：Explorations of Kant's Practical Philosophy*（《理性的构造：康德实践哲学探究》），Cambridge。

——，1996：*Toward Justice and Virtue. A Constructive Account of Practical Reasoning*，Cambridge（《走向正义与美德：对实践理性的一个构造性解释》）；dt. *Tugend und Gerechtigkeit. Konstruktive Darstellung des praktischen Denkens*，Berlin 1996。

Paton，H. I. ，1971(1947)：*The Categorical Imperative. A Study in Kant's Moral Philosophy*（《绝对命令：康德道德哲学研究》），Philadelphia。

Pieper，A. ，1985：„ Der Ursprung des Bösen Schellings. Versuch einer Rekonstruktion des transzendentalen Anfangs von Geschichte"（"谢林论恶的起源：对历史的先验开端之重建的研究"），in：A. Cesana/O.

Rubitschon(Hrsg.), *Festschrift für H. A. Salmony. Philosophische Tradition im Dialog mit der Gegenwart*(《Salmony 纪念文集：与当代对话中的哲学传统》), Basel/Boston/Stuttgart.

—, [2]1991：*Einführung in die Ethik*(《伦理学导论》), Tübingen.

Pieper, J. , 1977：*Über den Begriff der Sünde*(《论"罪"的概念》), München.

Plack, A. , 1979：*Die Gesellschaft und das Böse：Eine Kritik der herrschenden Moral*(《社会与恶：对主流道德的批判》), Frankfurt/M. /Berlin/Wien.

Pleines, J.—E. , 1983：*Praxis und Vernunft. Zum Begriff praktischer Urteilskraft* (《实践与理性：论实践判断力概念》), Würzburg/Amsterdam.

Portmann, F. , 2000：*Einheit aus der Metaphysik. Eine alternative Rekonstruktion der Kantischen Lehre*(《来自形而上学的统一：对康德学说的一个选择性重建》), Freiburg i. Br.

Puhl, K. , 1998：„Regelfolgen"("遵守规则"), in：E. von Savigny (Hrsg.), *Ludwig Wittgenstein. Philosophische Untersuchungen* (《维特根斯坦：〈哲学研究〉》)(= Klassiker Auslegen, Bd. 13)(《经典解读》第 13 卷), Berlin, 119—142.

Radbruch, G. , [3]1932：*Rechtsphilosophie* (《法权哲学》), Leipzig (Neudruck：Heidelberg).

—, 1945/1999：„Fünf Minuten Rechtsphilosophie"("五分钟法权哲学"), in：*Rhein—Neckar—Zeitung vom 12. 9. 1945* (Neudruck in：G. Radbruch, *Rechtsphilosophie*(《法权哲学》), Heidelberg 1999, 209—210).

Rapp, Ch. , 1995：„Freiwilligkeit, Entscheidung und Verantwortlichkeit (IIII 1—7)" ("自愿、决断与责任"), in：Höffe(Hrsg.), 1995a, 109—134.

Raumer, K. von, 1953：*Ewiger Friede. Friedensrufe und Friedenspläne seit der Renaissance*(《永久和平：文艺复兴以来的和平呼唤与和平计划》), Freiburg/München.

Rawls, J. , 1971：*A Theory of Justice*(《正义论》), Cambridge/Mass. ；dt. *Eine Theorie der Gerechtigkeit*, Frankfurt/M. 1975.

—, 1993：*Political Liberalism* (《政治自由主义》), New York；dt. *Politischer Liberalismus*, übers. v. W. Hinsch, Frankfurt/M. 1998.

Reeve, C. D. , 1992：*Practices of Reason. Aristotle's Nicomachean Ethics*(《理

性的实践:亚里士多德的〈尼各马可伦理学〉》),Oxford.

Ricken,F.,1995:„Wert und Wesen der Lust(VII 12—15 und X 1—5)"("愉悦的价值与本质"),Höffe(Hrsg.),1952,207—228.

Ricoeur,P.,1969:„La symbolique du mal"("恶的象征论"),in:ders.,*Finitude et culpabilité*(《目的性与罪过》),Bd. 2,Paris;dt. Symbolik des Bösen("恶的象征论"),Freiburg/München 1971,²1988.

—,1986:*Du texte a l'action. Essais d'herméneutique II*(《从文本到行动:解释学论文集 II》),Paris.

Riley,P.,1983:*Kant's Political Philosophy*(《康德的政治哲学》),Totowa.

Rippe,K. P./Schaber,P.(Hrsg.),1999:*Tugendethik*(《美德伦理学》),Stuttgart.

Risse—Kappen,Th.,1994:„Demokratischer Frieden? Unfriedliche Demokratien? Überlegungen zu einem theoretischen Puzzle"("民主式和平? 非和平的民主? 关于一个理论难题的思考"),in:G. Krell/Müller(Hrsg.):*Frieden und Konflikt in den internationalen Beziehungen*(《国际关系中的和平与冲突》),Frankfurt/M.,159—189.

Ritter,J.,1969:*Metaphysik und Politik. Studien zu Aristoteles und Hegel*(《形而上学与政治学:亚里士多德与黑格尔研究》),Frankfurt/M.

Robinson,R.,1995:"Aristotle on Akrasia(VII 1—11)"("亚里士多德论意志薄弱")(VII 1—11),in:Höffe(Hrsg.),1995a,187—206.

Rosen,A.,1993:*Kant's Theory of Justice*(《康德的正义理论》),Ithaca/NY.

Rosenau,J. N.(Hrsg.),1992:*Governance Without Government*(《没有政府的治理》),Cambridge.

Saner,H.,1967/1983:*Kants Weg vom Krieg zum Frieden,Band I:„Widerstreit und Einheit.Wege zu Kants politischen Denken*"(《从战争到和平的康德道路》第 1 卷:《冲突与一致:康德政治思考之道》),München.

Sartre,J.—P.,1946:„L'existentialisme est un humanisme?"("存在主义是一种人道主义吗?"),Paris;dt. „Ist der Existenzialismus ein Humanismus?"*in:Drei Essays*(《三篇论文》),*Frankfurt/M.*

Schaber,P.,1997:*Moralischer Realismus*(《道德实在论》),Freiburg i. Br.

Scheler,M.,1913:„Zur Rehabilitierung der Tugend"("美德的重建"),in:

ders. ,*Gesammelte Werke*(《全集》),Bd. 3:Vom Umsturz der Werte(第 3 卷:《价值的颠覆》),Bonn,⁵1972.

——,⁷2000:*Der Formalismus in der Ethik und die materiale Wertethik*(《伦理学中的形式主义与质料性价值伦理学》)(1916),Halle.

Schmidt—Biggemann,W. ,1993:„Vorwort Über die unfassliche Evidenz des Bösen" ("关于恶之不可思议的明证性的前言"),in:C. Colpe/W. Schmidt—Biggemann (Hrsg.), *Das Böse. Eine historische Phänomenologie des Unerklärlichen*(《恶:一门关于不可言说者的历史现象学》),Frankfurt/M.

Schnädelbach,H. , 2000:„ Der Fluch des Christentums. Die sieben Geburtsfehler einer alt gewordenen Weltreligion"("基督教的诅咒:一门古老的世界宗教的七个先天缺陷"),in:*DIE ZEIT*(《时代》),20/2000.

Schroth,U. ,1994:"Philosophie und juristische Hermeneutik"("哲学与法学解释学"),in:Kaufmann,A. /Hassemer,W. (Hrsg.),*Rechtsphilosophie und Rechtstheorie der Gegenwart* (《当代法权哲学与法权理论》),Heidelberg,344—370.

Schuller,A. /v. Rahden,W. (Hrsg.), 1993:*Die andere Kraft. Zur Renaissance des Bösen*(《另类力量:恶的重生》),Berlin.

Schulte,Ch. , 1988:*Radikal böse. Die Karriere des Bösen von Kant bis Nietzsche*(《根本恶:从康德到尼采恶的历程》),München.

Schulz,W. ,1972:*Philosophie in der veränderten Welt*(《变化世界中的哲学》),Pfullingen.

——,1989:*Grundprobleme der Ethik*(《伦理学的基本问题》),Pfullingen.

Schumpeter,J. A. ,1919:„Zur Soziologie der Imperialismen"("帝国主义的社会学");wiederabgedruckt in:ders. ,*Aufsätze zur Soziologie*(《社会学论文集》),Tübingen 1952,72—146.

Schwan,G. ,1985:„Der nichtutopische Frieden"("非乌托邦式的和平"),in:*Geschichte in Wissenschaft und Unterricht* (《科学与课程中的历史》),Heft I,1—21 und Heft 2,75—100.

Schwemmer,O. , 1986:*Ethische Untersuchungen. Rückfragen zu einigen Grundbegriffen*(《伦理学研究:对若干基本概念的反思》),Frankfurt/M.

Sherman,N. ,1989:*The Fabric of Character. Aristotle's Theory of Virtue*

（《品格的构造：亚里士多德的美德理论》），Oxford.

—，1997：*Making a Necessity of Virtue. Aristotle and Kant on Virtue*（《创造美德的必然：亚里士多德与康德论美德》），Cambridge.

Singer，D. /Small，M.，1972：*The wages of war 1816—1965：a statistical handbook*（《1816—1965 年间战争的代价：统计学手册》），New York.

—/—，1982：*Resort to arms：international and civil wars；1816—1980*（《诉诸武力：1816—1980 年间的国际与国内战争》），Beverly Hills/Calif.

Slote，M.，1992：*From Morality to Virtue*（《从道德性到美德》），Oxford.

Solowjew，V. S.，1900/⁵1984：*Kurze Erzählungen vom Antichrist*（《反基督简述》），hrsg. v. L. Müller，München.

Spaemann，R.，1989：*Glück und Wohlwollen. Versuch über Ethik*（《幸福与善意：伦理学研究》），Stuttgart.

Spiro，D. E.，1994：„The insignificance of the liberal peace"（"自由和平的无意义"），in：*International Security 19/2*（《国际安全》）19/2，50—86.

Strauss，L.，1978：*The City and Man*（《城市与人》），Chicago.

Studia philosophica，1993：*Die Philosophie vor der Herausforderung des Bösen/La Philosophie face au défi du mal*（《哲学研究》1993：《面对恶之挑战的哲学》），Bd. 52，Basel.

Taylor，Ch.，1989：*Sources of the Self. The Making of Modern Identity*（《自我的根源：现代身份的形成》），Cambridge/Mass.

Taylor，M.，1982：*Community，Anarchy and Liberty*（《社群、无政府主义与自由》），Cambridge u. a.

Trianosky，G.，1990：„What is Virtue Ethics all about?"（"美德伦理学何为？"），in：*American philosophical Quarterly 27*（《美国哲学季刊》27卷），335—344.

Tugendhat，E.，1984：*Probleme der Ethik*（《伦理学问题》），Stuttgart.

—，1990：„Die Hilflosigkeit der Philosophie angesichts der moralischen Herausforderungen unserer Zeit"（"哲学在面对我们这个时代的道德挑战时的无助"），in：*Information Philosophie 18*（《哲学信息》18 卷），5—15.

Überweg，F.，¹¹1914：*Geschichte der Philosophie der Neuzeit*（《近代哲学史》），Berlin.

Voegelin, E. , 1957: *Order and History*, *Bd. 3*: *Plato and Aristotle*(《秩序与历史》第 3 卷:《柏拉图与亚里士多德》), Baton Rouge/London.

Vollrath, E. , 1977: *Die Rekonstruktion der politischen Urteilskraft*(《政治判断力的重构》), Stuttgart.

Vorländer, K. , 1965 (^{1}1906): „ Einleitung " (" 导论 "), in: *I. Kant*, *Grundlegung zur Metaphysik der Sitten* (《道德形而上学的奠基》), Hamburg, V—XXVII.

—, ^{3}1992: *Immanuel Kant. Der Mann und das Werk*(《康德:其人其著》), Hamburg.

Waltz, K. N. , 1979: *Theory of international politics*(《国际政治学理论》), Reading/Mass.

Walzer, M. , 1983/1992: *Spheres of Justice*(《正义的领域》), New York; dt. *Sphären der Gerechtigkeit*, Frankfurt/M. 1992.

Wassermann, R. , 1985: *Die richterliche Gewalt. Macht und Verantwortung des Richters in der modernen Gesellschaft*(《法官的暴力:现代社会中法官的权力和责任》), Heidelberg.

Weber, M. , 1904—1905/1986: „ Die Protestantische Ethik und der Geist des Kapitalismus" (" 新教伦理与资本主义精神 "), in: ders. , *Gesammelte Aufsätze zur Religionssoziologie*(《宗教社会学论文全编》), Tübingen ^{8}1986, 17—206.

—, ^{3}1971: „ Politik als Beruf"(" 作为职业的政治学 "), in: ders. , *Gesammelte politische Schriften*(《政治学著作全编》), hrsg. von J. Winckelmann, Tübingen, 505—560.

Wehler, H. —U. , 1999: „ Die Hybris einer Geschichtsphilosophie"(" 历史哲学的傲慢 "), in: *Rechtshistorisches Journal 18*(《法学史杂志》18 卷), 540—547.

Welte, B. , 1959: *Über das Böse. Eine thomistische Untersuchung*(《论恶:一个托马斯式的研究》), Basel.

Wieland, W. , 1989: *Aporien der praktischen Vernunft*(《实践理性的难题》), Frankfurt/M.

—, 1998: „ Kants Rechtsphilosophie der Urteilskraft"(" 康德关于判断力的法权哲学 "), in: *Zeitschrift für philosophische Forschung 52/1*(《哲学研

究杂志》52/1),1—22.

Willaschek,M. ,1997:„Why the ‚Doctrine of Rights‘does not belong in the ‘Metaphysics of Morals’. On some Basic Distinctions in Kant's Moral Philosophy“("为什么《法权论》不属于《道德形而上学》? 论康德道德哲学中的若干基本区分"),in:*Jahrbuch für Recht und Ethik*,Bd. 5(《法权与伦理学年鉴》第 5 卷),1997,205—227.

Williams,B. ,1985:*Ethics and the Limits of philosophy*(《伦理学与哲学的界限》),Cambridge/Mass.

Williams,H. ,1983:*Kant's Political Philosophy*(《康德的政治哲学》),New York.

Wolf,U. ,1999:*Die Philosophie und die Frage nach dem guten Leben*(《哲学与对美好生活的追问》),Reinbek bei Hamburg.

Wolff,R. P. ,1970: *In Defense of Anarchism* (《保卫无政府主义》),New York;dt. *Eine Verteidigung des Anarchismus*,Asslar 1979.

Wright,Q. ,[3]1971:*A study of war*(《战争研究》),Chicago([1] 1941).

Zancarini,J. —C. (Hrsg.),1999:*Le Droit de résistance*(《反抗权》),Paris.

术语对照表

（按字母顺序排列）

A

allgemein 普遍的
Allgemeinheit 普遍性
das Allgemeine 普遍
Adressant 受惠者
Adressatenkonflikt 受惠者冲突
Amoralität 非道德性
Anfangsgrund 始基
angeboren 天赋的
Anlage 条件
Anständigkeit 体面感
Antriebskraft 推动力
apriorisch 先天的
Autonomie 自律

B

Barmherzigkeit 仁慈
Begehren 欲求
Begründung 奠基、论证
Bereitschaft 决心
Besonnenheit 处之泰然

Besuchsrecht 探访权
Beweislast 举证责任
Billigkeit 公道
Böse 恶
Bürgergesellschaft 公民社会

C

Charakter 品格、特征
Charaktertugend 品格德性

D

Dankbarkeit 感恩
deontologisch 义务论的

E

Ehrbarkeit 尊严
Ehrliebe 荣誉感
Eigeninteresse 自身利益
Eigentum 财产、财产权
Elternrecht 父母法权
Empfänglichkeit 感受力

entrechten 剥夺权利
Entschiedenheit 决断
Entscheidung 决断
Erlaubnisgesetz 许可法则
Eschatologie 末世论
eschatologisch 末世论的
Essentialismus 本质主义
Ethik 伦理学
ethisch 伦理学的
Exklusivrecht 排他权

F

Fehlverhalten 不当行为
Folgenüberlegungen 后果考虑
Freiheitswesen 自由存在
freiwillig 自愿的
Frieden 和平
Friedfertigkeit 和平意愿

G

Gastrecht 受款待权
Gegenseitigkeit 互惠
Gegen-Zwang 反—强制力
Gemeinschaft 协同性
Gemeinsinn 通感
Gemeinwesen 共同体
Gemeinwohl 共同福祉
Genossenschaft 协作体
Gesellschaftsvertrag 社会契约
Gesellschaftswelt 社会世界
Gesetzmäßigkeit 合法则性

Gesetzwidrigkeit 违法（性）
Gesinnung 意向
Gesinnungsrecht 意向法权
Gewaltenteilung 分权（制度）
Gleichheit 等同性
Glückwürdigkeit 配享幸福
Grenzsituation 边界性情境
Grenzfall 边界性情形
Gründlichkeit 彻底性
Güterabwägung 利益权衡

H

Hang 倾向
Herrschaftsfreiheit 无统治性

I

Individualität 个别性

J

juridisch 法学的

K

Kaptalverbrechen 死罪
kategorisch 绝对的
Klugheit 明智、智慧
Koexistenz 共存
königlich 国王般的
Konstruktion 建构
Konstruktivismus 建构主义
Kontextualisierung 语境化

Kontra—Legalität 反—合法性
kosmopolitisch 世界主义的
Kultivieren 教化

L

Lebensform 生活形式
Legalität 合律法性
Legitimation 合法化
legitimatorisch 合法化的
Liebespflicht 感情义务
Lust 愉悦

M

Mäßigung 中庸
Mechanismus 机械论
Menschenliebe 博爱
Menschenrecht 人权
Menschheit 人类、人性
Mitmensch 同侪
Moral 道德
Moralisieren/Moralisierung 道德化
Moralität 道德性

N

Nationalstaat 民族国家
Naturanlage 自然条件
Naturansicht 自然的意图
natürliche Anlage 自然条件
Naturrecht 自然法权
Neigung 爱好
Notlage 困境

Notrecht 紧急法权
Notwehr 紧急防卫(正当防卫)

O

öffentliches Recht 公共法权

P

Partikularismus 特殊主义
peremptorisch 强制性的
Person 人格、个人
Pflicht 义务
Pflichtgemäß 合乎义务的
praktisch 实践的
Primärstaat 原初国家
Privatrecht 私人法权

R

Rearistotelisierung 再亚里士多德化
Recht 法权、法、权利
Rechtaufgabe 法权使命
Rechtschaffenheit 法权正义
Rechtsfähigkeit 法权能力
Rechtsgesinnung 法权意向
Rechtsgut 法权对象
Rechtskompetenz 法权能力
Rechtslehre 法权论
Rechtsmoral 法权道德
Rechtspflicht 法权义务
Rechtsstaat 法权国家
Rechtstitel 法定权利
Rechtswesen 法权机构

Rechtswissenschaft 法权科学
Republik 共和国
republikanisch 共和的

S

Schuld 罪责
Sein 应然、存在、是
Selbsterhaltung 自我保存
Selbstinteresse 私利
Selbstliebe 自爱
Selbstzweck 目的本身
Sitte 伦理
Sittlichkeit 伦理性
Solipsismus 唯我论
Sollen 应然、应该
Sozialstaat 福利国家
Sozialstaatlichkeit 福利国家状态
Staatlichkeit 国家性
Staaten—Individuen 国家—个体
Staatenrepublik 多国家共和国
Staaten-recht 国家权
Staatenwelt 国家世界
Staatsrecht 国家法权
Staatvolk 国家民族
Stimmrecht 投票权
Streben 欲求
Surrogat 替代项

T

teleologisch 目的论的
theonom 神律论的

Triebfeder 动机
Tugend 德性、德性
Tugendethik 德性伦理学
Tugendlehre 德性论
Tugendpflicht 德性义务

U

Üblichkeit 习性
Universalistisch 普遍主义的
Unlust 非愉悦
Unrecht 非法、不正当
Urteilskraft 判断力

V

Verdinglichung 物化
Verlässlichkeit 可靠性
Vertragsrecht 契约式法权
Volk 民族、人民
Völkerbund 民族联邦
Völkerrecht 国际法权
Völkerschaft 人民
Völkerstaat 多民族国家
Vor-leistung 预备作用

W

Wahrheitsfähigkeit 可真性
Weltbürger 世界公民
Weltbürgerrecht 世界公民法权
Weltbürgertum 世界公民性
weltbürgerlich 世界公民的
Weltrepublik 世界共和国

人名对照表

（按字母顺序排列）

A

Achenwall, G. 阿亨瓦尔

Ackrill, J. L. 阿克力尔

Adorno, Th. W. 阿多诺

Aischylos 埃斯库罗斯

Allison, H. 阿利森

Anagnostopoulos, G. 阿那各诺斯拓
波罗斯

Anonymus 无名氏

Anselm von Canterbury 安瑟尔谟

Antigone 安提戈涅

Apel, K. -O. 阿佩尔

Arendt, H. 阿伦特

Aristoteles 亚里士多德

Arnim, H. v. 阿尼姆

Aspasius 阿斯帕苏

Augustinus 奥古斯丁

Austin, J. 奥斯丁

Azouvi, F. 阿祖维

B

Bacon, F. 培根

Baier, K. 拜尔

Baker, G. P. 贝克尔

Barbey, G. 巴尔贝

Bedau, H. A. 勃道

Beiner, R. 贝尔纳

Beitz, Ch. 拜茨

Bentham, J. 边沁

Berlin, I. 伯林

Bien, G. 毕恩

Bischof, N. 毕肖夫

Bittner, R. 毕特纳

Bloch, E. 布洛赫

Böckenförde, E. W. 勃肯弗德

Böckle, F. 勃考

Bostock, D. 博斯托克

Bourel, D. 布雷尔

Brandt, R. 布兰特

Brink, D. O. 布林克

Brown, M. 布朗

Buhr M. 布尔

Burke E. 伯克

Busch, H. J. 布什

Gigon,O. 吉根

Glaston,W. A. 格拉斯顿

Görres,J. 格雷斯

Grimm,J. J. 格林

Grimm,W. W. 格林

Grotius,H. 格劳秀斯

H

Habermas,J. 哈贝马斯

Hacker,P. M. 汉科尔

Haegerstrohm,A. 海格施图姆

Hamann,J. G. 哈曼

Harrington,J. 哈林顿

Hart,H. L. A. 哈特

Hartmann,N. 哈特曼

Hassemer,W. 哈瑟莫尔

Hearne,S. 赫恩

Heidegger,M. 海德格尔

Heinaman,R. 海纳曼

Helmholz,R. 亥姆霍兹

Heraklit 赫拉克利特

Herman,B. 赫尔曼

Hiob 约伯

Hobbes,Th. 霍布斯

Höffe,O. 赫费

Holzhey,H. 霍米

Horkheimer,M. 霍克海默

Horn,Ch. 霍恩

Horstmann,A. 霍斯特曼

Hruschka,J. 卢世卡

Hufeland,G. 胡佛兰

Hugo,G. 胡果

Humboldt,W. v. 威廉·冯·洪堡

Hume,D. 休谟

I

Irwin,T. 伊尔温

Isensee,J. 艾森西

J

Janssen,W. 延森

Jaspers,K. 雅斯贝尔斯

Jenisch,K. 耶尼什

Jesaja 以赛亚

Jhering,R. v. 鲁道夫·冯·耶林

Jolif,J. J. 乔立夫

Jones N. 琼斯

K

Kain,P. P. 凯恩

Karneades 卡尼德斯

Kelsen,H. 凯尔森

Kenny,A. 凯尼

Kepler,J. 开普勒

Kersting,W. 克斯汀

Kierkegaard,S. 克尔凯郭尔

Kieseweter,J. G. K. Ch. 占恶威特

Kleger,H. 克莱格

Kleingeld,P. 克莱因盖特

Kluxen,W. 克鲁克森

Knutzen,M. 克努岑

Korsgaard,Ch. 考斯嘉德

Koselleck,R. 柯塞勒克

P

Paton, H. J. 帕顿

Penn, W. 佩恩

Phädrus 菲德鲁斯

Pieper, A. 毕博尔

Platon 柏拉图

Pleines, J. -E. 普莱尼斯

Plotin 普罗提诺

Portmann, F. 波特曼

Powalski, G. 伯瓦尔斯基

Priamos 普利阿莫斯

Proudhon, P. J. 蒲鲁东

Pufendorf, S. 普芬道夫

Puhl, K. 普尔

R

Rabelais, F. 拉伯雷

Radbruch, G. 拉德布鲁赫

Rapp, Ch. 拉普

Raumer, K. v. 劳默尔

Rawls, J. 罗尔斯

Reeve, C. D. 雷沃

Ricken, F. 里肯

Ricoeur, P. 保罗·利科

Rippe, K. P. 里珀

Robinson, R. 罗宾逊

Rorty, R. 罗蒂

Rosen, A. 罗森

Rosenau, J. N. 罗思诺

Rousseau, J. J. 卢梭

Russett, B. 鲁塞特

S

Saint-Pierre Abbe de 圣皮埃尔神父

Saner, H. 塞纳

Sartre, J. -P. 萨特

Savigny, F. C. v. 萨维尼

Schaber, P. 沙博尔

Scheler, M. 舍勒

Schelling, F. W. J. 谢林

Schiller, F. 席勒

Schlegel, F. 施莱格尔

Schmidt-Biggemann, W. 施密特-毕格曼

Schnabel, J. 施纳贝尔

Schnädelbach, H. 施耐德巴赫

Schopenhauer, A. 叔本华

Schroth, U. 施洛特

Schütz, F. W. v. 舒茨

Schulte, Ch. 舒尔特

Schulz, W. 舒尔茨

Schumpeter, J. A. 舒姆皮特

Schwemmer, O. 施魏玛

Seneca 塞涅卡

Sherman, N. 舍曼

Simons, P. M. 塞门斯

Singer, D. 森格

Slote, M. 斯洛特

Small, M. 斯茂

Smith, A. 亚当·斯密

Sokrates 苏格拉底

Solowjew, V. 索洛维约夫

译　后　记

　　笔者完成本书的初译稿已经是四年前的事情了，因此现在写"译后记"时颇有写"回忆录"之感。从 2016 年 6 月开始翻译本书，到 2017 年 4 月完成初稿，其间笔者经历了事业和生活上的起起伏伏，也经历了儿子周周出生带来的莫大欣喜，更在翻译本书时不时体会到了酣畅淋漓的感觉。

　　从读硕士时第一次读到康德的《永久和平论》，再到后来为了准备《文化哲学》课程而多次阅读何兆武先生翻译的康德《历史理性批判文集》一书，笔者一直对康德的历史哲学和政治哲学很感兴趣。因此当放下翻译到一半的卡西尔《符号形式哲学》(三卷本)而接受这本书的翻译任务时，笔者是怀着巨大的求知欲和热情的。令人欣慰的是，赫费先生的这本小书没有令笔者失望。从当代哲学中的亚里士多德与康德之争出发，在康德已经开辟出来的法权与道德这一宏大问题域之基础上，赫费逐次展开了对恶、启蒙、哲学王理想、国际法权、和平等问题的讨论，并在对《纯粹理性批判》这本巨著的一个别出心裁的世界-政治学(世界主义)解读中，建立起了康德作为一名伟大的和平哲学家的新形象。希望这本书的面世对国内康德学界、对法哲学领域的纵深研究都具有积极的推动意义。

　　在翻译过程中,笔者多次参考了何兆武、邓晓芒、李秋零等先生的经典译作,在此感谢前辈们的开创性工作所带来的便利。同时也得到了常宏、王玉峰、贾克防、杜文丽、王俊、范大邯、吴彦、杨云飞、杨伟清、刘鑫、张广、索玲玲、乌力(Ulrich Forderer)、张言亮、陈毅坚、原野等师友的大力帮助,在此一并致谢。兰州大学研究生鞠顺、柳康、陈龙忠、董沛君、王婷,西安交通大学研究生高元昊、覃广等人曾经帮助阅读初稿或清样,提出了很好的建议,指出了不少错误,同样深表谢意!

　　尽管有美好的翻译体验,但错误一定难免,而且应该不在少数,还请各位读者不吝批评指正。

石福祁

2021 年 10 月 6 日 · 西安沙坡

作者简介

奥特弗利德·赫费（Otfried Höffe，1943— ）是当代德国最有影响的哲学家之一，图宾根大学教授，哲学和伦理学研究所所长，海德堡科学院院士，德国《哲学研究》杂志主编。

译者简介

石福祁，男，甘肃靖远人。西安电子科技大学华山特聘教授，主要从事德国哲学研究，专长于新康德主义及卡西尔哲学研究。出版中、德文专著各 1 部，发表论文 20 余篇，主持或参与科研项目多项。

图书在版编目(CIP)数据

国王般的人民:康德的世界主义法权:和平理论/
(德)奥特弗利德·赫费著;石福祁译.—北京:商务印
书馆,2023
(政治哲学名著译丛)
ISBN 978－7－100－22725－4

Ⅰ.①国…　Ⅱ.①奥…②石…　Ⅲ.①康德(Kant,
Immanuel 1724-1804)—和平学—研究　Ⅳ.①D068

中国国家版本馆 CIP 数据核字(2023)第 127961 号

政治哲学名著译丛

国王般的人民

——康德的世界主义法权—和平理论

〔德〕奥特弗利德·赫费　著

石福祁　译

商　务　印　书　馆　出　版
(北京王府井大街 36 号　邮政编码 100710)
商　务　印　书　馆　发　行
北京艺辉伊航图文有限公司印刷
ISBN 978－7－100－22725－4

2023 年 12 月第 1 版　　　开本 880×1230　1/32
2023 年 12 月北京第 1 次印刷　　印张 11½

定价:58.00 元